Organizadores
SILVIA PEREIRA DE CASTRO CASA NOVA
DANIEL RAMOS NOGUEIRA
EDVALDA ARAÚJO LEAL
GILBERTO JOSÉ MIRANDA

TCC
TRABALHO DE CONCLUSÃO DE CURSO

UMA ABORDAGEM LEVE,
DIVERTIDA E PRÁTICA

Av. Paulista, 901, Edifício CYK, 3º Andar –
Bela Vista– São Paulo – SP – CEP: 01310-100

SAC Dúvidas referente a conteúdo editorial, material de apoio e reclamações:
sac.sets@somoseducacao.com.br

Direção executiva	Flávia Alves Bravin
Direção editorial	Renata Pascual Müller
Gerência editorial	Rita de Cássia S. Puoço
Coordenação editorial	Fernando Alves
Edição	Ana Laura Valerio Neto Bach
	Thiago Fraga
Produção editorial	Daniela Nogueira Secondo
Preparação	Queni Winters
Revisão	Lilian Queiroz
Diagramação	2 estúdio
Capa	Deborah Mattos
Adaptação da 2ª tiragem	Daniela Nogueira Secondo
Impressão e acabamento	Gráfica Paym

DADOS INTERNACIONAIS DE CATALOGAÇÃO NA PUBLICAÇÃO (CIP)
ANGÉLICA ILACQUA CRB-8/7057

TCC Trabalho de conclusão de curso / Silvia Pereira de Castro Casa Nova...[et al.]. -- São Paulo : Saraiva Educação, 2020.
320 p.

Bibliografia
ISBN 978-85-7144-068-5

1. Pesquisa – Metodologia 2. Redação técnica 2. Publicações científicas I. Nova, Silvia Pereira de Castro Casa

19-2016   CDD 001.42
                            CDU 001.8

Índices para catálogo sistemático:
1. Pesquisa – Metodologia

Copyright © Silvia Pereira de Castro Casa Nova, Daniel Ramos Nogueira, Edvalda Araújo Leal e Gilberto José Miranda (Orgs.)
2020 Saraiva Educação
Todos os direitos reservados.

1ª edição
1ª tiragem: 2019
2ª tiragem: 2020

Nenhuma parte desta publicação poderá ser reproduzida por qualquer meio ou forma sem a prévia autorização da Saraiva Educação. A violação dos direitos autorais é crime estabelecido na Lei n. 9.610/98 e punido pelo art. 184 do Código Penal.

COD. OBRA 646140   CL 651862   CAE 705433

Sobre os organizadores

Silvia Pereira de Castro Casa Nova é professora titular do Departamento de Contabilidade e Atuária da Faculdade de Economia, Administração, Contabilidade e Atuária da Universidade de São Paulo (FEA-USP). Professora do núcleo permanente do Programa de Mestrado em Ciências Contábeis da Universidade Federal do Mato Grosso do Sul (UFMS) e do Programa de Pós-graduação em Controladoria e Contabilidade da USP. Fundadora do GENERAS do Núcleo FEA-USP de Pesquisa em Gênero, Raça e Sexualidade. É *visiting researcher* na École de Comptabilité de L'université Laval. É editora-associada da *Education Accounting: an International Journal* (Taylor & Francis) e membro do Corpo Editorial Científico da *Revista de Administração de Empresas* (RAE). Mestre, Doutora em Contabilidade e Controladoria e Livre-docente em Educação Contábil pela USP. Pós-doutora em Métodos Quantitativos aplicados à Contabilidade na Fundação Getulio Vargas (FGV). Foi *visiting scholar* no Organizational Leadership, Policy and Development Department no College of Education and Human Development (OLPD-CEHD) da University of Minnesota e *visiting researcher* na Business Research Unit do Instituto Universitário de Lisboa (BRU-IUL).

Daniel Ramos Nogueira é Doutor em Controladoria e Contabilidade pela Faculdade de Economia, Administração, Contabilidade e Atuária da Universidade de São Paulo (FEA-USP). Mestre em Contabilidade pela Universidade Federal do Paraná (UFPR). Bacharel em Ciências Contábeis pela Universidade Estadual de Londrina (UEL). É Professor do Departamento de Ciências Contábeis da UEL, onde coordena o projeto de pesquisa sobre Metodologias Ativas e Uso de Recursos Tecnológicos na Educação Contábil. Tem um canal no Youtube no qual compartilha vídeos sobre Contabilidade e Pesquisa Científica.

Edvalda Araújo Leal é Doutora em Administração pela Fundação Getulio Vargas (FGV/SP). Mestre em Ciências Contábeis pela Pontifícia Universidade Católica de São Paulo (PUC/SP). Especialista em Controladoria e Contabilidade pela Universidade Federal de Uberlândia (UFU). Foi Coordenadora do Programa de Pós-graduação *stricto sensu* em Ciências Contábeis da UFU e, atualmente, é professora deste programa. Coordenadora do Núcleo de Ensino e Pesquisa em Administração e Ciências Contábeis (NEPAC).

Gilberto José Miranda é Doutor em Controladoria e Contabilidade pela Faculdade de Economia, Administração, Contabilidade e Atuária da Universidade de São Paulo (FEA-USP). Mestre em Administração, Especialista em Docência na Educação Superior, Especialista em Controladoria e Contabilidade e Graduado em Ciências Contábeis pela Universidade Federal de Uberlândia (UFU). Atualmente é Professor do Programa de Pós-Graduação *stricto sensu* em Ciências Contábeis da UFU. Coordenador do Núcleo de Ensino e Pesquisa em Administração e Ciências Contábeis (NEPAC).

Prefácio

Com muita honra recebi o convite dos amigos Silvia, Edvalda, Gilberto e Daniel, organizadores deste livro, para prefaciá-lo.

Trata-se de mais uma importante obra capitaneada por esses professores que já nos têm brindado com rico material relacionado com o processo de ensino-aprendizagem em Ciências Contábeis, desta feita direcionada para pesquisa na área, plasmada na elaboração do Trabalho de Conclusão de Curso. Contaram, para tanto, com a contribuição da Angélica, da Cintia, do João Paulo, do Jony, da Marli, da Sandra e da Verônica.

O livro é um verdadeiro manual para a elaboração do trabalho de conclusão, detalhando desde a escolha do tema a ser pesquisado, do problema a ser respondido, dos cuidados com os aspectos formais, dos diversos métodos de pesquisa a serem utilizados, da estrutura do trabalho até a conclusão acerca da pesquisa realizada, bem como de sua posterior transformação em artigo para ser apresentado e discutido em congresso científico da área e posterior publicação em periódico científico.

No livro, o leitor depara-se também com uma seção que trata das tendências de pesquisa em contabilidade e negócios, na qual são apresentadas oportunidades de pesquisa envolvendo temáticas no âmbito da Contabilidade Financeira, Contabilidade Gerencial, Educação Contábil, Contabilidade Governamental e do Terceiro Setor e Auditoria e Perícia, que têm sido contempladas nos congressos e periódicos científicos da área contábil.

Todos os passos que devem ser seguidos na elaboração do trabalho estão muito bem detalhados no texto, e em diversas passagens são encontradas dicas, orientações e ilustrações. Além disso, são trazidas falas de graduandos que dão vida ao que está sendo exposto no Capítulo 1, que trata da história de um TCC narrada pela Lara, que se apaixonou pela vida acadêmica a partir da experiência na elaboração do trabalho e outras atividades extracurriculares, o que a levou a iniciar o curso de mestrado e seguir na pesquisa.

Professores que ministram a disciplina de Metodologia da Pesquisa e que orientam trabalhos de conclusão, e em especial os alunos que irão elaborar os seus trabalhos, dispõem de um material completo dedicado especificamente à elaboração do

Trabalho de Conclusão de Curso, com "uma abordagem leve, divertida e prática" que, aliás, faz parte do DNA dos organizadores e que fica evidenciada em sua leitura. Embora o livro esteja focado no curso de Ciências Contábeis, em especial quando trata das oportunidades de pesquisa, pode muito bem ser utilizado em outros cursos.

Em nome dos professores e alunos do curso de Ciências Contábeis, beneficiários diretos desta obra, cumprimentamos os seus organizadores e colaboradores e externamos nosso agradecimento por colocá-la à nossa disposição.

Ernani Ott
Doutor em Ciências Contábeis pela Universidade de Deusto, na Espanha.
Professor titular da Universidade Vale do Rio dos Sinos (Unisinos).

Apresentação

Um dia, já faz algum tempo, alguém nos procurou com uma proposta: queria um livro prático e informal que ajudasse na realização de pesquisas na graduação, com foco na elaboração do Trabalho de Conclusão de Curso. Disse-nos que não havia um material disponível e que havia um espaço importante. Enfim, nos fez uma encomenda. Bem, a gente não dispensa convite e essa pessoa se tornou o nosso editor. Por que ele pensou na gente? Só ele pode contar e isso é parte de outra história.

Depois do convite feito, nos juntamos em nosso grupo de andorinhas e desenhamos uma proposta. Havia sido pedido também um primeiro capítulo. Decidimos, então, testar uma linguagem informal. Queríamos, afinal, fazer da pesquisa algo que pudesse ser (ou pelo menos parecer) divertido. Depois da entrega e de um período de avaliação (e ansiedade), a aprovação veio em uma mensagem que nos dava conta de que, diferentemente do normal, o capítulo havia sido aprovado sem nenhuma necessidade de ajustes. Nenhum ajuste? Vamos em frente, então! Vamos colocar o pé na estrada.

Vocês descobrirão, como pesquisadores, assim como profissionais, que é difícil ser especialista em tudo. Tem aquele cara que é o melhor em fazer pesquisa usando estudos de caso, tem aquela professora que é a referência nas pesquisas históricas, tem o outro cujo nome pula na tela quando procuramos pesquisas com uso de questionários. O que fizemos? Convidamos especialistas para escrever os capítulos e coordenamos esses esforços naquele projeto que havia sido aprovado. Participaram desse esforço conjunto Angélica Vasconcelos, Cintia do Nascimento Silva, João Paulo Resende de Lima, Jony Hsiao, Marli Auxiliadora da Silva, Sandra Maria Cerqueira da Silva e Verônica de Fátima Santana.

Assim nasceu o livro *TCC – Trabalho de conclusão de curso: uma abordagem leve, divertida e prática.*

O livro está dividido em quatro partes:

I.   Afinal, o que é TCC?;

II. Iniciando a pesquisa;

III. Métodos de pesquisa;

IV. Como colocar tudo no papel?

X TCC | Trabalho de conclusão de curso

Cada uma dessas partes é dividida em capítulos que mostram como acontece o processo de pesquisa, desde a ideia até a apresentação do relatório final.

No Capítulo 1, você terá uma noção do tamanho da encrenca. Detalhamos o que é o TCC, suas formas de apresentação (artigo, monografia) e os passos importantes no início do trabalho (formação da equipe, recursos, quantidade de horas de estudo etc.).

Na sequência, o Capítulo 2 trata sobre o início da pesquisa: como dar os primeiros passos para definir o tema, procurar um problema, definir o orientador, primeiras leituras etc. Caso você ainda não tenha começado o TCC ou pretenda começar em breve, este capítulo é fundamental!

A Parte III demonstra, ao longo dos seus capítulos, diversos métodos de pesquisa. Falamos também sobre as principais abordagens realizadas na área de negócios. Se você já iniciou seu TCC, pode escolher qual capítulo está mais ligado com sua investigação. Caso ainda não tenha começado, vale uma leitura para depois definir qual será a abordagem mais adequada para seu trabalho.

Pelo título da nossa Parte IV, Como colocar tudo no papel?, você já pode perceber que ela enfatiza a escrita do trabalho, o passo a passo de como escrever cada parte do seu artigo, desde o título até as considerações finais.

E, por fim, o último capítulo mostra o que você pode fazer para divulgar seu trabalho. Sim, isso mesmo: chegou a hora de botar a boca no mundo e deixar todos saberem da sua pesquisa. Falamos dos congressos, revistas etc. Se você já está pensando que não vai querer submeter o TCC para congresso porque tem medo de apresentá-lo, vai lá e dá uma lida rápida. Você verá, nos relatos, que todo mundo tem o mesmo sentimento, mas depois que apresenta a sensação é outra – mas não vamos te contar! Vai ter que ir lá conferir.

Como ler este livro? Bem, quer ter uma ideia geral do que é fazer pesquisa na graduação? Leia a primeira parte. Quer entender como funciona uma determinada técnica de pesquisa, por exemplo, estudo de caso? Vá direto ao capítulo que trata sobre ela. Soube do livro agora e já está avançado na pesquisa? Pode ler a última parte, para ajudar a construir o registro escrito do trabalho.

Para ter um livro prático, colecionamos relatos de graduandos e os destacamos aqui e ali, para que o leitor pudesse ter uma ideia do que esperar dessa experiência. Também colocamos, ao longo do livro, dicas, oportunidades de aprofundamento e referências. Esperamos que assim a jornada fique mais prática e divertida, como prometemos.

Por fim, um conselho. Sabemos que, para muitos, a pesquisa e o TCC parecem aquele xarope que você toma a contragosto somente para parar de tossir. Mas, enfim, já que terá que embarcar nesse navio, aconselhamos que tire o maior proveito possível dessa viagem. Faça do TCC uma oportunidade pessoal e profissional. Escolha um tema que desperte a sua curiosidade e que tenha prazer em estudar. Prepare-se, planeje, considere planos alternativos. Solte a imaginação e se permita na hora de escrever (sabemos que é difícil, mas tente se imaginar na mesa de bar, conversando com pessoas amigas). E, por fim, bote a boca no mundo: procure oportunidades de apresentar e debater os resultados de sua pesquisa.

Um grande abraço,

Os organizadores

Sumário

PARTE I
AFINAL, O QUE É UM TCC? 1

1 Entendendo o tamanho da encrenca 2

   1.1 CONTEXTUALIZAÇÃO 2

   1.2 DEFINIÇÃO DO TEMA: O COMEÇO DE TUDO.................... 4

   1.3 EQUIPE 5

   1.4 RECURSOS.. 6

   1.5 MÉTODO 6

   1.6 RELATÓRIO... 9

   1.7 FORMA... 9

   1.8 A HISTÓRIA DE UM TCC 10

   1.9 TENDÊNCIAS DE PESQUISA EM CONTABILIDADE E NEGÓCIOS 17

   1.10 O QUE VEM PELA FRENTE... 23

PARTE II
INICIANDO A PESQUISA 25

2 Noções iniciais 26

   2.1 ESCOLHER O TEMA 26

   2.2 PROCURAR UM PROBLEMA 28

   2.3 DEFINIR OS OBJETIVOS GERAL E ESPECÍFICOS 30

   2.4 ESCOLHER O ORIENTADOR 33

   2.5 COMO TER CERTEZA DE QUE ESSE É O TEMA E O ORIENTADOR 35

   2.6 ENTENDER OS ASPECTOS FORMAIS 36

   2.7 ESTABELECER UM CRONOGRAMA DE PESQUISA 42

XIV   TCC | Trabalho de conclusão de curso

2.8 COMEÇAR A PESQUISA E DEFINIR LEITURAS 46

2.9 FAZER OS RESUMOS DAS PRIMEIRAS LEITURAS 47

2.10 DEFINIR INICIALMENTE UMA ABORDAGEM DE PESQUISA..................48

2.11 PREPARAR O PROJETO 50

3 Aspectos formais 52

3.1 ESTRUTURA DOS TRABALHOS CIENTÍFICOS..52

3.1.1 Estrutura do projeto de pesquisa...53

3.1.2 Estrutura do artigo 58

3.1.3 Estrutura da monografia...60

3.1.4 Itens a serem preenchidos na estrutura do projeto, artigo
e monografia..62

3.2 DIRETRIZES E NORMAS ABNT E APA..65

3.3 CITAÇÕES 66

3.3.1 Citação direta 66

3.3.2 Citação indireta 68

3.3.3 Citação de citação 69

3.4 REFERÊNCIAS 69

3.5 ORGANIZADORES DE REFERÊNCIAS: MENDELEY................................73

3.6 PLÁGIO 74

PARTE III
MÉTODOS DE PESQUISA 77

4 Métodos de pesquisa...78

4.1 HISTÓRICO 78

4.2 CONCEITOS GERAIS 80

4.3 DESENHO DA PESQUISA: PLANEJANDO A COLETA DE DADOS 82

4.4 ANÁLISES E INTERPRETAÇÃO DE DADOS OU EVIDÊNCIAS...................86

4.5 DICAS DE RECURSOS E FERRAMENTAS 90

Sumário XV

5 Pesquisa histórica 91

5.1 ESCOLHA EPISTEMOLÓGICA 93

5.2 ETAPAS DO MÉTODO HISTÓRICO... 98

   5.2.1 Primeira fase: encontrar e coletar dados 98

   5.2.2 Segunda fase: interpretação crítica 102

   5.2.3 Terceira fase: interpretação histórica............................ 104

5.3 A HISTÓRIA DE UM TCC 107

6 Estudo de caso 111

6.1 PLANEJANDO UM ESTUDO DE CASO 115

6.2 CONSTRUINDO EVIDÊNCIAS E COLETANDO DADOS.......................... 118

6.3 ANALISANDO DADOS E INTERPRETANDO AS EVIDÊNCIAS 125

6.4 CRITÉRIOS DE QUALIDADE DE UM ESTUDO DE CASO 126

6.5 RELATO DE PESQUISAS E DICAS 130

7 Pesquisa de arquivo...134

7.1 ABORDAGEM DE PESQUISA 137

7.2 PLANEJANDO A COLETA DE DADOS 139

7.3 ANÁLISES E INTERPRETAÇÃO DE DADOS.................................... 147

7.4 DICAS DE *SOFTWARES*.. 150

8 Levantamento de dados: *survey* 153

8.1 QUAIS SÃO AS PRINCIPAIS CARACTERÍSTICAS
   DO LEVANTAMENTO?... 153

8.2 QUAIS SÃO AS FASES DA PESQUISA POR LEVANTAMENTO? 154

8.3 QUAL A CLASSIFICAÇÃO DO LEVANTAMENTO?............................ 155

8.4 COMO PODE SER FEITA A COLETA DE DADOS
   NO LEVANTAMENTO?... 156

8.5 O QUE É A AMOSTRA NO LEVANTAMENTO?................................ 159

8.6 COMO DETERMINAR O TAMANHO DA AMOSTRA? 160

8.7 QUAL O TAMANHO DA AMOSTRA QUE EU PRECISO?........................ 162

XVI   TCC | Trabalho de conclusão de curso

8.8 QUAIS CUIDADOS DEVO TER COM A PESQUISA DE LEVANTAMENTO?... 165

9 Análise de documentos 167

9.1 ANALISANDO OS DADOS DOCUMENTAIS 172

9.1.1 Análise de conteúdo 172

9.1.2 Análise do discurso 175

10 Entrevistas individuais 180

10.1 CONCEITOS E HISTÓRICO 181

10.1.1 No que consiste uma entrevista? 182

10.1.2 Características das entrevistas 183

10.1.3 Diferentes tipos de entrevistas 183

10.1.4 Como optar por um tipo específico de entrevista?..... 184

10.1.5 Quais equipamentos devem ser utilizados para a realização de uma entrevista? 184

10.1.6 Quais as vantagens e limites ao se optar por realizar entrevistas? 185

10.1.7 Cuidando para que tudo dê certo 186

10.1.8 Relatório de campo, o seu registro pessoal 188

10.2 ABORDAGEM DE PESQUISA 189

10.3 PLANEJANDO A COLETA DE DADOS OU CONSTRUÇÃO DE EVIDÊNCIAS 190

10.3.1 Chegou o momento para a realização da entrevista ... 190

10.3.2 Observe seu objetivo para encadear as ideias de forma lógica .. 190

10.4 ANÁLISES E INTERPRETAÇÃO DE DADOS OU EVIDÊNCIAS............... 193

10.5 RELATO DE EXPERIÊNCIA DE PESQUISAS DA AUTORA 194

11 Entrevistas em grupo (*Focus Group*)........................... 199

11.1 GRUPO FOCAL: CONHECENDO O MÉTODO........................... 200

11.2 QUAL O TAMANHO DOS GRUPOS? QUANTOS GRUPOS DEVO FORMAR?... 202

11.3 COMO FORMAR OS GRUPOS?... 204

11.4 CONVIDANDO OS PARTICIPANTES..206

11.5 CONDUZINDO AS ENTREVISTAS 209

11.6 ANALISANDO OS DADOS 212

11.7 FINALIZANDO 215

12 Elaboração e aplicação de questionários........................216

12.1 O QUE É UM QUESTIONÁRIO? 217

12.2 COMO É O PROCESSO DE ELABORAÇÃO DE UM QUESTIONÁRIO?..217

12.3 TIPOS DE PERGUNTAS...219

12.4 TIPOS DE ESCALAS 223

12.4.1 Escala de Likert 224

12.4.2 Escala de diferencial semântico 225

12.5 A IMPORTÂNCIA DO PRÉ-TESTE 226

12.6 VALIDADE E CONFIABILIDADE 227

12.7 APLICANDO QUESTIONÁRIOS..228

13 Base de dados 230

13.1 ECONOMATICA...230

13.1.1 *Screening* 232

13.1.2 *Matrixx* 236

13.2 BANCO MUNDIAL...242

14 Colocando o projeto em prática...................................245

14.1 PLANO A, PLANO B, PLANO C...245

14.2 DE VOLTA À LITERATURA, AO CAMPO, À LITERATURA,

E AO CAMPO NOVAMENTE...248

PARTE IV
COMO COLOCAR TUDO NO PAPEL? 253

15 Estrutura do TCC 254

15.1 TÍTULO..255

15.2 RESUMO 256

XVIII TCC | Trabalho de conclusão de curso

15.3 INTRODUÇÃO 258

15.4 REVISÃO DA LITERATURA 264

15.5 MÉTODOS 267

15.6 ANÁLISE DE RESULTADOS E DISCUSSÃO 270

15.7 CONSIDERAÇÕES FINAIS 271

16 Onde e como divulgar e publicar 274

16.1 QUAIS AS MODALIDADES DE APRESENTAÇÃO ORAL NOS EVENTOS CIENTÍFICOS? 277

16.2 POR QUE PARTICIPAR DE CONGRESSOS CIENTÍFICOS? COMO ESCOLHÊ-LOS? 278

16.3 QUAIS CUIDADOS TOMAR AO FAZER UMA COMUNICAÇÃO CIENTÍFICA ORAL? 281

16.4 QUAIS OS PRÉ-REQUISITOS PARA A SUBMISSÃO DE ARTIGOS A UM PERIÓDICO CIENTÍFICO? 282

16.5 CUIDADOS IMPORTANTES 286

Indíce remissivo 289
Referências 297

PARTE I

AFINAL, O QUE É UM TCC?

1 Entendendo o tamanho da encrenca

Edvalda Araújo Leal
Gilberto José Miranda
Silvia Pereira de Castro Casa Nova

1.1 CONTEXTUALIZAÇÃO

Depois de tanto tempo (quatro, cinco ou seis anos?) no curso de graduação (Parece que começou ontem?), chegamos próximos da conclusão, da formatura e do início de uma nova fase. Já nos sentimos mais fora da faculdade do que dentro. As preocupações agora referem-se ao estágio e à possibilidade de efetivação, programas de *trainee*, participação em processos e dinâmicas de seleção em empresas e entidades, concursos públicos e, quem sabe, a possibilidade de empreender, iniciar o seu negócio e ser dono de seu próprio nariz. Finalmente, a liberdade, a autonomia e o começo da vida adulta.

Antes disso, na maioria das faculdades, universidades e cursos de graduação na área de negócios, é preciso dar conta do Trabalho de Conclusão de Curso, mais conhecido por uma sigla: TCC. Afinal, o que é um TCC? O processo e a forma final podem ser diferentes de uma instituição de ensino superior para outra mas, em geral, trata-se de um trabalho escrito, elaborado pelos formandos, que aborda uma temática específica e, portanto, mostra o conhecimento sobre um assunto.

Que variações pode haver no processo? Em algumas instituições, pode ser um trabalho elaborado individualmente; em outras, esse trabalho será realizado em grupo. Sendo esse o caso, "bora" procurar um grupo! Em algumas instituições pode haver uma disciplina de acompanhamento em que um professor seja responsável por orientar o processo, estabelecer as regras, definir o par (orientador/orientando) e cobrar relatórios de acompanhamento. Em outras, pode haver simplesmente uma matrícula para acompanhamento e, nesse caso, o próprio orientador do trabalho se encarrega de estabelecer etapas e até mesmo do processo de avaliação do trabalho resultante desse processo. Para algumas instituições, trata-se de um processo de pesquisa; em outras, pode ser a proposta de um negócio, um plano de marketing para lançamento de um produto ou mesmo um relatório de consultoria. Como forma de avaliação, pode ser considerada apenas a nota do orientador (mais à frente,

Capítulo 1 Entendendo o tamanho da encrenca   3

falaremos com detalhes sobre essa pessoa e seu papel) ou pode haver a apresentação oral para uma banca de professores e pesquisadores (chamada de "defesa do TCC" – vale lembrar que, se há defesa, haverá um "ataque"),[1] além da entrega do relatório escrito. O Quadro 1.1 apresenta três exemplos de três instituições diferentes, para que se tenha uma ideia das possibilidades.

QUADRO 1.1   TCC em diferentes instituições de ensino

Universidade Presbiteriana Mackenzie	Os trabalhos práticos realizados com base na solução de problemas são iniciados com um problema real enfrentado pela empresa objeto do TCC, ou com uma oportunidade percebida no mercado do produto ou do serviço que se pretende aproveitar. O seu desenvolvimento é feito por meio de uma relação tripartite, ou seja, envolve o aluno, o orientador e o gestor da empresa que acompanha o trabalho. Tem como base um projeto que é realizado em dois ambientes de maneira interativa (na universidade e na empresa), proporcionando ao aluno o aprendizado da aplicação das teorias, conceitos e técnicas obtidos em sala de aula.
Universidade de São Paulo (USP)	O trabalho é desenvolvido a partir de uma pesquisa proposta pelo estudante e orientada por um professor do departamento. É individual e tem a forma de um artigo científico. São três as disciplinas relacionadas com o TCC: Metodologia do Trabalho Científico, Trabalho de Conclusão I e Trabalho de Conclusão II. As normas do TCC estão consolidadas em um manual que é disponibilizado na disciplina TCC I. O Departamento de Contabilidade e Atuária premia os melhores trabalhos e incentiva a submissão para o Congresso USP de Iniciação Científica.
Universidade Estadual de Londrina (UEL)	O TCC é desenvolvido em grupos de até três estudantes e no formato de artigo científico. As disciplinas relacionadas com o TCC são: Metodologia da Pesquisa, Metodologia da Pesquisa – Seminários, TCC I e TCC II. As duas primeiras atuam mais na formação científica do discente e depois no TCC os discentes devem elaborar um artigo científico sob orientação de um docente do departamento de Ciências Contábeis. A avaliação final do TCC II é composta pela média das notas atribuídas ao trabalho escrito e apresentação (banca). Artigos aprovados e apresentados em congressos ficam dispensados da apresentação para a banca.

Fonte: elaborado pelos autores com base nos *sites* e nos documentos das instituições.

A dica é a seguinte: informar-se sobre qual é o caso de seu curso e procurar professores e colegas que já concluíram a tarefa para tirar dúvidas. Se houver um "Manual de TCC", leia! Anote os pontos principais e busque informações por canais formais e informais.

---

[1] É importante deixar claro que este "ataque" será ao trabalho, para que seja aprimorado, não ao autor, o qual, ao contrário do que muitos pensam, beneficia-se muito quando tem uma avaliação adequada do seu TCC.

Mas o que não varia entre as instituições? O TCC constitui a primeira produção autoral, sua ou de seu grupo, sobre um tema, um processo, um programa, uma possibilidade. Esse trabalho tem uma estrutura: deve ter começo, meio e fim, contar uma história. É o resultado de um processo; é, portanto, um produto. Mas **não é um produto qualquer**: é um produto com características específicas e que, para ser bem-sucedido, precisa ser desenvolvido tendo em mente essas características específicas. É sobre isso que falaremos neste livro: sobre o **processo**, o **produto** e **suas características**. Falaremos do processo porque, em nossa experiência, muitas pessoas confundem o produto com o processo, e isso não costuma acabar bem.

Dando continuidade à nossa conversa, temos em mente um trabalho de conclusão de curso em específico: aquele que resulta de um projeto de pesquisa. Por quê? Porque é o mais comum nas diversas instituições de ensino na área de negócios. Só por isso? Não, não é só por isso. É também porque os outros "tipos" de TCC demandarão, em algum momento, uma pesquisa. Assim, mesmo que o trabalho consista em lançar um produto, como propor uma estratégia de marketing para o lançamento, haverá a necessidade de uma pesquisa de mercado. Então, uma parte de nosso desafio é ajudar nossos leitores a entenderem o que é uma pesquisa. Vamos lá?

Pesquisas, sejam de marketing ou de um TCC, têm algumas coisas em comum. Vamos juntos pensar quais são.

1.2 DEFINIÇÃO DO TEMA: O COMEÇO DE TUDO

Uma pesquisa trata de um tema ou assunto; assim, é necessário defini-lo. A pesquisa pode abordar a utilidade da informação contábil para pequenas empresas, os hábitos de consumo de produtos de higiene e beleza de pessoas na faixa etária de 15 a 18 anos, entre outras tantas possibilidades. Os temas são *específicos*. Se os temas forem genéricos e tratarem de assuntos amplos, haverá problemas, pois não é possível abraçar o mundo. É preciso fazer um recorte.

Esse tema será o ponto de partida da pergunta ou problema de pesquisa. Sim, isso mesmo, toda pesquisa começa com uma **pergunta ou problema**, que pretendemos responder ou resolver. O problema necessariamente estará na forma interrogativa, como uma pergunta. A partir de agora, você é uma pessoa à procura de um problema! Pode parecer engraçado, mas a base da pesquisa é um "bom problema".

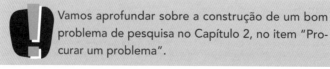

Vamos aprofundar sobre a construção de um bom problema de pesquisa no Capítulo 2, no item "Procurar um problema".

1.3 EQUIPE

As pesquisas são desenvolvidas por grupos que se reúnem para planejar e executar a pesquisa e, ao final, elaborar e apresentar um relatório. As pessoas que compõem a equipe podem ter papéis diferentes ou compartilhar atividades.

Um exemplo seria o caso de um TCC desenvolvido individualmente. A equipe, composta por você e seu orientador, é uma equipe com papéis distintos e envolvimento muito específico de cada membro. Não adianta se enganar, seu orientador não fará o trabalho por você; ele apenas o ajudará a escolher caminhos mais adequados à realização da pesquisa.

Umberto Eco, em seu livro *Como se faz uma tese*, trata da figura do orientador. Ele chama a atenção de que o orientador, ao sugerir temas, pode adotar dois caminhos: indicar um assunto que conheça bem e sobre o qual não terá dificuldade de orientar ou sugerir um tema que conheça pouco e sobre o qual queira aprender. Na opinião de Umberto Eco, o segundo caminho é o mais honesto e generoso, contrariamente a uma primeira impressão, pois obrigará o orientador a "debruçar-se sobre algo novo" e, além disso, "quando o professor opta por essa segunda via, é porque confia no candidato".[2] Você também terá uma escolha a fazer: Quer cumprir tabela ou quer fazer algo especial, que deixe sua marca? Pense nisso antes de conversar com o orientador.

A pesquisa também pode ser um trabalho em grupo, em que todos se reúnem e definem cada passo ou dividem as tarefas entre si. As decisões e os resultados são compartilhados com o orientador, que dará conselhos e poderá apresentar novas possibilidades para discussão.

Tenha em mente que a equipe precisará definir uma dinâmica de interação, com periodicidade (estipular um cronograma), participantes em cada etapa, responsabilidades de cada membro, tarefas e resultados esperados para cada etapa. Isso é muito importante! Mesmo que sejam apenas você e seu orientador, é necessário alinhar expectativas.

---

[2] ECO, U. *Como se faz uma tese*. 26. ed. São Paulo: Perspectiva, 2016. p. 42.

6   **PARTE I**   Afinal, o que é um TCC?

1.4 RECURSOS

É preciso ter clareza sobre os recursos que estão disponíveis para o desenvolvimento da pesquisa e como acessá-los. Recursos, aqui, têm sentido amplo: desde acesso a computadores e impressoras, passando por um *software* de análise específico, disponibilidade de salas de estudo e de reuniões, até o acesso a bases de busca e recuperação de livros, trabalhos e artigos, e mesmo recursos financeiros. Para algumas pesquisas, torna-se necessário verificar a viabilidade de acesso a empresas ou entidades, principalmente se forem estudos de caso. Conhecer os recursos à disposição para desenvolver a pesquisa pode levar você a possibilidades inicialmente nem imaginadas, como receber uma bolsa ou obter apoio financeiro para apresentar o resultado da pesquisa em um congresso internacional. Pense nisso! Viu como dá para fazer do limão uma limonada ou uma torta de limão?

Contudo, o principal recurso para uma pesquisa é tempo. Além do tempo que é necessário para sentar, ler, escrever, estudar, reler, reescrever e modificar, as pesquisas envolvem sair para entender o mundo, conversar com pessoas, conhecer lugares e entender situações. Uma boa pesquisa envolve análise, crítica e reflexão. Deve-se considerar que uma pesquisa requer muitas horas para seu planejamento e muitas outras horas para a elaboração e revisão do relatório final, que é a concretização do TCC.

1.5 MÉTODO

Método é uma palavra que descreve a forma de fazer algo. Nesse sentido, pode ser entendido como a descrição das etapas necessárias para se atingir uma finalidade. Método é caminho, trajetória. No entanto, quando se trata de pesquisa, existe um significado especial. Muito do que abordaremos neste livro terá relação com método. Por quê? Porque a pesquisa científica se diferencia das pesquisas normais, cotidianas, em grande parte por conta do método, que é a forma de se fazer ciência.

Vamos mais fundo nisso! Diariamente fazemos pesquisas e tomamos decisões, mesmo sem perceber. Quer ver como? Estamos fazendo pesquisa, por exemplo, quando pensamos em que roupa vestir para uma entrevista de estágio. Para decidir sobre a roupa que vamos vestir, precisamos pesquisar informações sobre a empresa: saber se adota um código de vestimento ou não, se o ambiente é formal ou informal, se há diferenças entre a forma de vestir de acordo com funções ou com o perfil do funcionário. Assim, há que fazer pesquisa: procurar no *site*,

Capítulo 1 Entendendo o tamanho da encrenca 7

perguntar para colegas que trabalhem na empresa, pedir conselhos a professores etc. Também é necessário fazer pesquisa ao decidir se devemos nos mudar e em que bairro devemos morar, depois de sermos contratados para trabalhar em uma empresa que é distante de nossa casa. Ou mesmo se queremos ou não nos casar ou ter filhos. A importância relativa dessas questões tem implicações na profundidade da pesquisa que orientará nosso processo de decisão: menos pesquisa para como nos vestir para a entrevista e muito mais pesquisa para decidir se queremos casar ou ter filhos.

Mas e a pesquisa científica? Gostamos de pensar que a ciência se dedica a buscar respostas para questões muito importantes. Assim, a pesquisa científica necessariamente envolve profundidade e cuidado. Por ter essa importância, ao longo da história do conhecimento, muito já foi desenvolvido e escrito sobre a forma de se fazer ciência, que é o método científico. Assim, são necessárias muitas horas para estudar e refletir sobre método, pois essas decisões serão determinantes para a qualidade de sua pesquisa.

De forma geral, o método científico diferencia-se entre duas grandes abordagens: a abordagem quantitativa e a abordagem qualitativa. Essa diferenciação, a princípio, será propositalmente simplista; colocaremos mais pimenta nessa discussão ao longo do livro.

Para começar a conversa, pense que, na **abordagem quantitativa**, existe uma tentativa de mensuração do fenômeno que pretendemos estudar, quer seja relacionado a questões normalmente quantificáveis, quer não. Por trás dessa abordagem existe uma premissa de que é possível quantificar até mesmo sentimentos ou sensações, como estresse ou ansiedade. Essa mensuração quantitativa é necessária para que o estudo possa abranger o maior número possível de fenômenos e, assim, o resultado possa, preferencialmente, estabelecer uma regra do tipo "se, então".

A **abordagem qualitativa**, por oposição, dedica-se ao estudo aprofundado de um fenômeno para um grupo reduzido que tentaremos explorar em sua complexidade. Assim, em vez de quantificar, o objetivo é qualificar; em vez de reduzir a um número, a proposta é abranger com muitas palavras. Para isso, necessariamente, o grupo a ser estudado, seja de empresas ou de pessoas, será reduzido. A intenção não é estabelecer regras, mas buscar o conhecimento aprofundado daqueles casos.

Seja a abordagem quantitativa ou qualitativa, o processo de pesquisa se inicia após a definição do problema, com uma extensa pesquisa bibliográfica. E o que é isso? É procurar o que já se sabe sobre o tema da sua pesquisa, que outras pessoas estudaram, o que concluíram, se há acordo ou divergência e o que ainda falta estudar (chamamos no jargão científico de lacunas). Ninguém quer chover no molhado nem tampouco deixar de lado uma pessoa importante, uma referência, que já tratou do assunto. Podemos dizer que metade de seu trabalho no TCC é construir um bom referencial teórico, uma revisão de literatura consistente. Para isso, você precisa, necessariamente, fazer uma excelente pesquisa bibliográfica. Como fazer? Uma primeira reação nossa, sempre, é "googlar" o tema, buscar na internet. Mas, alto lá! Lembre que muitas das informações que estão na internet não são assim tão confiáveis. Por isso, leia com atenção as dicas que separamos para você e lembre-se de que esse é só o começo. Em um capítulo específico, adiante, trataremos em profundidade de pesquisa bibliográfica.

Como iniciar sua pesquisa bibliográfica
- Comece pelo Google, mas não pelo Google "normal": pesquise o tema no Google Acadêmico. Ele retorna com os trabalhos acadêmicos que tratam do assunto.
- Procure trabalhos nas bases eletrônicas das instituições de ensino. Por exemplo, a USP tem o www.teses.usp.br, que reúne todas as dissertações e teses em um só lugar. Isso vale para muitas outras instituições.
- Muitas revistas acadêmicas no Brasil são de acesso livre. Revistas acadêmicas se diferenciam de uma revista vendida nas bancas por publicarem apenas o resultado de pesquisas na forma de artigos acadêmicos. Uma das revistas mais importantes da área de Contabilidade é a *Revista de Contabilidade & Finanças* (RC&F) da USP. Na área de negócios, temos a *Revista de Administração de Empresas* (RAE), da Fundação Getulio Vargas, e a *Revista de Administração da USP* (RAUSP). É só jogar esses nomes no Google que você encontra os sites das revistas. Para pesquisar a maioria das revistas científicas da área de negócios no Brasil, consulte a base SPELL: www.spell.org.br.
- Atenção: lembre-se de referenciar as ideias de cada autor cuidadosamente para não cometer plágio, o pecado capital do mundo acadêmico. Falaremos mais sobre isso quando tratarmos de ética na pesquisa.

1.6 RELATÓRIO

O produto de uma pesquisa de final de curso é um relatório escrito, que é muitas vezes confundido com a própria pesquisa. O produto (relatório) é fruto de um processo (pesquisa) que está associado ao método, ou seja, a todas as etapas planejadas e executadas para responder à pergunta de pesquisa ou resolver o problema de pesquisa.

O relatório escrito é composto por partes que, em geral, são comuns a um relatório de pesquisa padrão:

- introdução;
- referencial teórico (ou revisão de literatura);
- método;
- análise e discussão dos resultados;
- considerações finais (conclusões);
- referências (bibliografia);
- anexos e apêndices.

Cada uma dessas partes será abordada em detalhes ao longo deste livro.

1.7 FORMA

O trabalho de conclusão de curso tem uma forma padrão que o distingue dos demais. Basta olhar para um trabalho para dizer se é ou não um TCC. Por quê? Porque ele precisa atender às normas de formatação. Ele não pode ser impresso em papel de qualquer tamanho, escrito em qualquer fonte (tipo de letra), com qualquer tamanho de fonte ou distância entre linhas e entre parágrafos. Até do tamanho das margens é preciso cuidar. Cada parte do TCC precisa atender a alguns elementos específicos.

Essa questão de forma é tão importante que existem instituições para definir as normas de formatação. No Brasil, quem cuida disso é a Associação Brasileira de Normas Técnicas (ABNT), a mesma que define as normas de qualidade total. Algumas instituições de ensino, para facilitar o processo de publicação de trabalhos em revistas acadêmicas internacionais, adotam as regras de algumas instituições internacionais como as da American Psychological Association (APA) ou da Modern Language Association (MLA).

O estudante deve verificar com atenção quais normas a sua instituição adota. Conheça agora dois exemplos de instituições que elaboraram manuais próprios.

Veja as regras de formatação da Universidade de São Paulo:

A Universidade Presbiteriana Mackenzie oferece quase um livro de metodologia. Vale a pena consultar:

Nós explicaremos essas regras de formatação direitinho, mas lembre-se sempre de checar se a instituição na qual você estuda tem regras específicas que precisam ser adicionadas às que trataremos aqui. É sua obrigação saber se a sua instituição tem um manual ou regras e utilizá-las com atenção.

Tome cuidado! Colocar o trabalho na forma correta demanda tempo e atenção. Se pensarmos que a qualidade do trabalho é determinada, no conjunto, por sua forma e seu conteúdo, não podemos descuidar de nenhum desses aspectos. Se só cuidarmos da formatação, acabaremos incorrendo no erro do ditado popular: "Por fora, bela viola; por dentro, pão bolorento". Se cuidamos apenas do conteúdo, apesar de dizermos que "não se pode julgar um livro pela capa", deixaremos de considerar que é, sim, a capa que ajuda a vender o livro.

Para contar um pouco mais sobre que bicho é esse e mostrar o tamanho da encrenca, contaremos a seguir a história real de um TCC. Isso mesmo, uma história real que foi escrita a nosso pedido por alguém que esteve exatamente em seu lugar há algum tempo: a Lara. Esse relato narra o primeiro contato da Lara Fabiana Morais Borges com o projeto de pesquisa até a conclusão do TCC. Então, senta que lá vem história!

1.8 A HISTÓRIA DE UM TCC

Já no início do curso de graduação comecei a me preocupar com o TCC, uma vez que, se em grupo tínhamos dificuldades para desenvolver uma pesquisa, imagine sozinha!

No decorrer dos períodos, percebi que tinha uma afinidade maior com as disciplinas do núcleo de Contabilidade Gerencial e comecei a pensar em possibilidades de pesquisas, mas nada muito concreto nem definido.

Um belo dia, ao participar de uma palestra sobre gestão de micro e pequenas empresas (no Programa Empreender: realidade das pequenas empresas e alternativas para o desenvolvimento), conheci um programa que era desenvolvido na cidade e tive um *insight* de pesquisar algo sobre Contabilidade Gerencial nas micro e pequenas empresas.

Mas a loucura estava só iniciando... precisava de um orientador! O maior medo era desenvolver uma pesquisa totalmente sozinha sem o auxílio de um bom orientador. Procurei alguém com quem eu tivesse um bom relacionamento e que também tivesse interesse em pesquisar na área. Pense em uma agenda concorrida! Essa era a agenda da professora que eu havia escolhido para me orientar. Por sorte, consegui uma vaga.

Iniciava o sétimo período e a corrida contra o TCC estava começando. Na primeira aula, o professor solicitou que fosse feito um esboço do que seria a pesquisa (área geral, tema, tipo de pesquisa, entre outros).

Além disso, em cada versão do projeto entregue, o professor fazia vários apontamentos e questionamentos sobre o conteúdo abordado, justificativas da forma como a pesquisa seria conduzida e formatação. Apesar de ter me tornado inseparável de alguns autores de metodologia (nos livros), sempre havia questionamentos que eu não conseguia responder. No fim, você só consegue falar detalhadamente sobre a metodologia adotada quando a coloca em prática, visto que os livros apresentam exemplos que nem sempre estão próximos da área de pesquisa escolhida.

A cada etapa, um desafio! Ao entregar o projeto na disciplina de TCC1, já havia estruturado parte do referencial teórico e da metodologia que seria utilizada (que mal sabia eu que iria mudar... e como!).

No primeiro encontro da disciplina de TCC2, a orientadora me explicou que deveríamos entrar em contato com o coordenador do Programa Empreender para avaliarmos se seria possível a participação dos empresários e como poderia ser feita a coleta de dados.

No mesmo momento eu me desesperei um pouco (sou sempre assim... desesperadinha com as coisas). E se ele não autorizasse? Teria que pensar em outra pesquisa? E começar do zero novamente?

Minha orientadora entrou em contato com o coordenador do programa e ele consentiu a pesquisa. Meu primeiro sentimento foi de alívio. Marcamos uma reunião inicial com o coordenador para entender melhor como o programa funcionava e para que ele pudesse nos disponibilizar os dados para entrar em contato com os gestores e proceder à coleta de dados.

Tudo acontecia ao mesmo tempo: eu tinha de complementar a parte teórica do meu trabalho, desenvolver o instrumento de coleta de dados (com base na literatura e em muita leitura), realizar um pré-teste para possíveis ajustes, desenvolver a metodologia e relatar as etapas que já estavam sendo desenvolvidas. Devo ressaltar que, se não fosse o hábito da minha orientadora estabelecer datas para tudo, não sei se o prazo que tinha para desenvolver o trabalho seria suficiente.

Comecei a entrar em contato com os núcleos de atuação das pequenas empresas para verificar a disponibilidade de participarem da pesquisa. No mês em que iniciei as entrevistas, apenas três núcleos do programa estavam em atividade e, portanto, entrei em contato. Eram 27 empresas, mas apenas 10 se propuseram a participar. Fiquei muito preocupada, pois não sabia se isso seria relevante.

Muito triste e chateada com a baixa aceitação por parte dos empresários (eu achava que todos iam querer participar da pesquisa, era tão interessante... [risos]), eu fui desesperada atrás da minha orientadora. Ela me explicou que não haveria problemas, mas que, se eu achasse viável, poderíamos fazer uma pesquisa com abordagem quantitativa e qualitativa. Assim, além das entrevistas, poderíamos utilizar também questionários, que poderiam ser aplicados nas reuniões dos núcleos do programa.

Devo confessar que, apesar da dificuldade de agendar as entrevistas, elas foram muito divertidas e proveitosas. Foi muito interessante conhecer um pouco da visão dos empresários quanto à frequência de utilização das informações contábeis gerenciais. Percebi que, muitas vezes, eles utilizavam várias informações gerenciais, mas não assimilavam o nome da ferramenta (como o prazo médio de recebimento e pagamento), porém conseguiam explanar como era a vivência deles.

Minha orientadora me acompanhou na maioria das entrevistas. Eu levava um gravador e também anotava boa parte das curiosidades levantadas. Nunca tinha trabalhado com entrevistas e me recordo de que tínhamos estipulado uma duração: em torno de 20 a 30 minutos. O tempo médio das gravações, no entanto, ficou em torno de 40 minutos pois muitas vezes os gestores queriam falar como iniciaram o negócio, os problemas que enfrentavam, a importância da participação no programa... Em uma das entrevistas, o gestor mostrou até fotos para ilustrar a evolução do negócio. Por outro lado, em algumas entrevistas, os gestores eram mais contidos e era difícil obter uma resposta mais completa sobre o tema abordado, pois eles se detinham a responder "sim" ou "não".

Finalizado o período das entrevistas, iniciamos a fase de transcrição. Nesse momento confesso que me arrependi um pouco por ter optado por essa metodologia! Pensa em uma coisa trabalhosa...

Após a transcrição das entrevistas, percebi que o trabalho estava só começando. Utilizamos a técnica de análise de conteúdo (novidade para mim, nunca havia trabalhado com entrevista). A minha orientadora auxiliou na condução da categorização das respostas e como selecionar alguns trechos de falas que tivesse considerado importante, entre outros. Apesar de trabalhosa, foi bem interessante desenvolver essa fase.

Depois de concluída a etapa qualitativa, entrei em contato com os mediadores para verificar a agenda de reuniões dos núcleos e o dia mais oportuno para realizar a aplicação dos questionários. Foram 11 visitas para a coleta nessa etapa, e tive uma taxa de 65% de respondentes. Após tabular os dados e fazer uma análise descritiva deles, em uma reunião com a orientadora fui informada de que deveríamos avaliar o tratamento estatístico que seria utilizado. Sim... Mais uma vez me desesperei logo de cara com o nome do teste: "Comparações Múltiplas de Proporções". Minha orientadora, muito paciente, me tranquilizou e disse que a interpretação seria simples. Procuramos ajuda de um professor que tinha o *software* para rodar o teste. Ajustei mais uma vez o banco de dados e rodamos os testes. E a luta continuava... precisava organizar uma forma de apresentação dos resultados do teste, mas, primeiro, precisava entender aquelas saídas do *software*. Felizmente tive todo o apoio da minha orientadora mais uma vez.

Concluindo toda a parte dos resultados, que contava com a análise de conteúdo das entrevistas e os resultados do teste estatístico para as respostas aos questionários, iniciei a parte de análise dos resultados, tanto da parte quantitativa quanto da parte qualitativa. Era bem interessante perceber que muitos dos meus resultados convergiam do que eu já havia relatado no referencial teórico, confrontando com os resultados dos trabalhos que abordaram a mesma temática (são os chamados estudos correlatos). Foi bem prazerosa essa parte! Pude desenvolvê-la utilizando minha visão, coisa que até então, quando eu fazia, voltava sempre com a pergunta da orientadora: "Qual é a fonte?". Claro que tudo embasado nos achados da pesquisa e dos estudos anteriores.

Ao terminar as considerações finais, ainda não era o fim! Eu precisava ajustar meu trabalho a todas as formatações exigidas pela faculdade para uma monografia.

Passado tudo isso, ainda tinha que passar por uma banca. Pensa no desespero! Apesar de ter participado de eventos científicos, nada se comparava, para mim, à banca do TCC. Fiquei muito apreensiva para a defesa. Ensaiei uma semana. No dia da apresentação, meu pai, todo orgulhoso, aplaudiu na sequência, mas a minha orientadora informou que ainda não havia terminado. Iniciaram-se as arguições. Confesso que teve uma pergunta muito simples sobre o instrumento de pesquisa que, na hora, não consegui assimilar. No geral, o fato de eu ter me dedicado tanto em cada etapa contribuiu para que respondesse com tranquilidade a todas as demais perguntas.

14 PARTE I Afinal, o que é um TCC?

> Ao final de tanto trabalho, conseguimos publicar a pesquisa em um periódico nacional[3] e contribuir, de certa forma, com o programa do qual havíamos coletado os dados, pois eles tiveram uma visão geral da percepção dos gestores quanto à utilidade e frequência de utilização das informações contábeis gerenciais, bem como um comparativo com o que era praticado em micro e pequenas empresas de outros estados (estudos correlatos).
>
> Devo destacar que a experiência, sem dúvida, foi fantástica. Algumas pessoas dizem que quem faz pesquisa não entende a prática e, no meu TCC, pude perceber a proximidade entre ambas. Além disso, por ser um trabalho individual, só depende de você, ou seja, a determinação e força de vontade nessa reta final são imprescindíveis para finalizar etapa. Destaco também a importância da relação com minha orientadora: eu tinha muita liberdade para expor meus medos e receios e ela sempre esteve pronta a me auxiliar.
>
> Após minha experiência com a pesquisa do TCC e com as outras atividades extracurriculares das quais participei, me apaixonei pela vida acadêmica. Assim, logo na sequência da graduação, iniciei o curso de pós-graduação (mestrado) e a experiência com a pesquisa teve continuidade.
>
> Lara Fabiana Morais Borges

O relato da Lara mostrou que ela logo percebeu o "tamanho da encrenca"! A pesquisa na graduação sempre é um desafio para os estudantes, um "bicho de sete cabeças". Mas os alunos percebem, no desenvolvimento das etapas da pesquisa, um grande aprendizado e, principalmente, que os resultados de sua pesquisa contribuirão para as organizações, entidades, para o público em geral e, ainda, gerarão conhecimento científico.

Percebam que o relato da Lara traz à tona os aspectos mais importantes da realização da pesquisa. É interessante notar que, em primeiro lugar, o desafio é a escolha do tema. No caso da Lara, ela identificou uma área do conhecimento que chamava sua atenção e, participando de uma palestra, veio a inspiração. As ideias de temas a serem pesquisados podem ocorrer de diversas formas; por exemplo, a leitura de um artigo; a indicação de um professor; a necessidade da empresa em que você trabalha; uma inquietação sobre conteúdos estudados no curso; assistindo a uma novela ou

---

[3] BORGES, L. F. M.; LEAL, E. A. Utilidade da informação contábil gerencial na gestão das micro e pequenas empresas: um estudo com empresas do Programa Empreender de Uberlândia - MG. *Revista de Empreendedorismo e Gestão de Pequenas Empresas*, v. 4, n. 3, 2015.

série na televisão (se bem que essa forma não é vista como tão "acadêmica"); dentre outras formas.

Falando em inquietação, os estudantes são nitidamente incitados a propor um problema de pesquisa. Surgem diversas dúvidas e inseguranças. Nesse momento, é importante já ter definido o orientador, que é alguém que poderá contribuir nessa etapa.

A escolha do orientador costuma depender de regras definidas pela instituição de ensino superior (IES). Como a Lara relatou, é importante ter um bom relacionamento com o professor orientador e verificar se a temática que você pesquisará é da competência do professor escolhido. Assim, devem ser considerados os dois fatores: afinidade e especialidade. Às vezes, um dos fatores pode ter peso maior que o outro.

Definindo-se o tema a ser pesquisado e o orientador, torna-se essencial uma primeira reunião entre o estudante-pesquisador e o orientador. Esse é o momento de discutir o tema e verificar a viabilidade da pesquisa proposta. Tal procedimento é primordial, pois indicará os direcionamentos para a realização da pesquisa.

Em virtude do notório nível de exigência que se tem com uma pesquisa, é necessário o planejamento do estudo, ou seja, o desenvolvimento do projeto. O projeto apresenta a seguinte estrutura:

- introdução;
- relevância e justificativa do tema;
- problema e objetivos da pesquisa;
- revisão da literatura base do estudo;
- metodologia;
- cronograma.

É uma estrutura bastante semelhante da descrita anteriormente para o **relatório final** da pesquisa. Esses tópicos serão discutidos detalhadamente nos próximos capítulos.

Para o desenvolvimento do projeto de pesquisa, o papel do estudante será fundamental no que tange às leituras sobre o tema e às pesquisas bibliográficas. É comum, no primeiro momento, ficar assustado: são muitas informações! Como delimitar? É recomendável solicitar sugestões ao orientador referentes à escolha do material bibliográfico. As fontes de pesquisa devem ser cientificamente confiáveis para dar sustentação ao estudo. É o que chamamos anteriormente de **referencial teórico** ou revisão de literatura. Se a pesquisa científica for entendida como a construção de

16   PARTE I   Afinal, o que é um TCC?

uma casa, o referencial é a estrutura, a base dessa construção. Se não for consistente, a construção pode ruir.

A leitura de trabalhos científicos sobre o tema de interesse instiga o estudante a aprofundar e entender como seu trabalho poderá ser desenvolvido com base em outros estudos já realizados. A insegurança inicial vai sendo atenuada quando ele percebe que outros autores já pesquisaram sobre o tema, propuseram conceitos, apresentaram finalidades, discutiram diversas abordagens e, até mesmo, indicaram sugestões para novas pesquisas.

A revisão da literatura é uma etapa relevante para a construção da pesquisa. Na sequência, os estudantes-pesquisadores se deparam com outro desafio: organizar os procedimentos metodológicos da pesquisa. O TCC é uma pesquisa científica e requer rigor no seu desenvolvimento, principalmente para proporcionar a credibilidade exigida. Isso constitui o **método** sobre o qual já comentamos brevemente.

Em virtude de suas especificidades, a metodologia de pesquisa deverá ser organizada de forma estruturada. O estudante deverá definir o tipo de pesquisa, a abordagem, procedimentos de coleta de dados e a estratégia de análise de resultados. Cada etapa dos procedimentos deverá ser detalhada, de modo que o leitor possa compreender e até replicar o estudo proposto. As definições sobre a coleta de dados da pesquisa são importantes. No relato da Lara verificamos que, no primeiro momento, a pesquisa que ela propôs utilizaria somente as entrevistas. Posteriormente, ela teve de complementar a pesquisa com a aplicação de questionários. A alteração gerou uma reestruturação nos procedimentos metodológicos adotados e, consequentemente, na análise dos resultados da pesquisa.

É notória a preocupação dos estudantes em relação à coleta de dados, principalmente quando se trata de coleta direta com participantes, o que é chamado de pesquisa com dados primários. O principal desafio é conseguir a amostra necessária para a realização do estudo. São requeridas várias estratégias pelo pesquisador e uma boa dose de persistência, com foco no alcance dos objetivos da pesquisa.

Para alguns estudantes, a finalização dessa etapa gera uma sensação de alívio. Para outros, traz a ansiedade da próxima etapa, a análise e discussão dos resultados. Algumas pesquisas utilizam-se da análise qualitativa; requerem a transcrição de entrevistas, a análise documental, a categorização de dados, entre outros. Já para outros estudos é indicada a abordagem quantitativa, que demandará a aplicação de testes estatísticos. Para alguns estudantes, a necessidade de realização desses testes estatísticos é vista como uma barreira, pois eles sentem dificuldades para utilizar tais ferramentas. Se for o seu caso, você precisará do apoio do seu orientador e precisará procurar capacitação com profissionais da área. Veja isso como uma oportunidade!

A análise dos resultados da pesquisa é o momento em que o estudante-pesquisador compara seus achados (os resultados obtidos com sua pesquisa) com a literatura pesquisada (com o referencial teórico). No relato da Lara, ela menciona que era interessante ver que muitos dos resultados "convergiam com o que já havia sido relatado no referencial teórico com os trabalhos que abordaram a mesma temática (estudos correlatos)". Ela achou essa etapa prazerosa, pois nela o estudante não se reduz à mera passividade, uma vez que, além de tirar suas próprias conclusões acerca dos achados, poderá adotar um determinado posicionamento, defender uma posição com base nas evidências e utilizar seu senso crítico. Essa etapa permite ao estudante responder o problema de pesquisa. Por conseguinte, contribui para a construção científica, além de colaborar para o desenvolvimento pessoal do estudante. Você já consegue se ver defendendo uma posição com base nas evidências que levantou em sua pesquisa? Pois é, o sabor é especial! O estudante-pesquisador percebe, ao concluir a pesquisa, que o comprometimento no desenvolvimento de cada etapa da pesquisa torna o "tamanho da encrenca" oportuno para sua experiência acadêmica.

No próximo tópico, ajudaremos a pensar em temas de pesquisa ao tratarmos das tendências em Contabilidade e Negócios. É o que se chama de agenda de pesquisa em uma área do conhecimento. Você está pronto para essa viagem?

1.9 TENDÊNCIAS DE PESQUISA EM CONTABILIDADE E NEGÓCIOS

Considerando que os livros de métodos de pesquisa em geral trazem muitos exemplos de estudos em Administração, mas não tantos em Contabilidade, decidimos focar esta seção, especificamente, em temas relacionados à Contabilidade.

Ao contrário do que muitos pensam, o campo de pesquisa na área contábil é vasto. O senso comum acaba associando a imagem dos profissionais de Contabilidade exclusivamente à tarefa de arrecadação de impostos que, diga-se de passagem, é importante, mas o campo de atuação desses profissionais é muito mais amplo.

A principal causa da pouca tradição em pesquisa na área talvez seja o tardio desenvolvimento da pós-graduação em Ciências Contábeis no Brasil, que é onde efetivamente se produz conhecimento. Como se sabe, até o ano 2008, portanto há aproximadamente uma década, existia apenas um curso de doutorado em

Ciências Contábeis, pertencente à Universidade de São Paulo. De lá para cá, houve um crescimento bastante significativo, o que torna o futuro mais promissor no tocante à pesquisa no Brasil. Contudo, ainda é cedo para se pensar nos frutos desse crescimento.

No exterior, entretanto, o desenvolvimento da pesquisa e a produção de conhecimentos na área contábil se encontram em estágios mais avançados, seja no cenário norte-americano, estimulado pelo forte mercado acionário, seja nos países europeus, pela tradição, desenvolvimento e processo de convergência aos padrões internacionais. Outros contextos, como o asiático ou do Oriente Médio, ainda estão sendo desvendados pelo ocidente, mas prometem igualmente visões bastante diversas das nossas.

Embora o leque de possibilidades de temas na área seja amplo, como veremos adiante, salientamos, desde já, que o estudante de graduação nem sempre conseguirá enxergar uma boa questão de pesquisa se não conhecer a área que pretende investigar. Assim, sugerimos a escolha do tema para uma conversa preliminar com o orientador, idealmente um conhecedor e/ou pesquisador sobre a temática proposta. Dessa conversa poderá nascer o propósito central da pesquisa. Retomaremos essa discussão mais adiante; vamos, agora, às temáticas!

Podemos dizer que uma das áreas de pesquisa contábil no Brasil seja a **Contabilidade Financeira**. Essa área contempla estudos relacionados às informações divulgadas pelas empresas e entidades em geral e seus impactos nos processos de tomada de decisão por parte dos usuários externos. Entendemos como usuários externos aqueles que apenas têm acesso a informações divulgadas externamente pelas entidades e empresas. Em geral, essas informações são padronizadas e respondem a determinações previstas em leis e normas. Assim, um grande grupo de pessoas teria acesso a uma mesma informação. Alguns temas em destaque nessa área são:

- *disclosure*;
- modelos de qualidade da informação contábil;
- *valuation*;
- *value relevance*;
- gerenciamento de riscos;
- balanço social;
- risco e retorno;
- otimização de carteiras;
- estrutura de capital;

- custo de capital, derivativos e estudos relacionados à Contabilidade Societária, notadamente sobre os processos de convergência aos padrões internacionais de Contabilidade.

Note que a escolha de temas relativos à Contabilidade Financeira pode trazer algumas facilidades operacionais relativas ao desenvolvimento das pesquisas. Nessa área, a obrigatoriedade de publicação das demonstrações contábeis facilitou a construção de bases de dados como Economatica, Compustat, Thomson Reuters, Instituto Assaf Neto, bem como acesso às próprias demonstrações contábeis nos *sites* da B3 (BM&F Bovespa), Comissão de Valores Imobiliários, entre outros locais. Além disso, é nessa área também que se concentra a maior parte das publicações nacionais.

Essas bases de dados disponíveis permitem pesquisas quantitativas em bases secundárias. Se você confrontar com a experiência da Lara, descrita anteriormente, a diferença é que você não precisará elaborar um roteiro de entrevista ou um questionário e procurar uma forma de obter a colaboração de pessoas ou de empresas para respondê-los. Por outro lado, você não tem flexibilidade para solicitar a informação que lhe interessa: depende das informações que estejam já disponíveis na base de dados.

Se você pretende pesquisar sobre o uso da informação para tomada de decisão de dentro da empresa, seja nas etapas de planejamento, execução ou controle, sua área de pesquisa é a **Contabilidade Gerencial**. É também chamada de Contabilidade para usuários internos, pois se consolida em sistemas de informações para a tomada de decisão por agentes internos às entidades ou empresas. Nessa perspectiva, existem muitas possibilidades de contribuir com a construção do conhecimento. Algumas temáticas em destaque são:

- controle gerencial;
- *balanced scorecard*;
- custos da qualidade;
- teoria das restrições;
- planejamento tributário;
- custeio por ciclo de vida;
- gestão estratégica de custos;
- contabilidade e análise de custos;
- custo total para o consumidor;
- controladoria aplicada a logística;

20 **PARTE I** Afinal, o que é um TCC?

- análise de custos de concorrentes;
- tecnologia e sistemas de informação;
- gestão de custos interorganizacionais;
- análise de custos de cadeias de valor;
- planejamento e controle orçamentário;
- custeio e gestão baseados em atividades.

Aqui, como a Lara fez, você precisará "bater na porta" das empresas, por exemplo, e obter informações dos gestores, sejam eles os donos das empresas ou não. Por isso, muitas vezes, na pesquisa em Contabilidade Gerencial, são utilizadas pesquisas qualitativas, baseadas em entrevistas e questionários. Não se esqueça, porém, de que podemos também adotar procedimentos de observação, pesquisa-participante, pesquisa-ação... Tanta coisa boa, que dá vontade de contar tudo agora, mas temos que deixar isso para os próximos capítulos desse livro. Aguardem!

Se você pretende experimentar a atuação em sala de aula, como professor, sugerimos que pesquise sobre **Educação Contábil**. Essa área tem apresentado um crescimento importante nos últimos anos, talvez motivado pela conscientização dos docentes de que é necessário preparar-se para ser professor. Apenas o domínio do conteúdo não tem se mostrado suficiente para atuar como docente. Além disso, a educação contábil apresenta especificidades que precisam ser investigadas por especialistas da própria área. No cenário internacional, existem muitas revistas acadêmicas dedicadas inteiramente à publicação de pesquisas sobre a temática. As possibilidades de pesquisas são vastas e os temas bastante diversos, como:

- avaliação do processo de ensino-aprendizagem;
- avaliação institucional;
- recursos instrucionais;
- métodos e práticas de ensino;
- estruturas curriculares;
- educação *on-line*;
- modelos colaborativos virtuais;
- formação profissional;
- estilos de aprendizagem;
- processos cognitivos da aprendizagem;
- tecnologias educacionais;
- mensuração da qualidade da formação;
- fatores determinantes do desempenho acadêmico;

- mercado de trabalho;
- processos de evasão;
- teorias comportamentais;
- acompanhamento de egressos;
- processos motivacionais no ensino-aprendizagem.

As pesquisas também vêm aumentando em temas relativos à **Contabilidade Governamental e Terceiro Setor**. Diferentemente das empresas, o governo e as entidades do terceiro setor têm dinâmicas próprias que têm atraído a atenção de diversos pesquisadores. Surge o Setor 2.5, com os chamados negócios sociais. Já pensou onde isso pode parar? Assim, as possibilidades de pesquisas também são inúmeras, como:

- normas brasileiras de contabilidade aplicadas ao setor público;
- normas internacionais de contabilidade aplicadas ao setor público;
- planejamento e controle orçamentário governamental;
- desempenho de entidades governamentais e do terceiro setor;
- gestão e avaliação de políticas públicas;
- organização e gestão de serviços públicos;
- parcerias entre o setor público e o setor privado;
- gestão fiscal;
- sistema de administração financeira e contabilidade aplicada ao setor público;
- custos na gestão pública;
- avaliação de incorporação de tecnologias no setor público;
- transparência orçamentária;
- controladoria na gestão pública;
- mensuração do impacto social;
- divulgação de informações para entidades do terceiro setor e para negócios sociais.

Um campo de pesquisa muito rico, mas que tem sido ainda pouco explorado no Brasil, talvez em virtude de um mercado acionário ainda pequeno, refere-se à **Auditoria** e **Perícia**. As possibilidades de pesquisa no campo da Auditoria interna e externa, bem como Perícia Contábil, são muitas:

- *assurance*;
- auditoria de tecnologia da informação (TI);
- normas internacionais de auditoria;

22 **PARTE I** Afinal, o que é um TCC?

- responsabilidade do auditor na detecção de fraudes e erros;
- auditoria como mecanismo de governança;
- rodízio voluntário e compulsório da empresa de auditoria;
- mediação e arbitragem;
- perícia contábil;
- responsabilidade penal e civil do perito-contador;
- educação profissional continuada do auditor independente e do perito-contador.

Outra área pouco explorada em termos de pesquisas no Brasil é a de **Tributos**. Parece um contrassenso, pois o Brasil é um dos países que apresentam as maiores cargas tributárias no mundo. No entanto, a pesquisa sobre o tema ainda é incipiente. As possibilidades de contribuir com o conhecimento são muitas. Você pode pesquisar sobre:

- tributos diretos e indiretos;
- tributos sobre a renda;
- tributos sobre o faturamento;
- tributos na formação de preços e custos;
- incentivos fiscais;
- gestão tributária na cadeia produtiva;
- controladoria e gestão tributária;
- regimes tributários especiais;
- crimes tributários;
- evitação de impostos (*tax avoidance*) e governança tributária;
- planejamento tributário;
- tributação internacional;
- governança tributária.

Essas cinco áreas são as mais comuns no Brasil, inclusive em periódicos científicos e congressos relevantes da área contábil. É importante que, antes de definir uma temática de pesquisa, você leia bastante e procure se inteirar das pesquisas recentes sobre a área de interesse. Nesse caso, podem surgir outras possibilidades além dessas elencadas.

1.10 O QUE VEM PELA FRENTE...

Nas próximas quatro partes, veremos novas narrativas, novos desafios e superações. Serão apresentadas diferentes trajetórias vivenciadas nos trabalhos de conclusão de curso por estudantes-pesquisadores da área contábil, todas com linguagem leve, escritas de estudante para estudante, com o propósito de ilustrar os conteúdos que serão focalizados.

Na Parte II, discutiremos noções básicas para a elaboração de trabalhos científicos. Passaremos pela escolha do tema, a definição do problema e dos objetivos, a escolha do orientador, leituras, resumos, aspectos formais. Enfim, o estudante aprenderá como preparar um projeto de pesquisa.

Na Parte III, convidaremos o leitor a "pôr o pé na estrada". Nesse momento, traremos ilustres convidados, que são especialistas, para falarem de diferentes métodos de pesquisas, de sentimentos e de números, de coleta de dados e das estratégias para colocar os planos A, B ou C em prática. Lembre-se de que, em pesquisa, é sempre necessário haver "outro plano"!

Na Parte IV, falaremos sobre a distância existente entre a ideia e o texto escrito. Abordaremos as dificuldades de escrever, desde os resultados iniciais até a conclusão do relatório final da pesquisa. Um bom registro é quase uma obra de arte; merece dedicação, edição, revisão e esforço.

Por fim, na Parte V, convidaremos o leitor-escritor a botar a boca no mundo! Falaremos sobre a apresentação oral da pesquisa, bem como dicas sobre a apresentação do trabalho em congressos, publicação em periódicos científicos e a devolutiva da pesquisa aos participantes. Vamos lá?

Veja estas sugestões de leitura:
ECO, U. O que é uma tese e para que serve. In: ECO, U. *Como se faz uma tese*. 26. ed. São Paulo: Perspectiva, 2016.
PRATA, M. Uma tese é uma tese. *O Estado de São Paulo*, Caderno 2, 7 out. 1998.

PARTE II

INICIANDO A PESQUISA

2 Noções iniciais

Silvia Pereira de Castro Casa Nova

Para começar nossa conversa, precisamos, juntos, entender as atividades iniciais que compreendem fazer um Trabalho de Cconclusão de Curso (TCC). Essas atividades iniciais envolvem, de uma maneira simplificada, algumas decisões. São elas:

- escolher o tema de pesquisa;
- procurar um problema;
- definir objetivos geral e específicos;
- escolher o orientador;
- ter certeza de que esse é o tema e o orientador;
- entender os aspectos formais;
- estabelecer um cronograma de pesquisa;
- começar a pesquisar e a definir leituras;
- organizar e resumir as primeiras leituras;
- definir uma abordagem de pesquisa;
- elaborar o projeto.

Calma, calma! Abordaremos cada atividade ou decisão com cuidado e você verá que não se trata de nenhum bicho de sete cabeças. Talvez tenha duas cabeças, não mais. Vamos começar?

2.1 ESCOLHER O TEMA

Escolher o tema talvez seja uma das maiores dificuldades envolvidas na elaboração de um trabalho de pesquisa. É o primeiro obstáculo que você precisa enfrentar. Então, não se apresse nem tome essa decisão de maneira impulsiva.

Definir o tema é um grande desafio porque é preciso conciliar diversos interesses e possibilidades: o seu interesse e o interesse de seu potencial orientador; um tema que lhe traga prazer, que lhe instigue e que seja, ao mesmo tempo, relevante; um tema que seja inovador e que, ao mesmo tempo, tenha referências que possam apoiar o desenvolvimento de sua pesquisa; seus conhecimentos e competências

Capítulo 2 Noções iniciais 27

em metodologias de pesquisa, e o problema de pesquisa que pretende abordar, a partir do tema que definiu para o seu TCC. A **teoria da aprendizagem significativa** ainda nos aconselha a considerar seus conhecimentos, se tem alguma experiência de trabalho em pesquisas anteriores ou adquirida em cursos etc. Acredite, isso ajuda muito porque contextualiza e dá significado ao trabalho de pesquisa que você desenvolverá.

Veja o relato de Eder, que escolheu como tema a gamificação. Como era um tema novo, ele teve acesso apenas a estudos exploratórios. Mas, por outro lado, teve a oportunidade de trazer uma contribuição maior.

> **vou te contar**
>
> Uma das maiores dificuldades que tive ao fazer o TCC foi a escolha de um tema. Durante o curso de graduação, estuda-se uma imensidade de conteúdos e, normalmente, gostamos de mais de um. Quando o TCC vem em formato de artigo acadêmico focamos em apenas um tema/tópico. Em meu TCC utilizei o tema educação, que veio de forma relativamente fácil. Mas daí surgiu mais um grande problema: "Vou escrever sobre o que em educação? Parece já ter tudo pronto!".
>
> Foi conversando com uma amiga que decidimos unir o útil ao agradável. Estávamos gostando do curso de contabilidade e também gostávamos de jogos. A partir disso, descobrimos o tema da gamificação. Essa é uma área ainda em estudos exploratórios na Contabilidade brasileira, o que ocasionou outra dificuldade devido ao pouco conteúdo nacional sobre isso, ainda mais com o uso de tecnologia, a maioria dos trabalhos existentes era sobre jogos de tabuleiro e similares.
>
> Eder Aparecido Barbante Júnior

Outro ponto, que é importante enfatizarmos, é que um trabalho bom é um trabalho pronto! O que queremos dizer com isso? Queremos enfatizar que sempre é preciso considerar a restrição do tempo e a viabilidade da pesquisa. O trabalho tem um prazo de entrega, e esse é um limitante quando temos que definir o tema e todas as decisões que precisam ser tomadas a partir daí.

Nesse segundo relato, Itali fala da conciliação entre um tema de imenso interesse e que repercute uma experiência pessoal, mas que pode enfrentar resistências. Outro ponto ressaltado foi a necessidade de buscar formação sobre abordagens qualitativas de pesquisa para poder realizar o seu trabalho.

28 **PARTE II** Iniciando a pesquisa

> Comecei a pensar no tema do meu TCC, ou monografia como chamamos no curso de Economia, depois de estagiar alguns anos no mercado financeiro e perceber algumas idiossincrasias no tratamento da mulher nesse ambiente. Em 2013, ano em que dei uma pausa nos estágios e me dediquei mais à graduação, demonstrei interesse pelo tema de gênero e fui convidada pela professora Silvia Casa Nova a participar de duas disciplinas, na pós-graduação, sobre Gênero no Ensino Superior e Feminismo.
>
> Cursando essas matérias e aumentando meu conhecimento sobre o assunto, percebi que necessitava ter uma perspectiva qualitativa sobre como o ambiente do mercado financeiro recebia as profissionais mulheres, pois somente uma pesquisa quantitativa que mostrasse, por exemplo, a diferença salarial, não me traria, com profundidade, o contexto social que gera essas diferenças e o qual eu gostaria de delinear.
>
> Itali Pedroni Collini

Definido o tema, precisamos enunciar um problema de pesquisa. Esse é o nosso próximo tópico. Vamos lá?

2.2 PROCURAR UM PROBLEMA

Agora, você é uma pessoa à procura de problemas! Sim, é isso aí. Normalmente, fugimos de problemas, mas como uma pessoa que precisa desenvolver um trabalho de pesquisa, você está em busca de problemas. E de onde surgem os problemas? Eles estão em toda parte: no estágio, na faculdade, na vida pessoal, nas novelas e séries, nos jornais, nas redes sociais, na internet, onde quer que seja.

No relato de Itali, o problema veio de sua experiência nos estágios no mercado financeiro ao "perceber algumas idiossincrasias no tratamento da mulher nesse ambiente". No caso de Eder, foi unindo interesses pessoais em um papo com uma colega: "Foi conversando com uma amiga que decidimos unir o útil ao agradável. Estávamos gostando do curso de Contabilidade e, também, gostávamos de jogos. A partir disso, descobrimos o tema da gamificação".

Outra dica é procurar uma lacuna, um aspecto do tema que não tenha sido abordado ou, pelo menos, que não tenha sido examinado sobre a perspectiva em que você pretende abordá-lo. Pense assim: a pesquisa é uma corrida de bastão. Cada atleta tem um percurso a correr e precisa entregar o bastão ao próximo atleta, que

Capítulo 2 Noções iniciais 29

percorrerá o trecho seguinte. Assim, o problema de pesquisa tem um papel na construção do conhecimento: o de apontar um ponto não coberto pela teoria e, dessa forma, propor uma adaptação, ou sugerir a necessidade de uma nova teoria.

Ao lado da busca pelo problema, é preciso entender como enunciá-lo. Um problema, necessariamente, é colocado na forma interrogativa. Por isso, é também chamado de **questão de pesquisa**. Outra característica de um problema é que ele normalmente trata de relações entre aspectos ou características de um contexto ou fato que se quer entender.

Vamos ver a questão de pesquisa de Eder?[1] Ela ficou assim:

> Qual o nível de satisfação dos estudantes de Ciências Contábeis sobre o uso do Aplicativo Contábil Quiz no processo de ensino-aprendizagem em Contabilidade?

Está na forma interrogativa e relaciona o nível de satisfação com o uso de um aplicativo contábil. Portanto, atende a todas as características de um problema que colocamos. Mas, também, já acende uma série de dúvidas, sendo a maior delas: Como medir a satisfação dos estudantes?

É, gente, bons problemas são assim!

Antes de continuarmos falando sobre o trabalho de Eder, que tal analisar a questão de pesquisa da Itali?[2]

> Qual o entendimento dos componentes sociais que formam a perspectiva das mulheres e homens que trabalham ou trabalharam em posições do mercado financeiro em relação à atuação, ambiente, ascensão e oportunidades nesse ambiente de trabalho?

Analisando o problema de pesquisa proposto pela Itali, vemos que está na forma interrogativa e que relaciona os componentes sociais com as perspectivas com relação à atuação, ambiente, ascensão e oportunidades profissionais de homens e mulheres no mercado financeiro. Surgem várias dúvidas também, não?

Agora, para avançarmos nessas dúvidas, precisamos entender como propor o objetivo principal e os objetivos secundários de nossa proposta de pesquisa. Você

---

[1] BARBANTE JUNIOR, E. A.; BORNAL, E. M.; MATSUOKA, I. N.; NOGUEIRA, D. R. Satisfação com o uso de aplicativos no processo de aprendizagem: um estudo com alunos de Ciências Contábeis. CONGRESSO USP DE INICIAÇÃO CIENTÍFICA EM CONTABILIDADE, XIV, 2017, São Paulo. *Anais* [...]. São Paulo – SP: EAC FEA-USP, 2017.

[2] COLLINI, I. P. *Mulheres no mercado financeiro:* um olhar sob a ótica de gênero. 2014. Monografia (Conclusão de Curso de Graduação em Economia), Faculdade de Economia, Administração e Contabilidade, Universidade de São Paulo (FEA-USP), São Paulo.

30 **PARTE II** Iniciando a pesquisa

pensou que, proposto o problema, estaria tudo resolvido? Não, não é assim, não. O problema é uma etapa importante, mas é apenas o começo!

2.3 DEFINIR OS OBJETIVOS GERAL E ESPECÍFICOS

Pense no problema de pesquisa como um incômodo, algo que faz refletir e que você quer solucionar. Depois de enunciado o problema e exposto o nosso incômodo, a próxima pergunta é: Aonde se quer chegar com isso? Para responder essa pergunta, precisamos de objetivos. Sim, é isso mesmo: é para isso que servem os objetivos da pesquisa.

Os objetivos da pesquisa alinham as expectativas que geramos com o problema de pesquisa em termos do que pretendemos e não pretendemos examinar. Para isso, precisam ser colocados de forma clara e efetiva. Existem diferentes níveis ou tipos. Os objetivos, normalmente, são de dois tipos: o **objetivo geral** e os **objetivos específicos**.

Digamos que o objetivo geral está relacionado diretamente com o problema ou questão de pesquisa. Portanto, é o que nos permite solucionar o nosso incômodo inicial.

Já os objetivos específicos são etapas que precisamos cumprir em nossa trajetória para atender ao nosso objetivo geral e solucionar nosso problema de pesquisa. Há, no entanto, quem diga que os objetivos específicos não devem ser confundidos com etapas metodológicas; que eles devem ser um fim e não um meio para alcançar um objetivo geral. Assim, aconselhamos que você pense em seus objetivos específicos como propósitos menores, como etapas que têm seu sentido único, mas que também auxiliam no alcance do objetivo geral, que é o ponto focal de seu estudo.

Todos devem estar na forma afirmativa e ser orientados por verbos de ação, ou seja, devem detalhar ações que serão executadas pelo pesquisador em sua metodologia de pesquisa. Está vendo como tudo fica bem amarradinho? É essa consistência interna que precisa ser buscada em seu projeto de pesquisa! Vamos ver os objetivos geral e específicos da pesquisa de Itali?

A intenção primordial dessa pesquisa é avançar no entendimento dos componentes sociais que formam a perspectiva das mulheres e homens que trabalham ou trabalharam em posições do mercado financeiro, em relação à atuação, ambiente, ascensão e oportunidades nesse ambiente.

Capítulo 2 Noções iniciais   31

Como objetivos específicos, esta monografia buscará:

- Descrever a experiência das(os) profissionais entrevistadas(os) que trabalham ou trabalharam no mercado financeiro relacionadas ao mercado de capitais, ao *investment banking* e à *trading desk*;

- Analisar e questionar essas experiências sob a perspectiva de pesquisadoras(es) de gênero;

- Descobrir se há vivências semelhantes entre as(os) entrevistadas(os), de modo que seja possível inferir um padrão de ambiente corporativo;

- De acordo com as conclusões, propor possíveis medidas e soluções na direção de melhorar esse padrão, deixando-o mais próximo da igualdade de gênero.

O objetivo geral, diretamente vinculado à questão de pesquisa, está descrito como intenção primordial e enunciado como "avançar no entendimento dos componentes sociais que formam a perspectiva das mulheres e homens que trabalham ou trabalharam em posições do mercado financeiro, em relação à atuação, ambiente, ascensão e oportunidades nesse ambiente", na forma afirmativa e orientada por um verbo de ação, "avançar".

E a lacuna? Bem, a lacuna é apresentada da seguinte maneira: "As questões de gênero permeiam as relações sociais, econômicas e políticas, mas parecem ser ainda negligenciadas nas áreas de Economia, Administração e Contabilidade e Atuária, mantendo esses campos restritos às suas visões tradicionais, a temas mais técnicos, pertencentes ao *mainstream*". Essa proposição alinha-se ao objetivo geral de "avançar no entendimento" dos componentes sociais de profissionais do mercado financeiro. Ah, agora tudo faz sentido!

Os objetivos específicos nos aproximam cada vez mais, como em um passo a passo, de atingirmos ao objetivo geral, mas têm seu propósito próprio. Assim, para "avançar no entendimento", é preciso primeiro "descrever a experiência das profissionais entrevistadas" para, em seguida, "analisar e questionar essas experiências" a partir de uma perspectiva de gênero, reunir vivências semelhantes entre as pessoas entrevistadas para inferir padrões e, finalmente, propor medidas e soluções para melhorar esse padrão. Como dissemos antes, tudo amarradinho! Chamamos a atenção que já se antecipa aqui, nos objetivos, a metodologia a ser adotada: entrevistas com profissionais do mercado financeiro.

Para fechar esses dois tópicos iniciais, a Figura 2.1 ilustra o passo a passo do projeto de pesquisa a partir do momento em que você tem um problema, definiu seu objetivo geral e seus objetivos específicos.

FIGURA 2.1 Passo a passo do processo de pesquisa

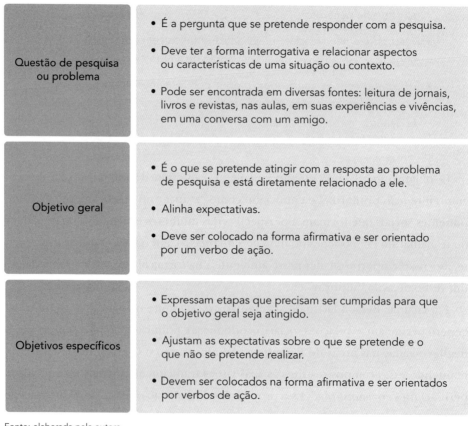

Fonte: elaborada pela autora.

Um aviso importante: muitas vezes, é necessário escrever e reescrever o problema de pesquisa e os objetivos geral e específicos. Eles não nascem prontos e acabados. São fruto de um processo de reflexão e, às vezes, de tentativa e erro. Os objetivos podem precisar ser revistos durante o processo da pesquisa, dadas as circunstâncias encontradas que podem implicar a limitação ou a ampliação dos objetivos.

Por isso, vamos em frente! Chegou a hora de encontrar ajuda.

2.4 ESCOLHER O ORIENTADOR

Agora é o momento de achar uma pessoa importante na sua vida e propor uma parceria de pesquisa: você precisa escolher o seu orientador ou a sua orientadora. Quer dicas?

Pense nos professores com quem teve aulas. Houve algum que despertou seu interesse, que tem alguma característica de personalidade semelhante à sua, de cuja matéria tenha gostado especialmente? Se sim, esse já é um começo!

Isso significa que vamos descartar aqueles com quem não tivemos chance de contato? De forma nenhuma! Acesse a lista de professores do departamento ou centro responsável pelo seu curso e busque mais informações sobre todos os professores.

Quer saber mais sobre pesquisadores?

Acesse o Lattes, base de currículos mantida pelo CNPq:

Acesse o Google Scholar, base de busca mantida pelo Google que inclui apenas documentos acadêmicos:

O ResearchGate, base internacional em que pesquisadores compartilham suas pesquisas:

A Academia.edu, da mesma forma que o ResearchGate, foi feita para pesquisadores compartilharem informações e pesquisas:

Outra dica importante: pesquisar o Currículo Lattes do corpo docente de seu departamento ou centro. Ainda não ouviu falar em Lattes? Nós explicamos! Sabe as redes sociais, como Facebook, Twitter, Instagram ou LinkedIn? Elas são para contatos de amizades, compartilhamento de interesses, contatos profissionais, certo? O Lattes é uma "rede social acadêmica". Professores e pesquisadores brasileiros (e mesmo estrangeiros que trabalham com brasileiros ou no Brasil) mantêm seu currículo nessa base, que é mantida pelo Conselho Nacional de Desenvolvimen-

34 **PARTE II** Iniciando a pesquisa

to Científico e Tecnológico (CNPq). Quando precisar de mais informações sobre algum professor, você pode sempre recorrer ao Lattes.

Vocês poderão pesquisar no Lattes do professor as suas publicações em periódicos (revistas) e congressos. Veja também os projetos de pesquisa dos quais ele está participando.

Encontrou professores pesquisando sobre temas que lhe interessem? Bingo! Tente encontrar um artigo desse professor no Google Scholar e leia. Assim, já terá uma primeira aproximação com essa pessoa. Não encontrou o professor, mas conseguiu seu *e-mail*? Então, mande uma mensagem e marque uma conversa. Afinal, é conversando que a gente se entende.

O que levar para essa reunião? A sua ideia de pesquisa em uma página. Sim, apenas uma página. Lembre-se de falar um pouco sobre você e seus interesses. Faça, também, perguntas sobre interesses, possibilidades, experiências. A Itali nos conta como foi a sua aproximação e nos lembra que devemos estar preparados para ouvir alguns "nãos".

> **vou te contar**
>
> Os obstáculos foram variados. O primeiro surgiu logo após a decisão pelo tema pois, com ele em mãos, fui conversar com professores do departamento de Economia e observei um desinteresse geral, seja pelo tema focar em gênero, seja pela abordagem qualitativa, a qual uma faculdade tão matematizada como a FEA não celebra. A parceira de pesquisa Silvia Casa Nova integra o departamento de Contabilidade, por isso tive que pedir à coordenação uma autorização para ser orientada por uma professora de fora do departamento de Economia. Para somar ao conflito, a professora Silvia estava em Minnesota como pesquisadora visitante e, por esse motivo, meu pedido de orientação com ela foi indeferido. Recorremos, então, a uma terceira via, uma parceria com a professora Tania Casado, do departamento de Administração, que estuda gênero no mercado de trabalho e se interessou pela proposta. Dessa vez, o pedido foi deferido e Tania tornou-se minha orientadora, enquanto Silvia atuou como co-orientadora.
>
> Itali Pedroni Collini

É caso para desistir? Talvez seja o caso de procurar soluções criativas. Veja o que ela fez e como contornou esse problema. Mas, atenção aos sinais...

2.5 COMO TER CERTEZA DE QUE ESSE É O TEMA E O ORIENTADOR

Sinais, como assim sinais? Depois de algumas conversas, você deve ter acumulado algumas certezas e muitas dúvidas! Dúvidas, dúvidas, dúvidas... Como ter certeza de que as escolhas até aqui foram as certas? A resposta simples e direta é que não há como ter certeza. Mas dá para ir afastando as dúvidas, prestando atenção aos sinais. Sinais, como assim, sinais?

Pense bem. Lembra que o professor deve ter características que o aproximem de você? Pense, então, por um tempinho, no que gostaria de ver na pessoa que lhe orientará. Prefere alguém organizado e controlador ou alguém que lhe dê liberdade? Alguém que indique caminhos ou que diga exatamente o que fazer? Você quer um orientador que tenha uma temática estabelecida ou que aceite explorar novos temas? Faça uma série dessas perguntas e, a partir delas, preste atenção aos sinais.

Lembre-se: se precisar, é possível trocar a orientação. Então, se sentir que o trabalho não está fluindo, repense a sua escolha. Sempre dá para tentar novamente! Mas, essa é uma decisão séria. Antes de tomar a decisão de trocar de orientação, faça uma lista dos problemas que tem tido e os mantenha em mente para não os repetir na nova relação de orientação.

Agora, atenção! Não se iluda: nenhum orientador fará o trabalho por você. A qualidade do trabalho dele dependerá da qualidade do seu trabalho. Se não lhe der algo sobre o qual refletir e oferecer orientação, você não terá orientação. Então, tenha em mente quais são as responsabilidades do orientador e quais são as suas responsabilidades.

Além disso, tenha ciência de que esse trabalho é seu: é seu nome que vai na capa, como autor. O nome do orientador vem depois e indicando o seu papel: orientador. Você pode perguntar: E a história de parceria? Bem, com certeza, trata-se de uma parceria, quase uma relação de coautoria em que você é o autor principal. E, como toda boa parceria, ambos devem aprender, e aprender juntos. Tendo isso em mente, arregace as mangas e ponha as mãos na massa!

Antes de começarmos a tecer a proposta da pesquisa é importante entendermos alguns aspectos formais. No caso, aqui, esse "formal" se refere à forma. Um trabalho científico deve observar certas regras de formatação que são bastante estritas. Se você souber logo dessas regras e segui-las desde o início, ganhará tempo. Se não fizer isso, ao final, terá um trabalhão para ajustar seu trabalho às normas. Assim, vamos entender os aspectos formais?

2.6 ENTENDER OS ASPECTOS FORMAIS

Entenda a relação entre forma e conteúdo a partir de um dito popular. Já ouviu alguém dizer: "Por fora bela viola, por dentro pão bolorento"? Bem, você não quer ouvir o contrário sobre o seu trabalho: "Por dentro bela viola, por fora pão bolorento"! Muitos dos revisores estão bem atentos a esses aspectos e um colega meu, Edgard Cornacchione, costuma dizer que o rigor e a qualidade de um trabalho estão expressos no cuidado igual que se tem com forma e com conteúdo. A imagem com a qual ele reforça essa ideia está reproduzida Figura 2.2. Ela pontua que a forma e o conteúdo é que compõem conjuntamente a qualidade do trabalho, tendo um peso próximo. Não adianta caprichar no conteúdo se a apresentação for descuidada e desorganizada. Há que se cuidar em como "comunicar" o seu trabalho, e é disso que, de certa maneira, os aspectos formais tratam.

FIGURA 2.2   Forma e conteúdo em um trabalho de pesquisa

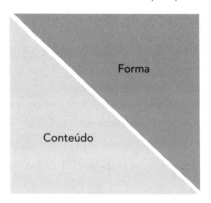

Fonte: adaptada pela autora com base na proposta de Edgard Cornacchione.

Agora que entendemos a importância dos aspectos formais, vamos às normas. Sim, há normas que devemos observar. Em geral, no Brasil, são as normas editadas pela Associação Brasileira de Normas Técnicas, conhecida simplesmente por ABNT. No exterior, há uma variedade de normas, mas as mais comuns em Ciências Sociais Aplicadas, a área de conhecimento a que pertencemos, são as normas editadas pela *American Psychological Association* (APA). De qualquer forma, antes de iniciar a escrita de seu trabalho, verifique em sua instituição a norma que é adotada e se a instituição tem algum material de orientação. Em geral, um bom lugar para se informar sobre esse assunto é a biblioteca.

Capítulo 2 Noções iniciais   37

Mas não pense que pararemos por aqui. Vamos dar pelo menos uma geral, com exemplos, do que trata a norma para trabalhos científicos e algumas dicas de materiais de orientação. Para situar as questões de forma, utilizaremos o exemplo do Manual de TCC do Departamento de Contabilidade e Atuária da Faculdade de Economia, Administração e Contabilidade da Universidade de São Paulo (EAC--FEA-USP). Vamos lá?

A primeira orientação se refere aos aspectos formais do documento. Em geral, envolve aspectos como o tamanho do papel, a configuração das páginas, a numeração de páginas, a fonte do texto, a fonte de figuras, tabelas e gráficos, o formato de parágrafos e o tamanho do documento, em número de páginas ou em número de palavras. Para o exemplo que usaremos, essas orientações seriam as que estão no Quadro 2.1.

QUADRO 2.1   Orientações do Manual de TCC do EAC-FEA-USP quanto aos aspectos formais do documento

- **Tamanho do papel:** A4 (21,0 cm x 29,7 cm).
- **Configuração de páginas:**
  - margem esquerda: 3,0 cm;
  - margem direita: 2,0 cm;
  - margem superior: 3,0 cm;
  - margem inferior: 3,0 cm.
- **Numeração de páginas:** sequencial, em algarismos arábicos, no canto superior direito.
- **Fonte do texto:** Times New Roman, tamanho 12.
- **Fonte de figuras, tabelas e gráficos:** Times New Roman, tamanho de 8 a 12.
- **Formato do parágrafo:**
  - recuo especial: primeira linha 1,25 cm;
  - espaçamento: antes, 0 pt; depois, 6 pt;
  - espaçamento entre linhas: simples;
  - texto justificado.
- **Tamanho do documento:** mínimo: 12 páginas; máximo: até 20 páginas.

Fonte: Coordenação do curso de graduação. *Instruções TCC 2019*. São Paulo: Departamento de Contabilidade e Atuária, Faculdade de Economia, Administração e Contabilidade, Universidade de São Paulo (EAC-FEA-USP), 2019.

38 **PARTE II** Iniciando a pesquisa

A segunda orientação é quanto às partes (ou seções) que compõem o trabalho. No caso do EAC-FEA-USP, o TCC é um artigo científico e o prazo para elaborá-lo é de um ano. No primeiro semestre, na disciplina TCC I, deve ser apresentado o projeto de pesquisa e, no segundo semestre, na disciplina TCC II, deve ser entregue o artigo concluído. Assim, o Manual orienta sobre as partes que o projeto deve conter e, depois, as partes do artigo (Quadro 2.2). O artigo a ser entregue ao final do segundo semestre obedece exatamente à estrutura de um artigo científico. Poderia ser submetido a um congresso para avaliação e, caso aceito, ser levado a apresentação e discussão. Não é ótimo? No caso da Itali, o departamento de Economia solicitou uma monografia, que é um documento mais extenso. Mesmo assim, da monografia pode ser derivado um artigo. Existe apenas um estágio a mais.

QUADRO 2.2 Partes do projeto de pesquisa e do artigo

TCC I – Projeto de pesquisa:

• Título;

1. Introdução;

2. Fundamentação teórica;

3. Procedimentos metodológicos;

6. Referências.

TCC II – Artigo científico:

• Título;

• Resumo;

1. Introdução;

2. Fundamentação teórica;

3. Procedimentos metodológicos;

4. Resultado e discussões;

5. Conclusões ou considerações finais;

6. Referências.

Fonte: Coordenação do curso de graduação. *Instruções TCC 2019*. São Paulo: Departamento de Contabilidade e Atuária, Faculdade de Economia, Administração e Contabilidade, Universidade de São Paulo (EAC-FEA-USP), 2019.

Precisamos, agora, entender o que cada parte ou seção deve conter. Faremos uso novamente do Manual de TCC do EAC-FEA-USP para explicar cada um dos elementos, com acréscimos e adaptações.

- Título: deve expressar o objeto de estudo e ser o menor (e melhor!) resumo do trabalho.
- Resumo: deve apresentar o problema de pesquisa, o objetivo, a fundamentação teórica e os principais aspectos metodológicos, bem como os resultados e suas implicações teóricas e práticas.
- Introdução: conterá os antecedentes e a contextualização do objeto de estudo, o problema a ser investigado, os objetivos, geral e específicos, a delimitação do estudo, a justificativa e as contribuições esperadas. Lembre-se de apresentar as partes que compõem o trabalho, para o leitor saber o que esperar. Alguns recomendam antecipar os resultados e implicações, para fisgar o leitor, conquistá-lo!
- Fundamentação teórica: o autor trará o seu pensamento fundamentado em autores que sustentem a sua proposta e seus possíveis achados. Dessa forma, deverá mostrar para os leitores o que já se sabe sobre o tema e quais as contradições ou lacunas existentes, procurando contextualizar a sua proposta nesse enquadramento teórico.
- Procedimentos metodológicos: descreverá detalhadamente como pretende realizar a pesquisa (no projeto) ou como a pesquisa foi feita (no artigo), explicando o caminho percorrido, os percalços enfrentados, as decisões tomadas e as implicações dessas decisões. Algumas informações que devem constar: amostra ou grupo pesquisado, instrumentos de coleta ou de construção de dados e estratégias de análise de resultados.
- Resultados e discussões: os resultados da pesquisa devem ser apresentados e as discussões encadeadas com a fundamentação teórica, de tal forma que o leitor compreenda os achados.
- Considerações finais ou conclusões: considerando os resultados e as discussões, o autor deve apresentar as considerações finais. Deve igualmente indicar as implicações desses achados para a área de conhecimento e para a prática, enfatizar limitações e delimitações e, finalmente, oferecer possibilidades para pesquisas futuras.

 Caso ainda tenha dúvidas sobre esses pontos, não se preocupe: a Parte IV aprofundará a discussão de cada tópico.

Regras de citações e referência da ABNT

As bibliotecárias da UFU publicam, há vários anos, um guia com base nas normas da ABNT. Ele é bastante didático e está disponível nos seguintes links na Internet. Vale a pena conhecer:

O livro impresso é vendido pela EDUFU, mas a versão digital é livre.

Bom, chegamos ao último elemento envolvido nos aspectos formais: o das citações e referências bibliográficas. O que são citações e referências? Já vamos contar para você. Tenha em mente, inicialmente, que o mais relevante em uma universidade é a produção de conhecimento. O conhecimento produzido tem um autor, que é a pessoa que o propôs da forma como hoje é entendido. Ao elaborarmos um trabalho científico, desde a fase do projeto, devemos ter imenso cuidado ao atribuir corretamente a autoria de uma ideia ou proposição a quem de direito. Fazemos essa atribuição usando o que chamamos de citação.

Vou buscar um exemplo no trabalho de Itali, para que fique mais claro. O trecho a seguir foi retirado do trabalho dela, para que possamos entender como fazer uma citação. Esse trecho traz o argumento de outra pessoa para discutir a ideia de como processos seletivos reproduzem relações de gênero nas organizações. Essa pessoa, inicialmente, está identificada pelo sobrenome (Jones) e por uma data (1998). Tome um minuto e leia o que Itali[3] traz a respeito do argumento dessa autora.

> Jones (1998) argumenta que o processo seletivo é crucial para determinar o modo como as relações de gênero se reproduzem e persistem dentro das organizações, contribuindo para manter mecanismos de desvantagens para mulheres em suas trajetórias de carreira. Ela (Jones, 1998) explica que:
>
> > *O recrutamento tende a atrair e favorecer pessoas que "se encaixam" na cultura de gênero existente dos bancos. Em Londres, isso geralmente significa homens jovens que foram socializados em um ambiente masculino de escolas públicas e que frequentaram uma instituição*

---
[3] COLLINI, 2014.

Capítulo 2 Noções iniciais 41

> *de ensino superior de elite. Assim, muitos dos novos ingressantes trazem consigo uma "cultura de gênero pré-organizacional" compatível em termos de suas atitudes e de seu comportamento. A última parte do material qualitativo examinou então como as entrevistas de recrutamento, os centros de avaliação e os próprios critérios favorecem pessoas que podem desempenhar as formas apropriadas de masculinidade. A experiência de recrutamento também, ao procurar imitar o ambiente de trabalho, imita suas exigências por um desempenho de masculinidade. (p. 471)*[4]

Nesse trecho, temos um exemplo do uso das duas formas de citação: a citação indireta e a citação direta. Na **citação indireita**, ela interpreta o argumento da autora, mas indica que essa ideia não é sua, e sim de outra pessoa. É o que notamos no início do parágrafo. Na sequência, depois dos dois-pontos, Itali faz a **citação direta**, trazendo as palavras de Jones como estão em seu texto original. Para dar destaque a essa citação direta, usa o recuo e a fonte menor e em itálico. Dessa forma, fica claro para o leitor que essa ideia, esse argumento, é de Jones, e não da autora, a Itali.

Para completar esse cuidadoso trabalho de atribuição de autoria, falta indicar para o leitor como ele mesmo pode recuperar o trabalho de Jones, caso queira. É para isso que utilizamos as referências bibliográficas. Assim, no final da monografia, na seção Referências Bibliográficas, é preciso indicar o trabalho de Jones. E como? Veja o Quadro 2.3.

Colocamos também a referência ao trabalho de Itali que está disponível na internet, caso queira lê-lo. Nossos exemplos estão conforme as normas da APA. Referências conforme as regras ABNT seriam um pouco diferentes. Novamente fazemos o alerta: vale a pena se informar sobre as regras seguidas em sua instituição!

QUADRO 2.3 Exemplos de referência bibliográfica (APA)

Jones, A. (1998). (Re) producing gender cultures: theorizing gender in investment banking recruitment. *Geoforum*, 29(4), 451-474.

Collini, I. P. (2014). *Mulheres no mercado financeiro: um olhar sob a ótica de gênero*. Monografia de Conclusão de Curso de Graduação, Faculdade de Economia, Administração e Contabilidade, Universidade de São Paulo.

Fonte: elaborado pela autora.

---

[4] JONES, A. (Re) producing gender cultures: theorizing gender in investment banking recruitment. *Geoforum*, 29(4). p. 471, 1998.

Os três aspectos principais que devem ser considerados na formatação de documentos científicos são apresentados na Figura 2.3, para resumir essa parte de nossa conversa. Prometa-nos não se esquecer deles.

FIGURA 2.3 Forma e conteúdo

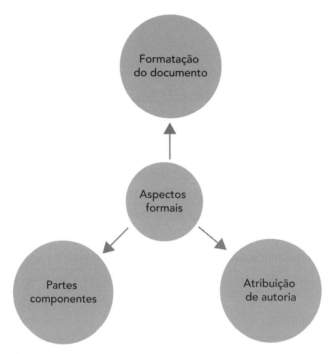

Fonte: elaborada pela autora.

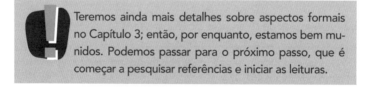

Teremos ainda mais detalhes sobre aspectos formais no Capítulo 3; então, por enquanto, estamos bem munidos. Podemos passar para o próximo passo, que é começar a pesquisar referências e iniciar as leituras.

2.7 ESTABELECER UM CRONOGRAMA DE PESQUISA

Tempo, tempo, tempo, tempo! Como diz a música de Caetano, *Oração ao tempo*, nossa vida está sempre limitada pelo tempo. Assim é com o TCC também: cada etapa da pesquisa precisa ser planejada tendo em vista o tempo para desenvolvê-la. É isso que será apresentado no cronograma, uma das partes do projeto de pesquisa. O cronograma ajuda o pesquisador a se organizar na realização da pesquisa e apoia, ainda, a análise de viabilidade de seu projeto de pesquisa pelo orientador. Portanto, é um tópico essencial e deve ser cuidadosamente elaborado.

Considerando as normas de TCC das instituições de ensino superior, em geral, você precisará estabelecer um cronograma com todas as etapas da pesquisa e a previsão do prazo para cada etapa. Em alguns casos, as etapas poderão se sobrepor. O orientador validará o cronograma e acompanhará a execução. Dessa forma, o cronograma auxiliará a cumprir os prazos, mas não será rígido e, dependendo da etapa da pesquisa, poderá sofrer alterações.

Mas, afinal, o que é cronograma? Como dissemos anteriormente, o cronograma relaciona as etapas da pesquisa com os períodos que serão necessários para completá-las. Mostraremos dois modelos de cronograma. Ao analisar os modelos, ficará mais fácil entender o que é e como se faz um cronograma.

Vamos ao primeiro modelo? Ele está demonstrado na Figura 2.4.

FIGURA 2.4 Primeiro modelo de cronograma

	Maio		Junho		Julho		Agosto		Setembro		Outubro		Novembro		Dezembro	
	1ª q.	2ª q.	1ª q.	2ª q.	1ª q.	2ª q.	1ª q.	2ª q.	1ª q.	2ª q.	1ª q.	2ª q.	1ª q.	2ª q.	1ª q.	2ª q.
Revisão bibliográfica (fase 1)	■	■														
Desenho inicial dos experimentos		■														
Validação dos experimentos pela orientadora			■													
Desenho inicial das *surveys* [5]			■													
Validação das *surveys* pela orientadora				■												

continua

---

[5] *Survey*, termo em inglês para levantamento de opinião ou de experiências, é utilizado em metodologia de pesquisa para se referir a pesquisas que tenham como instrumento básico de coleta o questionário. Ele será tratado em detalhes no capítulo 8, Levantamento de dados: *survey*.

continuação

	Maio		Junho		Julho		Agosto		Setembro		Outubro		Novembro		Dezembro	
	1ª q.	2ª q.	1ª q.	2ª q.	1ª q.	2ª q.	1ª q.	2ª q.	1ª q.	2ª q.	1ª q.	2ª q.	1ª q.	2ª q.	1ª q.	2ª q.
Apresentação do projeto de pesquisa na disciplina (MPC)*			■													
Revisão bibliográfica (fase 2)				■	■	■	■	■	■	■	■	■	■	■	■	■
Atualização experimentos/ *surveys*				■	■	■										
Conselho de ética							■									
Agendamento da aplicação dos experimentos								■	■	■						
Agendamento da aplicação das *surveys*								■	■	■						
Análise preliminar dos dados											■	■	■			
Redação do projeto de pesquisa														■	■	■

Fonte: elaborada pela autora, com base em um projeto de pesquisa.

Nesse modelo, as etapas da pesquisa estão na primeira coluna. A partir da segunda coluna estão períodos, nesse caso, quinzenas. Para associar as etapas da pesquisa com os períodos, são usadas as barras na cor preta. Assim, para o cumprimento da etapa "Revisão bibliográfica (fase 1)", serão necessárias, segundo a previsão da pesquisadora, três quinzenas, da primeira quinzena de maio à primeira quinzena de junho.

Outro ponto importante: o cronograma inclui etapas predefinidas que dependem de outras pessoas (por exemplo, as etapas de "Validação do desenho do experimento pela orientadora" e de "Apresentação do projeto de pesquisa na disciplina").

Capítulo 2 Noções iniciais 45

Algumas dessas etapas precisam ser consideradas as que envolvem a orientadora. Outras, como a que se refere à disciplina, têm menor margem de negociação.

O segundo modelo de cronograma é mostrado no Quadro 2.4 e é bem mais simples e menos visual. Contudo, ele também funciona bem.

QUADRO 2.4 Segundo modelo de cronograma

Período	Ano	Atividade
Novembro/dezembro	2016	Pré-teste do guia de entrevistas e dos questionários
Fevereiro/março	2017	Piloto das entrevistas e questionários
Março	2017	Análises dos currículos dos cursos e escolha de duas instituições de ensino superior
Março/abril	2017	Entrevistas com professores e alunos do curso de Contabilidade das duas instituições de ensino superior
Abril/maio	2017	Aplicação de questionários para estudantes de ciências contábeis nas duas instituições de ensino superior
Maio/junho	2017	Entrevistas com professores e alunos de economia e administração nas duas instituições de ensino superior
Junho/julho	2017	Entrevistas com profissionais e recrutadores
Agosto	2017	Análises estatísticas/revisões das transcrições das entrevistas
Setembro	2017	Análise final de resultados e estatísticas, conclusão e revisão

Fonte: elaborado pela autora, com base em um projeto de pesquisa.

Como você pode notar, o segundo modelo também cumpre com o objetivo de relacionar etapas da pesquisa e períodos para realizar cada etapa. Igualmente, como no exemplo anterior, algumas etapas são concomitantes, como o piloto de entrevistas e questionários, a análise de currículos dos cursos e escolhas das instituições de ensino superior, e as entrevistas com professores e alunos do curso de Contabilidade. Nesse exemplo, não temos a previsão da interação com o orientador e da apresentação do projeto. No entanto, enfatizamos a importância de considerá-las. Em nosso entendimento, o cronograma deve comportar processos (etapas da pesquisa que precisam ser realizadas) e produtos (resultados intermediários que precisam receber validação externa). Dispor do tempo de outras pessoas é um dos limitadores da pesquisa e, cada vez que é necessário, é preciso que esteja previsto.

Agora é colocar mãos à obra e elaborar o seu cronograma!

2.8 COMEÇAR A PESQUISA E DEFINIR LEITURAS

Ao pensar em pesquisa, logo pensamos na internet, certo? Sim, com certeza. Mas, calma lá! Ao fazer buscas de temas na internet, você precisa se perguntar: Caiu na rede é peixe? A resposta é um sonoro não! Temos que desconfiar do que "pescamos" na internet. Por isso, sempre verifique a fonte. Uma dica é não usar o Google, simplesmente, mas usar sempre o Google Scholar, do qual já falamos. Lembra? O Google Scholar, ou Google Acadêmico, restringe a busca a documentos acadêmicos, o que já ajuda muito. Outras bases disponíveis e de acesso aberto são a Spell e a Scielo. Em algumas instituições, está ainda disponível o Portal de Periódicos da Coordenação de Aperfeiçoamento Pessoal de Nível Superior (CAPES). Além dessas bases, você pode realizar buscas em redes sociais de pesquisa, como a ResearchGate ou a Academia.edu. Neste último caso, você terá que se cadastrar. A ideia é compartilhar pesquisas entre pesquisadores, como em um Facebook acadêmico. A seguir, apresentamos os endereços de cada uma dessas bases na Internet.

Bases para busca de referências:

Google Acadêmico:

Scielo:

Academia.edu:

Spell:

ResearchGate:

A outra dica é registrar a sua **estratégia de busca**. Estratégia de busca? Sim, chamamos de estratégia de busca os critérios que usa (palavras-chave, período, fonte, autor) para obter resultados mais efetivos. Tentando várias vezes, utilizando operadores booleanos, você verá que a combinação de palavras entre si e com outros critérios ajudará você a ser mais certeiro na busca.

Operadores booleanos? Isso mesmo, **operadores booeanos** são palavras que têm o objetivo de definir como deve ser feita a combinação entre palavras, termos e expressões de uma pesquisa. Você precisa de exemplos? Claro, deixe com a gente!

Vamos fazer alguns testes. Vá ao Google Acadêmico e digite a palavra "contabilidade", sem aspas. Para mim apareceram mais de 900 mil resultados. Dá vontade de chorar, não? Calma. Repita a busca agora digitando as palavras "contabilidade AND microempresas". Agora o retorno da busca ficou limitado a cerca de 12 mil resultados. Ainda é muito, não? Vamos agora limitar mais ainda a nossa busca: "contabilidade AND microempresas AND IFRS". Temos, com essa estratégia de busca, 574 resultados. Entendeu a importância de utilizar estratégias de busca? O operador booleano "AND" que utilizamos na busca determina que devem ser buscadas referências que contenham todas as palavras. Outros operadores booleanos são "OR" ou "NOT".

Agora que sabemos como recuperar referências para nosso trabalho de pesquisa, seja o projeto, seja o artigo final ou monografia, temos que organizar nossas leituras. Como fazê-lo?

2.9 FAZER OS RESUMOS DAS PRIMEIRAS LEITURAS

Como organizar as leituras? Bem, nosso conselho é recuperar os textos, organizá-los em um diretório específico no seu computador e meticulosamente ler o resumo, a introdução e as conclusões de cada um para fazer o que chamamos de **leitura de reconhecimento**. Essa leitura tem o objetivo de ajudar a separar o que é mais interessante para a sua pesquisa daquilo que pode ser descartado.

O que for mais interessante, por ser mais diretamente relacionado com seu projeto, deve receber uma segunda leitura, mais demorada e crítica. Você pode, inclusive, criar um arquivo e fazer o que chamamos de **fichamento**, identificando, em cada texto lido, os pontos principais. Essa etapa de recuperação de textos, leitura inicial, leitura crítica e fichamento compõe etapas de sua pesquisa bibliográfica que resultará na fundamentação teórica de seu trabalho. As coisas estão agora se encaixando, não? Esperamos que sim. Além de ajudar você a entender o que já se sabe sobre o tema, a revisão de literatura, ou fundamentação teórica, também ajudará a decidir sobre a abordagem a ser adotada em sua pesquisa. Essa abordagem de pesquisa é o próximo tópico de que trataremos!

2.10 DEFINIR INICIALMENTE UMA ABORDAGEM DE PESQUISA

No Capítulo 1, falamos brevemente sobre método quando descrevemos o processo de pesquisa. Avançamos apresentando, de forma inicial, o método científico e tratando das abordagens de pesquisa. Lembra-se? Não tem problema se não se lembrar. Podemos recapitular. De maneira resumida, há duas grandes abordagens de pesquisa: a abordagem qualitativa e a abordagem quantitativa.

A notícia que queremos acrescentar agora é que, ao adotar uma das abordagens, você precisa fazê-lo de forma coerente. Como, assim, coerente? Sim, coerente! Precisa haver uma lógica entre a abordagem de pesquisa adotada, a metodologia escolhida e a estratégia utilizada. Na Figura 2.5 mostramos como essa lógica deve ser buscada. Para cada uma das abordagens, qualitativa ou quantitativa, relacionamos as metodologias, os métodos e as estratégias de análise que podem ser utilizadas.

FIGURA 2.5 Abordagem, metodologias, métodos e estratégias de análise

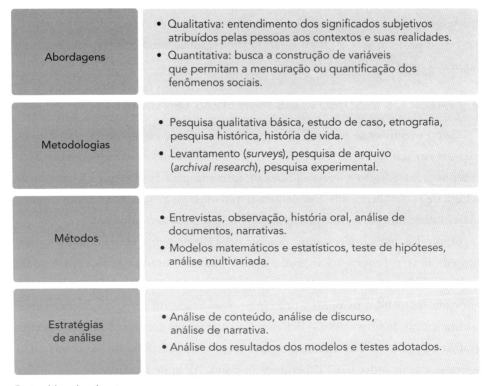

Fonte: elaborada pela autora.

Capítulo 2 Noções iniciais 49

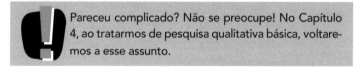
Pareceu complicado? Não se preocupe! No Capítulo 4, ao tratarmos de pesquisa qualitativa básica, voltaremos a esse assunto.

Para deixar você mais tranquilo, vamos aos exemplos? Lembra-se do trabalho de Itali?[6] Adotava uma abordagem qualitativa. Veja como ela a descreve.

> **Metodologia**
>
> Para preencher o *gap* entre se identificar a possibilidade de existirem obstáculos específicos para as mulheres no mercado financeiro e a constatação desse quadro, é preciso olhar para as experiências pessoais femininas e masculinas. A narrativa pessoal, em forma de entrevista, é considerada por muitos autores peça fundamental para pesquisas sociais, e será tratada na pesquisa como instrumento de análise.
>
> Itali Pedroni Collini

Lembra-se da pesquisa do Eder? É uma pesquisa de abordagem quantitativa, com o desenvolvimento do aplicativo, a adoção do aplicativo em aula e o uso de questionário para mensurar o nível de satisfação dos estudantes. Vamos ver como Eder descreve sua metodologia?[7]

> **Aspectos metodológicos**
>
> Este trabalho constitui uma pesquisa descritiva quanto aos objetivos, de levantamento quanto aos procedimentos e quantitativa quanto à abordagem do problema.
>
> Esta pesquisa foi conduzida com discentes do primeiro ano do curso de Ciências Contábeis de uma Universidade do Norte do Paraná.
>
> O questionário era dividido em duas partes, a primeira era sobre informações demográficas e a segunda sobre a satisfação com o uso do aplicativo.
>
> Eder Aparecido Barbante Júnior

Perceba uma coisa muito interessante: cada abordagem tem o seu vocabulário. Guarde essa informação porque ela será útil mais à frente e também é um elemento na busca pela coerência!

---

[6] COLLINI, 2014.
[7] BARBANTE JUNIOR et al., 2017.

50 PARTE II Iniciando a pesquisa

Agora, depois dessa chuva de informações, você está preparado: mão na massa e vamos preparar esse projeto!

2.11 PREPARAR O PROJETO

Vamos usar o relato da Itali para contar a você o que acontece do desenvolvimento do projeto até a entrega da monografia... Senta que lá vem história e, dessa vez, a história completa!

> **vou te contar**
>
> Sou Itali Pedroni Collini, formada em Economia pela Universidade de São Paulo e autora da monografia *Mulheres no mercado financeiro*: um olhar sob a ótica de gênero.
>
> Comecei a pensar no tema do meu TCC, ou monografia como chamamos no curso de Economia, depois de estagiar alguns anos no mercado financeiro e perceber algumas idiossincrasias no tratamento da mulher nesse ambiente. Em 2013, ano em que dei uma pausa nos estágios e me dediquei mais à graduação, demonstrei interesse pelo tema de gênero e fui convidada pela professora Silvia Casa Nova a participar de duas disciplinas, na pós-graduação, sobre Gênero no Ensino Superior e Feminismo.
>
> Cursando essas matérias e aumentando meu conhecimento sobre o assunto, percebi que necessitava ter uma perspectiva qualitativa sobre como o ambiente do mercado financeiro recebia as profissionais mulheres, pois somente uma pesquisa quantitativa que mostrasse, por exemplo, a diferença salarial, não me traria, com profundidade, o contexto social que gera essas diferenças e o qual eu gostaria de delinear.
>
> Os obstáculos foram variados. O primeiro surgiu logo após a decisão pelo tema pois, com ele em mãos fui conversar com professores do departamento de economia e observei um desinteresse geral, seja pelo tema focar em gênero, seja pela abordagem qualitativa a qual uma faculdade tão matematizada de economia como a FEA não celebra. A parceira de pesquisa Silvia Casa Nova integra o departamento de Contabilidade, por isso tive que pedir à coordenação uma autorização para ser orientada por uma professora de fora do departamento de Economia. Para somar ao conflito, a professora Silvia estava em Minnesota como pesquisadora visitante e, por esse motivo, meu pedido de orientação com ela foi indeferido. Recorremos, então, a uma terceira via, uma parceria com a professora Tania Casado, do departamento de Administração, que estuda gênero no mercado de trabalho e se interessou pela proposta. Dessa vez, o pedido foi deferido e Tania tornou-se minha orientadora, enquanto Silvia atuou como co-orientadora.
>
> O segundo obstáculo se deu com a escrita do projeto de pesquisa, que foi considerada, pelo professor responsável pela avaliação, "panfletária" e

Capítulo 2 Noções iniciais 51

"não científica", demonstrando mais uma vez a dificuldade de levar a cabo uma pesquisa qualitativa num curso de economia como o da FEA. Apesar disso, insisti no método escolhido em conjunto com Silvia e Tania, pois sabia que me daria profundidade e, também, acreditava ser importante levar a voz das mulheres adiante.

O terceiro obstáculo apareceu quando tentei entrar em contato com as profissionais e algumas não quiseram participar por medo de que isso afetasse a carreira delas. Desenvolvi, em conjunto com as orientadoras, um termo de confidencialidade, no qual expliquei que mostraríamos a lista de mulheres que participaram, mas não conectaríamos os trechos de entrevista a nenhum nome.

Também elaboramos um roteiro de entrevista semiestruturada e em profundidade e eu conduzi duas entrevistas-teste para sentir como seria o processo e o que poderia melhorar na abordagem. Ao todo, foram 16 entrevistas, 14 de mulheres e 2 de homens em diversas posições do mercado financeiro, dentre elas CEOs, diretoras, *traders*, *brokers* e *sales*. Transcrevi e também contratei a transcrição das entrevistas.

O quarto obstáculo foi a questão de tempo e prazo para organizar tantas informações relevantes. Decidi separar o projeto em quatro temas que apareciam recorrentemente: entrada e ascensão, suporte, maternidade e topo da carreira. Esses tópicos me ajudaram a filtrar trechos relevantes e dissecar cada um deles sob a perspectiva da teoria de gênero.

A parte da revisão bibliográfica talvez tenha sido a mais simples em virtude das matérias da pós-graduação que eu já tinha cursado. Então, se posso dar algum conselho, é que estude academicamente por um tempo o tema do interesse do autor, pois isso ajuda muito na hora de colocar o TCC de pé, conectando teoria e o observado no trabalho de campo.

O mais gratificante para mim foi, após algumas noites dormindo pouco e preocupada com a entrega, saber que tinha feito um bom trabalho. Na avaliação das orientadoras, o trabalho ficou bem escrito e didático, além de o tema ser inovador para a área. Por isso, fui aconselhada a transformá-lo em artigo e enviá-lo para congressos internacionais. A boa surpresa foi que, no ano de 2015, o artigo foi aceito em três congressos, os dois maiores de Contabilidade e um da associação internacional de economia feminista. Eu não tinha dinheiro suficiente para ir, mas realizei *crowdfunding* e também fui atrás de patrocínio da FIPE e da BM&FBovespa.

Depois de todo o processo de TCC, continuei falando sobre o assunto nos congressos e também em revistas, portais, *podcasts* e palestras no Brasil. Além disso, graças ao tema pioneiro do TCC, estive na lista de mulheres inspiradoras de 2014 da ONG Think Olga. Para quem "não estava fazendo ciência", até que a repercussão não foi nada má!

Itali Pedroni Collini

3 Aspectos formais

Daniel Ramos Nogueira

Agora que você já definiu o tema, o problema, os objetivos geral e específico, conseguiu um orientador e já fez as primeiras leituras sobre o tema, precisamos começar a estruturar seu Trabalho de Conclusão de Curso (TCC). Agora é que ele começa a tomar forma e ficar, de fato, com cara de TCC.

Inicialmente, alguns podem achar até meio chato ter que seguir normas para poder estruturar o TCC. Contudo, pense que isso é extremamente importante para que se tenha um padrão, de forma que tanto o leitor como o escritor saibam o que deve conter e, portanto, o que podem esperar em cada parte do trabalho.

Conforme for avançando em suas leituras de textos (artigos, outros TCCs, dissertações, teses etc.), você notará que há um padrão de estruturação dos artigos e isso contribuirá com suas pesquisas, pois tornará mais fácil você encontrar o que procura, se são detalhes e informações sobre objetivos, métodos ou conclusões, por exemplo, em cada texto, de maneira prática e objetiva.

Vamos começar pelo seu TCC. Respire fundo e vamos em frente!

3.1 ESTRUTURA DOS TRABALHOS CIENTÍFICOS

Inicialmente, é sempre importante verificar se a sua instituição de ensino já tem um formato padrão para apresentação do TCC. Lembra o exemplo que demos no Capítulo 1? Pois bem, a maioria das instituições já conta até com um arquivo pré-formatado, com capa, folha de rosto, sumário e as formatações do texto pré-configuradas. Então, primeiro, veja no seu curso se existe esse arquivo. Em geral, o professor da disciplina de Metodologia da Pesquisa ou o seu orientador poderão ajudar com essa informação.

Veja, a seguir, o relato da Fabíola. Ela tinha os materiais da disciplina de Metodologia arquivados e isso facilitou a lidar com as normas da Associação Brasileira de Normas Técnicas (ABNT) na execução do TCC. Outra opção é procurar essas informações no *site* da biblioteca ou na coordenação do curso. Insista um pouco e invista um tempo nisso pois valerá a pena depois!

> **vou te contar**
>
> Sou uma pessoa disciplinada. Sempre tenho em mãos todo material necessário para executar um trabalho (apostilas cedidas pelos professores, padrões e modelos a serem seguidos como as normas da ABNT etc.), acho que esse é o primeiro passo para se iniciar o TCC, portanto não encontrei tantas dificuldades. [...] As normas da ABNT para execução do TCC busquei no manual de normas e utilizei também o material (apostila) cedida pelo professor da disciplina.
>
> Fabíola Cardoso Alves

É importante destacar que, neste capítulo, apresentaremos as informações seguindo as normas da ABNT, que são amplamente utilizadas no Brasil. Caso sua universidade utilize outras normas (por exemplo, APA, ISO, Vancouver etc.), você deverá se inteirar delas para as questões de formatação do seu TCC.

Superada essa parte, vamos mostrar, a estrutura básica de um projeto de pesquisa, de um artigo científico e uma monografia. Apesar de todos tratarem de relatos de pesquisa, a estrutura pode ser diferente em alguns pontos específicos.

3.1.1 Estrutura do projeto de pesquisa

O projeto de pesquisa é como se fosse uma carta de intenções. Nele, você esclarecerá qual será sua pesquisa, quais seus objetivos e qual metodologia pretende seguir para atingi-los.

O projeto será avaliado, normalmente, pelo orientador ou por bancas prévias do TCC visando colaborar com o alinhamento e viabilidade do seu projeto. Não tenha medo das críticas, seja do orientador ou de outros docentes. Carl Sagan dizia que a "crítica válida presta um favor ao cientista".[1] Assim, as críticas, sempre que bem fundamentadas, poderão auxiliar na evolução da sua pesquisa. Afinal, criticar é avaliar com critérios. Lembre-se: se algum ponto da crítica não ficou claro e tiver chance, pergunte. O importante é compreender o ponto de vista do avaliador.

---

[1] SAGAN, C. *O mundo assombrado pelos demônios: a ciência vista como uma vela no escuro.* Tradução: Rosaura Eichemberg. São Paulo: Companhia das Letras, 1996. p. 41.

54 PARTE II Iniciando a pesquisa

Nesta avaliação prévia, vários itens serão analisados, mas dois pontos são cruciais na avaliação do seu projeto: relevância e viabilidade.

- **Relevância**: seu trabalho tem relevância para ser aceito como um TCC? Ele demonstra uma investigação científica de acordo com o esperado para um curso de graduação? Seu orientador fará essa análise visando contribuir com o seu trabalho. Assim, em um primeiro momento, a definição da relevância passará pelo crivo e pelas críticas e contribuições dele. Use e abuse da possibilidade de compreender os pontos que levanta e de aprofundar de que perspectiva ele parte. Ele deve começar como avaliador de seu trabalho, nessa fase inicial, mas avançará para coautor. Assim, deverá sempre fazer contribuições claras ao projeto em construção.
- **Viabilidade**: seu trabalho é viável? Conseguirá executá-lo no tempo que tem até a data de entrega? Terá à sua disposição os recursos necessários (financeiros, estruturais etc.)? Essas perguntas também serão analisadas, pois não adianta prometer algo muito grandioso e depois não conseguir cumprir.

Assim, o equilíbrio entre relevância e viabilidade é importante para a adequada execução do TCC. Portanto, com o apoio do orientador, você deverá pensar em um objetivo que seja relevante e viável. Após definir essa parte, você vai escrever seu projeto de pesquisa. Em termos de estrutura, seu projeto deverá conter os elementos indicados no Quadro 3.1. Estes elementos são divididos entre obrigatórios e opcionais.

QUADRO 3.1 Elementos da estrutura de um projeto de pesquisa

Parte externa	Capa (obrigatório)	
	Lombada (opcional)	
Parte interna	Elementos pré-textuais	Folha de rosto (obrigatório)
		Lista de ilustrações (opcional)
		Lista de tabela (opcional)
		Lista de abreviaturas e siglas (opcional)
		Lista de símbolos (opcional)
		Sumário (obrigatório)

continua

continuação

Parte interna	Elementos textuais	1. Introdução (contendo os seguintes itens)
		• Contextualização sobre o assunto
		• Problema de pesquisa
		• Objetivos geral e específicos
		• Hipóteses (quando pertinente)
		• Justificativa
		2. Referencial teórico
		3. Metodologia
		4. Recursos e cronograma
	Elementos pós-textuais	Referências (obrigatório)
		Glossário (opcional)
		Apêndice (opcional)
		Anexo (opcional)
		Índice (opcional)

Fonte: adaptado de ASSOCIAÇÃO BRASILEIRA DE NORMAS TÉCNICAS (ABNT). *NBR 15287* – Informação e Documentação – Projeto de Pesquisa – Apresentação. Rio de Janeiro, 2011.

Mais à frente, detalharemos cada um dos pontos apresentados no Quadro 3.1, com explicações sobre o que deve conter cada item. Apresentaremos a seguir apenas os tópicos Recursos e Cronograma, por serem exclusivos do projeto de pesquisa.

Em se tratando dos dois itens que abordamos, relevância e viabilidade, a relevância será analisada nos três tópicos iniciais da parte textual de seu projeto, que são Introdução, Referencial Teórico e Metodologia. A viabilidade será avaliada nos tópicos Recursos e Cronograma.

- **Recursos:** você deverá evidenciar quais recursos são necessários, os valores e as fontes de financiamento para arcar com as despesas. Esse ponto é importante para demonstrar se haverá suporte suficiente para a execução do TCC. Caso você entenda que não serão necessários gastos de recursos financeiros, informe isso no TCC. No Quadro 3.2, apresentamos um exemplo de orçamento, com os itens que são necessários para a realização da pesquisa. Esse orçamento pode ser utilizado para apresentar suas demandas de recursos e avaliar o investimento necessário para realizar o projeto.

QUADRO 3.2 Exemplo do orçamento com os recursos necessários para o projeto de pesquisa

Nº	Item	Finalidade	Valor	Fonte
1	Impressão dos questionários	Coleta de dados	$ 100,00	Financiamento próprio
2	Gastos com deslocamento	Coleta de dados na empresa	$ 80,00	Financiamento próprio
3	Aquisição de licença de *software*	Análise dos dados	$ 200,00	Recursos da universidade Projeto de pesquisa
4	Revisão gramatical	Revisão do texto	$ 110,00	Financiamento próprio
5	*Abstract*	Tradução do resumo	$ 50,00	Financiamento próprio
TOTAL			$ 540,00	$200 universidade e $340 próprio

Fonte: elaborado pelos autores.

- **Cronograma:** o cronograma deve indicar as etapas do projeto de pesquisa, o tempo necessário para cumpri-las, seu início e término, dentro do período que você dispõe para realizar a pesquisa, que usualmente é de um ano. Você deverá apresentar o cronograma de forma organizada, visando demonstrar os prazos e etapas do seu TCC. Assim, faça um planejamento de modo adequado, pois isso fará toda a diferença na fase de execução do projeto. Sempre procure deixar algumas margens de segurança, alguns dias de folga. Assim, caso algo saia do planejado, você terá tempo para contornar a situação e seguir com os demais itens do plano. Você pode também predefinir no cronograma quando serão as reuniões de orientação, desde que combine previamente com seu orientador para que possa ser feita a adequada reserva na agenda. Como comentamos no capítulo anterior, lembre-se também de estabelecer no cronograma os períodos de leitura e revisão do trabalho do seu orientador, para que ele possa se programar também. Algumas datas podem ser definidas pela instituição, como entregas intermediárias das versões do trabalho, para acompanhamento. No Quadro 3.3, apresentamos um modelo de cronograma (lembramos que outros modelos de cronograma serão apresentados adiante).

Capítulo 3 Aspectos formais 57

QUADRO 3.3 Exemplo do cronograma do projeto de pesquisa

Período	Descrição
01/02 a 15/03	~~Definição da ideia de pesquisa, primeiras leituras e desenvolvimento do projeto de pesquisa.~~
16/03 a 30/04	Reforçar e ampliar o referencial teórico.
01/05 a 31/05	Definição do procedimento metodológico definitivo a ser utilizado (quem será pesquisado, como, quando e onde). Agendamentos das entrevistas, disponibilização do questionário eletrônico/impresso etc.
01/06 a 31/07	Coleta dos dados (coleta dos questionários, realização das entrevistas, coleta nas bases de dados etc.)
01/08 a 31/08	Análise dos dados e considerações finais (período no qual fará a análise dos dados e já encontrará os resultados que deverão atender seu objetivo da pesquisa, escrevendo também as conclusões da pesquisa).
01/09 a 15/09	Últimos ajustes (correção das normas, conferir referências etc.) e preencher demais campos do trabalho final (agradecimento, dedicatória, anexos, apêndices etc.).
16/09 a 14/10	Período para revisão do trabalho (revisão gramatical por especialista). Envio ao orientador para revisão final. Versão do Resumo para Abstract.
15/10	Entrega do trabalho de conclusão de curso.

Fonte: elaborado pelo autor.

"Se eu tivesse apenas uma hora para cortar uma árvore, eu usaria os primeiros quarenta e cinco minutos afiando meu machado."

Essa frase atribuída a Abraham Lincoln ajuda a compreendermos esse passo do projeto. Planejamento é fundamental! Então, faça uma análise detalhada de tudo que pretende fazer no TCC. Assim, você conseguirá executá-lo no prazo adequado.

Partindo do pressuposto que você já escreveu o projeto, entende-se que esta primeira linha do Cronograma (que aparece ~~riscada~~) já foi cumprida, não sendo necessário apresentar. Contudo, caso seu orientador estabeleça um cronograma prévio (para definir datas de entregas), essa informação poderá ser utilizada.

Depois do cronograma pronto, será importante organizar-se para que ele seja cumprido, fazendo o adequado acompanhamento para não deixar tudo para o "pânico do último minuto". Lembre-se de que não há tempo para esperar a inspiração: é preciso disciplina e rotina. O trabalho de pesquisa depende mais de esforço e dedicação do que de inspiração. A tirinha do querido Calvin e do Haroldo (Figura 3.1) mostra exatamente essa realidade, alertando para não nos iludirmos com a ideia de que devemos "aguardar pela inspiração"!

FIGURA 3.1 Disciplina e rotina ou o pânico do último minuto?

Fonte: Calvin & Hobbes, Bill Watterson © 1992 Watterson / Dist. by Andrews McMeel Syndication.

Uma vez aprovado seu projeto de pesquisa, ele começará a sofrer uma segunda transformação, tornando-se um artigo ou uma monografia. Nos próximos dois tópicos deste capítulo, descreveremos a estrutura de cada um deles.

3.1.2 Estrutura do artigo

Um artigo deverá apresentar de forma organizada o relato da investigação científica realizada. A estrutura do artigo pode ter variações de acordo com a área acadêmica na qual seu curso está inserido. Novamente, recomendamos que sempre procure se já há uma estrutura predefinida no seu curso e/ou instituição. Se o seu objetivo for submeter o artigo a um congresso ou periódico, então você também deverá observar as normas utilizadas por eles pois, certamente terão particularidades.

Como comentamos antes, congressos são eventos realizados com o objetivo de discutir resultados de pesquisas e propor aperfeiçoamentos a fim de que sejam adequados a envio e avaliação para publicação em um periódico. Em geral, os eventos científicos são bastante animados e reúnem pessoas em torno da discussão de temáticas. Neles, além do envio do artigo escrito, para avaliação, aqueles que forem aceitos serão apresentados e discutidos. Após a discussão em eventos, é preciso fazer as alterações solicitadas e cabíveis a fim de que o trabalho possa ser enviado para análise de uma revista científica e possa ser publicado.

As revistas científicas são o meio mais comum de divulgação de resultados de pesquisas. Você já gastou o tutano fazendo a revisão de literatura, teve acesso a várias delas e sabe, inclusive, quais revistas têm maior foco no tema que está pesquisando. Por isso, ao finalizar seu TCC, considere transformá-lo em um artigo para apresentar em eventos e, depois, buscar publicar em uma revista acadêmica.

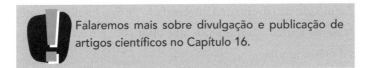

Falaremos mais sobre divulgação e publicação de artigos científicos no Capítulo 16.

No Quadro 3.4, apresentamos uma divisão básica para a estruturação de artigos científicos. Os elementos essenciais que os compõem podem ser divididos em três grupos: pré-textuais, textuais e pós-textuais.

QUADRO 3.4 Estrutura de um artigo

Grupos	Pré-textuais (primeira página)	Textuais	Pós-textuais
Elementos constitutivos	**Título do artigo:** subtítulo Autor(a) 1 Coautor(a) 2 Coautor(a) 3 Resumo Palavras-chave: palavra 1; palavra 2; palavra 3.	1. Introdução 2. Referencial teórico 3. Metodologia 4. Análise 5. Considerações finais	Referências Apêndice (opcional) Anexo (opcional)

Fonte: elaborado pelo autor.

Os grupos e elementos estão previstos em norma e seguem uma lógica de detalhar as etapas da trajetória de pesquisa. Eles "contam" a história da pesquisa, da ideia às conclusões e referências. Como se pode ver na estrutura do artigo (Quadro 3.4), ela é bem objetiva; assim, permite transmitir de forma clara e direta a pesquisa realizada e seus achados. Apresentaremos mais detalhes sobre o conteúdo de cada elemento constitutivo adiante.

60 **PARTE II** Iniciando a pesquisa

É possível fazer um trabalho em outro formato? Sim, é possível. Contudo, como os avaliadores, que também são pesquisadores, estão mais habituados a essa estrutura, alterações podem trazer dificuldade na avaliação da proposta. Outro ponto é que a qualidade de sua pesquisa está em seus dois elementos principais, conteúdo e forma. Lembra que falamos disso? Pois é, não queremos que um avaliador desqualifique o conteúdo apenas por uma questão de forma.

No próximo tópico, falaremos sobre a monografia, que é outra forma que o TCC pode ter. É curioso, ainda, que o trabalho pode ter outro nome, mais formal, como é o caso da Faculdade de Direito da Universidade de São Paulo, em que o TCC tem o nome de "tese de láurea". Imponente, não? Por isso, é importante que tratemos da estrutura da monografia.

No site da Faculdade de Direito da Universidade de São Paulo, explica-se que a tese de láurea, assim chamada no ambiente acadêmico internacional, representa a última etapa, após a aprovação do aluno em todas as disciplinas da grade curricular, para a obtenção do grau de bacharel no curso de graduação da faculdade. Consiste em um trabalho digitado, com extensão média entre 100 e 200 laudas, no qual o estudante, com a orientação de um professor, aborda – tentando, na medida do possível, alcançar certo grau de originalidade – um problema relacionado com o ramo de estudos em que pretende especializar-se.

3.1.3 Estrutura da monografia

A estrutura da monografia é dividida em parte externa e interna. A parte externa é composta pela capa e lombada. Já a parte interna, como os artigos, é dividida em três grupos: elementos pré-textuais; textuais e pós-textuais, conforme detalha o Quadro 3.5.

Capítulo 3 Aspectos formais 61

QUADRO 3.5 Estrutura de uma monografia

Parte externa	Capa (obrigatório)	
	Lombada (opcional)	
Parte interna	Elementos pré-textuais	Folha de rosto (obrigatório)
		Errata (opcional)
		Folha de aprovação (obrigatório)
		Dedicatória (opcional)
		Agradecimentos (opcional)
		Epígrafe (opcional)
		Resumo na língua vernácula (obrigatório)
		Resumo em língua estrangeira (obrigatório)
		Lista de ilustrações (opcional)
		Lista de tabela (opcional)
		Lista de abreviaturas e siglas (opcional)
		Lista de símbolos (opcional)
		Sumário (obrigatório)
	Elementos textuais*	Introdução
		Desenvolvimento
		Conclusão
	Elementos pós-textuais	Referências (obrigatório)
		Glossário (opcional)
		Apêndice (opcional)
		Anexo (opcional)
		Índice (opcional)

* Os elementos textuais podem ser apresentados da forma como está no quadro (introdução, desenvolvimento e conclusão) ou, como é mais comum para relatórios científicos, em cinco partes (introdução, referencial teórico, metodologia, análise e considerações finais). Verifique com seu orientador qual estrutura irá seguir.

Fonte: adaptado de ASSOCIAÇÃO BRASILEIRA DE NORMAS TÉCNICAS (ABNT). *NBR 14724* – Informação e Documentação – Trabalhos Acadêmicos – Apresentação. Rio de Janeiro, 2011.

No próximo tópico detalharemos o conteúdo de cada item dentre elementos pré-textuais, textuais e pós-textuais. Prepare-se! Você terá, ao final da leitura, uma visão completa de como será seu trabalho no fim de sua trajetória de pesquisa.

62   **PARTE II**   Iniciando a pesquisa

3.1.4 Itens a serem preenchidos na estrutura do projeto, artigo e monografia

Agora que você já definiu a estrutura que utilizará, vamos em frente! Vamos começar a verificar o que incluir em cada elemento. Começaremos pela parte externa, para projetos de pesquisa e monografia, ou seja, capa (elemento obrigatório) e lombada (elemento opcional).

A **parte externa** é composta pela capa e pela lombada, no caso de trabalhos extensos. Na **capa** devem ser apresentadas as informações de identificação do trabalho: o nome da instituição (em alguns casos é utilizada a logomarca), o nome do autor do TCC, o título do trabalho acompanhado do subtítulo (se houver), o número do volume (se houver mais de um), o local (cidade) e o ano da entrega.

- **Autores**: caso haja mais de um autor – o que não é comum em uma monografia, mas acontece em artigos –, a ordem dos autores pode ser alfabética ou, em alguns casos, sobretudo em artigos, em ordem de contribuição ao trabalho, de forma decrescente. Assim, quem contribuiu mais ocupa a primeira posição. Mas atenção: isso é comum na área de negócios. Pode ser diferente em outras áreas em que o último autor pode ser o mais importante. Vale a pena verificar.
- **Título e subtítulo**: o título deverá ser separado do subtítulo utilizando dois-pontos. Normalmente, o título deve abranger de forma mais ampla o objetivo do trabalho e o subtítulo, a especificação (por exemplo, o título "Motivos da falência em micro e pequenas empresas: Um estudo com empresários na cidade de São Paulo-SP após a crise de 2015-2016"). Veja que o título apresenta o objetivo amplo do artigo e o subtítulo especifica o local, o público e o período.

A **lombada** é um item opcional e será utilizada principalmente em trabalhos com maior quantidade de páginas. Apresentará o nome do autor, o título do trabalho e o nome da instituição. De novo, vale verificar a norma ou os usos e costumes em sua instituição.

A **parte interna** é composta por elementos pré-textuais, textuais e pós-textuais.

Os elementos **pré-textuais** apresentam as informações de identificação do trabalho. Em geral, essa parte já vem previamente preenchida no arquivo padrão da instituição, faltando apenas você completar os campos com suas informações (nome, curso etc.) e do trabalho (título, orientador etc.). O Quadro 3.6 detalha o conteúdo de cada um dos elementos pré-textuais. Ressaltamos que alguns deles são opcionais ou aplicáveis em alguns casos.

Capítulo 3 Aspectos formais 63

QUADRO 3.6 Descrição dos elementos pré-textuais

<table>
<tr><td rowspan="11">Elementos pré-textuais</td><td>Folha de rosto (obrigatório)</td><td>Deve conter o nome do autor, título (e subtítulo), número do volume (se houver mais de um), natureza do trabalho (projeto de pesquisa/TCC/monografia apresentada com o objetivo de... ao curso X e instituição Y), nome do orientador, local e ano de entrega.</td></tr>
<tr><td>Errata (opcional)</td><td>Já dizia o ditado: "errar é humano, mas persistir no erro é burrice". Então, se você errou, tudo bem, acontece! Aqui é o momento de corrigir algo que saiu errado no texto. Apresente em qual página está o erro, qual trecho está errado e o que quer que seja considerado correto.</td></tr>
<tr><td>Folha de aprovação (obrigatório)</td><td>Deve conter as mesmas informações da folha de rosto. Acrescentam-se o nome, a titulação e o campo para assinatura dos membros da banca.</td></tr>
<tr><td>Dedicatória (opcional)</td><td>Essa é a parte em que você pode homenagear alguém que é importante para você (pais, família, amigos etc.). Você pode dedicar seu trabalho a alguém que foi importante na sua trajetória.</td></tr>
<tr><td>Agradecimentos (opcional)</td><td>Nessa parte, você pode agradecer a todos que contribuíram com o trabalho, como orientador, colegas de turma, professores, respondentes da pesquisa, família, amigos etc. É uma parte pessoal: são os seus agradecimentos!</td></tr>
<tr><td>Epígrafe (opcional)</td><td>Na epígrafe, pode ser colocada uma frase que resuma o sentido do seu TCC, algo que tenha relação com o que foi pesquisado. Aqui pode-se usar citações de livros, poesias, músicas etc.</td></tr>
<tr><td>Resumo na língua vernácula (obrigatório)</td><td>Esse é o resumo do seu TCC em língua portuguesa. O resumo é muito importante; ele será apresentado com detalhes no Capítulo 15. O resumo é o elemento mais lido de seu trabalho, o seu cartão de visita. Assim, capriche! Venda o seu peixe!</td></tr>
<tr><td>Resumo em língua estrangeira (obrigatório)</td><td>Nesse elemento deve ser considerada a tradução do seu resumo, que está em português, para uma língua estrangeira. Normalmente, solicita-se, no Brasil, a tradução para o inglês (Abstract) ou espanhol (Resumen). Isso é importante para divulgar o seu trabalho para outro público além dos falantes de português ou lusófonos.</td></tr>
<tr><td>Lista de ilustrações (opcional)</td><td>Sumário contendo os títulos das ilustrações e as páginas em que estão apresentadas.</td></tr>
<tr><td>Lista de tabela (opcional)</td><td>Sumário contendo os títulos das tabelas e as páginas em que estão apresentadas.</td></tr>
</table>

continua

continuação

Elementos pré-textuais	Lista de abreviaturas e siglas (opcional)	Apresentação em ordem alfabética das siglas e abreviaturas utilizadas no trabalho. Apresenta-se a sigla seguida do texto por extenso. Exemplo: ABNT – Associação Brasileira de Normas Técnicas.
	Lista de símbolos (opcional)	Apresenta os símbolos, de acordo com a ordem apresentada no texto, com o seu devido significado.
	Sumário (obrigatório)	Sumário contendo o título de cada capítulo (com subcapítulos) e a página em que estão apresentados.

Fonte: adaptado de ABNT NBR 14.724/2011 – Trabalhos Acadêmicos – Apresentação.

Os **elementos textuais** constituem o ponto onde sua pesquisa será devidamente apresentada. Aqui a estrutura padrão utilizada para investigações científicas é dividida em cinco partes:

- introdução;
- referencial teórico;
- metodologia (ou método);
- análise;
- considerações finais (ou conclusões).

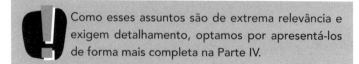

Como esses assuntos são de extrema relevância e exigem detalhamento, optamos por apresentá-los de forma mais completa na Parte IV.

Referências são um assunto muito importante quando se trata de trabalhos científicos. As referências e as citações são o que garante que as ideias de outras pessoas terão o devido crédito. Vamos falar mais sobre as referências adiante. Atenção: ao falhar em referenciar os trabalhos de outros, você pode estar incorrendo em plágio. Então, vale redobrar o cuidado.

Acabou? Não, temos ainda os **elementos pós-textuais**. Por último, mas não menos importante, apresentam-se as referências, o glossário, os apêndices, os anexos e o índice remissivo.

- **Referências:** você deverá listar toda a literatura consultada e citada no decorrer do texto (livros, artigos, dissertações, teses, leis etc.). Aqui o uso das normas deve ser observado também com muita atenção. Primeiro, verifique a norma que será utilizada para as referências (ABNT, APA etc.). Sabendo a norma a ser utilizada, proceda à elaboração das referências.
- **Glossário:** apresenta palavras ou expressões técnicas de uso restrito ou que precisam ser explicadas para melhor compreensão do seu uso no texto. Deve apresentar a palavra ou expressão seguida da sua definição ou explicação.
- **Apêndice:** são documentos ou informações elaboradas pelo autor do TCC. Por exemplo, complementos da análise que não foram apresentados no texto, questionários e roteiros de entrevista que foram elaborados pelo próprio autor etc. Os apêndices devem ser apresentados utilizando letras em ordem alfabética para sua organização. Assim, o primeiro apêndice deve constar com o seguinte título: "APÊNDICE A – Título". Veja que a palavra APÊNDICE aparece em caixa alta e com a letra A na sequência. Caso existam mais apêndices, serão utilizadas as demais letras na sequência B, C, D etc. Se forem muitos apêndices e esgotarem-se as letras do alfabeto, utilize letras maiúsculas dobradas (AA, BB etc.). Lembre-se de identificar, em cada um, qual seu respectivo título.
- **Anexos**: são documentos ou informações produzidas por terceiros. Por exemplo, leis, bases de dados, autorizações, declarações, questionários elaborados por terceiros etc. A organização dos anexos é semelhante à do apêndice, utilizando letras para identificar a sequência (ANEXO A – Título; ANEXO B – Título).
- **Índice remissivo**: é uma lista com as principais palavras do texto apresentadas em ordem alfabética e identificando as páginas em que constam.

No TCC, os elementos pós-textuais mais comuns são referências, apêndices e anexos. Os demais podem ser apresentados; contudo, em razão de sua natureza opcional, nem sempre são exigidos pelos orientadores.

3.2 DIRETRIZES E NORMAS ABNT E APA

Cada norma tem suas particularidades. Antes de começar sua pesquisa, verifique qual norma deverá seguir, evitando o retrabalho de ter que reconfigurar depois todo o seu TCC. As características de cada norma mudam em relação ao tipo de letra, tamanho, espaçamento, folha, margens, forma de citação, referências etc.

Sua instituição de ensino ou seu orientador direcionará você para a norma que deverá seguir. Como já citado, provavelmente fornecerão um arquivo com as especificações desejadas (capa, folha de rosto etc.), facilitando assim a formatação.

Caso a instituição não disponibilize esse material, siga a estrutura já exposta nos tópicos anteriores e as regras gerais da norma (ABNT, APA etc.) utilizada pelo curso/instituição.

Veja o vídeo a seguir com explicações detalhadas de como fazer citação direta, citação indireta e citação de citação (ABNT):

3.3 CITAÇÕES

Dar o devido crédito ao autor original das ideias é fundamental para uma pesquisa científica. Assim, sempre que utilizarmos textos, imagens ou qualquer tipo de informação de outro autor, devemos referenciar. As citações dependerão da forma como aparecem: se é apresentado o texto na íntegra, igual à fonte original, ou se é apresentado utilizando paráfrases, ou seja, o texto original mas em suas próprias palavras, para transmitir a mensagem. A seguir, vamos apresentar as formas mais comuns de citação:

- citação direta;
- citação indireta;
- citação de citação (ou o famoso apud, que significa "citado por").

Uma vez que, tradicionalmente, a maioria das universidades brasileiras utiliza as normas ABNT, adotaremos esse padrão de normas. Caso sua universidade utilize outra norma, verifique os manuais disponibilizados pela instituição.

3.3.1 Citação direta

A citação direta representa a cópia fiel do texto original. Assim, o trecho será apresentado tal qual está no documento que consultou. As citações diretas podem ser divididas em curtas e longas. As citações curtas são aquelas que têm até três linhas. As citações longas são as que excedem esse tamanho. A diferença no tratamento entre elas será na formatação.

Capítulo 3 Aspectos formais 67

Veja no Quadro 3.7 um exemplo das duas formas de citação. Na citação direta curta, o trecho citado continua seguindo a mesma configuração do texto escrito pelo autor do trabalho. O texto retirado de outro autor deve ficar citado entre aspas e com a identificação desse outro autor, junto com o ano e o número da página de onde se extraiu aquela informação.

Já a citação direta longa ficará em um parágrafo separado, sem aspas, com recuo de 4 cm da margem esquerda, espaçamento simples (1,0) e letra com tamanho inferior ao texto normal (normalmente tamanho 10). Observe que as informações do autor, ano e número da página permanecem.

QUADRO 3.7 Exemplos de citação direta curta e longa

Citação direta curta

Conforme Nogueira (2014, p. 196), "deve-se reforçar que o uso da tecnologia por si só não trará melhores resultados ao processo de ensino se não tiver uma finalidade educativa que a sustente".

Citação direta longa

Segundo Nogueira (2014, p. 193):

> os resultados da pesquisa indicaram que o fator preponderante na decisão pela adoção do Ambiente Virtual de Aprendizagem foi a Expectativa de Desempenho. Os professores relataram que o AVA auxilia de forma significativa na rotina docente, permitindo economia de tempo, automatização de alguns processos, como correção de exercícios, disponibilização de arquivos, além de servir como um canal de comunicação eficaz com o discente.

Fonte: elaborado pelo autor.

Pode-se também utilizar o recurso de fazer a citação ao final do parágrafo, identificando entre parênteses as mesmas informações da autoria (autor, ano e número da página), como no trecho apresentado no Quadro 3.8. Veja que, como o nome do autor foi citado entre parênteses, ele aparece com todas as letras em caixa alta, seguindo as normas ABNT.

68 **PARTE II** Iniciando a pesquisa

QUADRO 3.8 Exemplo de citação direta curta com citação ao final do trecho

"Deve-se reforçar que o uso da tecnologia por si só não trará melhores resultados ao processo de ensino se não tiver uma finalidade educativa que a sustente" (NOGUEIRA, 2014, p. 196).

Fonte: elaborado pelo autor.

A escolha por colocar a chamada do autor no texto (conforme Fulano...) ou apenas citar entre parênteses ao final do trecho é uma decisão sua. Trata-se de uma questão de estilo de escrever, visando deixar o texto mais fluído. Fique à vontade para definir o que torna o texto melhor para o leitor.

3.3.2 Citação indireta

Nesse tipo de citação, você transcreverá as informações das pesquisas de outros autores, mas sem apresentar a cópia na íntegra do texto original. A citação indireta auxilia ao deixar o texto mais harmônico, visto que cada autor escreve o texto de uma forma. Colocar recortes de vários autores, utilizando citação direta, pode deixar o texto em desarmonia, prejudicando a leitura.

Na citação indireta, você deve expor o que o autor informou na pesquisa dele, mas sem se preocupar em copiar o texto igual está no original. No entanto, não se pode confundir essa liberdade de escrita com mudar os resultados apresentados. O texto deve refletir fielmente o exposto no texto original do autor.

No exemplo apresentado no Quadro 3.9, você verificará que não é necessário citar a página, pois a conclusão que está expondo pode ter sido construída ao longo de todo o trabalho. Além disso, não se fazem presentes as aspas.

QUADRO 3.9 Exemplo de citação indireta

Nogueira e Casa Nova (2013) investigaram a percepção dos estudantes sobre a utilização da prova em computador. Após a realização das provas bimestrais em computador foi aplicado um questionário aos 83 estudantes da disciplina. Os autores concluíram que a maioria (87%) dos discentes são favoráveis às provas em computador, sendo o feedback rápido uma das vantagens apontadas pelos alunos.

Fonte: elaborado pelo autor.

Da mesma forma, pode-se optar por colocar a citação entre parênteses ao final do trecho, como comentado anteriormente sobre a citação direta.

3.3.3 Citação de citação

Você leu um texto do Autor A e ele fez uma citação do Autor B. Você gostou da informação do Autor B e quer citá-la em seu trabalho. Nesse caso, você deverá fazer a citação de citação (ou *apud*) informando que está citando o Autor B, mas que você teve acesso a essa informação por meio do Autor A.

Esse tipo de citação nem sempre é o ideal, uma vez que você não teve acesso ao trabalho original do Autor B e está citando com base na leitura do Autor A. Assim como a brincadeira do telefone sem fio, há o risco de a mensagem se distorcer nas interpretações de cada leitor. Nesse sentido, procure, sempre que possível, ler o texto original. Quando isso não for possível (o texto não está disponível, não consegue acesso etc.), faça a citação conforme o exemplo mostrado no Quadro 3.10.

QUADRO 3.10   Exemplo de citação de citação

Segundo Davis (1989 *apud* NOGUEIRA, 2014, p. 61), a utilidade percebida e a facilidade de uso são os principais fatores que explicam a adoção de tecnologia pelo usuário.

Fonte: elaborado pelo autor.

Note que o autor original do trecho é Davis. Contudo, como não consegui acessar o texto original, utilizei o trabalho de Nogueira (2014). Como já mencionamos, apud é uma expressão em latim que significa "citado por". Fica claro, então, que o trecho é de Davis, mas "citado por" Nogueira. Como só tivemos acesso ao trabalho de Nogueira, é natural que, nas referências, apresentaremos apenas a referência do trabalho dele (e não do Davis).

3.4 REFERÊNCIAS

"Diga-me com quem andas e eu direi quem és"! Esse dito popular, quase bíblico, ajuda a definir a importância das referências em um trabalho científico: quanto melhores forem suas referências (trabalhos de periódicos científicos, artigos de referência na área, autores reconhecidos no assunto etc.), maior será a probabilidade de seu trabalho ter uma boa avaliação, por ter sido construído em uma base firme e consistente.

Todas as citações que você fez no decorrer do seu trabalho deverão, obrigatoriamente, ser referenciadas. Assim, os leitores poderão procurar a informação na fonte original caso desejarem mais detalhes sobre o trabalho que você citou.

70 **PARTE II** Iniciando a pesquisa

Para fazer as referências, você também deverá seguir as normas que sua instituição definir (ABNT, APA etc.). As normas apresentam informações semelhantes, mas a formatação é diferente de norma para norma. Cada tipo de trabalho (artigo de congresso, artigo de revista, monografia, dissertação/tese, leis etc.) tem uma formatação específica. Nesse sentido, o ideal é procurar os manuais de formatação das referências no *site* da biblioteca da sua universidade.

Apresentaremos aqui os principais tipos de referências utilizadas no TCC:

- livro;
- capítulo de livro;
- artigo de periódico;
- artigo de evento (congresso);
- dissertação ou tese de mestrado/doutorado.

Assim como, no decorrer do trabalho, citamos utilizando o último sobrenome do autor, nas referências também utilizaremos o mesmo padrão. Algumas exceções serão aplicadas em casos nos quais o último sobrenome identifique grau de parentesco (Neto, Filho, Júnior etc.), quando deveremos citar o último e o penúltimo sobrenome (Souza Filho, Silva Neto). Às vezes, o sobrenome pode ser composto (Costa e Silva; Casa Nova); nesses casos, também apresentam-se o último e o penúltimo sobrenome.

Em referências nas quais se apresentam até três autores, incluiremos o sobrenome de todos. Existindo mais de três, colocaremos apenas o primeiro autor seguido da expressão "et al." (que, em latim, significa "e outros").

Após esse breve resumo de como citar os autores, apresentamos no Quadro 3.11 o modelo para referência de livros e capítulos de livros.

QUADRO 3.11 Referências de livro e capítulo de livro*

Livro		
	Modelo	SOBRENOME, Nome. *Título*: subtítulo. edição. Local de Publicação: Editora, ano. Número de páginas.
	1 autor	MARTINS, Eliseu. *Contabilidade de custos*. 11. ed. São Paulo: Atlas, 2018.
	2 autores	VICECONTI, Paulo; NEVES, Silvério das. *Contabilidade avançada e análise das demonstrações financeiras*. 18. ed. São Paulo: Saraiva Uni, 2018.
	3 autores	SAMPIERI, Roberto Hernández; COLLADO, Carlos Fernández; LUCIO, Maria del Pilar Baptista. *Metodologia de pesquisa*. 5. ed. Porto Alegre: Penso, 2015.

continua

Capítulo 3 Aspectos formais 71

continuação

Livro	Mais de 3 autores	GELBCKE, Ernesto Rubens et al. *Manual de Contabilidade societária*: aplicável a todas as sociedades de acordo com as normas internacionais e do CPC. 3. ed. São Paulo: Atlas, 2018.
Capítulo de livro	Modelo	SOBRENOME, Nome. Título do capítulo. In: SOBRENOME, Nome. *Título do livro*. edição. Local: Editora, ano. p. inicial-final.
	Exemplo**	COIMBRA, Camila Lima. A aula expositiva dialogada em uma perspectiva freireana. In: LEAL, Edvalda Araújo; MIRANDA, Gilberto José; CASA NOVA, Silvia Pereira de Castro. *Revolucionando a sala de aula*: como envolver o estudante aplicando as técnicas de metodologias ativas de aprendizagem. São Paulo: Atlas, 2017. p. 1-14.

* Aqui destacamos o título das obras em itálico, em algumas faculdades o padrão adotado pode ser a apresentação em negrito ou sublinhado.

** A primeira autora que aparece na referência (Coimbra) é a autora do capítulo. Na sequência, demonstra-se o título do capítulo. Depois, precedido da palavra In (significa "em") apresentam-se os dados dos autores e o título do livro. Ao final, as páginas indicadas são a inicial e final do capítulo.

Fonte: adaptado de ASSOCIAÇÃO BRASILEIRA DE NORMAS TÉCNICAS (ABNT). *NBR 6023* – Informação e Documentação – Referências – Elaboração. Rio de Janeiro, 2018.

Se o livro consultado está em versão eletrônica, inclua a expressão "*E-book*" (em itálico) ao final da referência. Se o livro for de livre acesso *on-line*, complemente identificando o endereço *on-line* ("Disponível em: www...") e a data em que foi realizada a consulta ("Acesso em: ...").

Quando se tratar de artigos científicos, deve-se inicialmente detectar se o artigo foi publicado em revista (periódico) ou evento (congresso). Caso encontre o mesmo artigo (do mesmo autor) publicado em periódico e em evento, priorize o artigo de periódico, pois este é definido como literatura permanente. O Quadro 3.12 apresenta como referenciar artigos de periódicos e de eventos.

QUADRO 3.12 Referências de artigo de periódico e de evento

Artigo de periódico (revista)	Modelo	SOBRENOME, Nome. Título do artigo: subtítulo. *Nome do Periódico*, Local, v., n., p. inicial-final, mês (abreviado até 3ª letra, exceto maio) ano. DOI:*.
	Exemplo	MIRANDA, Gilberto José; VICENTE, Jausson Monteiro; FREITAS, Sheizi Calheira de. Desempenho acadêmico inferior dos alunos do "fundão": mito ou realidade? *Revista de Contabilidade e Organizações (RCO)*, Ribeirão Preto, v. 8, n. 22, p. 39-48, set/dez. 2014. DOI: https://doi.org/10.11606/rco.v8i22.55615. Disponível em: http://www.revistas.usp.br/rco/article/view/55615. Acesso em: 12 jul. 2017.

continua

72 **PARTE II** Iniciando a pesquisa

continuação

Artigo de evento (congresso)	Modelo	SOBRENOME, Nome. Título do artigo. In: NOME DO EVENTO, número do evento, ano, Local. *Anais* [...]. Local de Publicação: Editora, ano. p. inicial-final.
	Exemplo	BARBOSA, Rayanne Silva; LEAL, Edvalda Araújo; PEREIRA, Janser Moura. Modalidades de avaliação propostas para o processo de ensino-aprendizagem nos cursos de ciências contábeis: uma análise à luz da teoria da avaliação. In: USP INTERNATIONAL CONFERENCE IN ACCOUNTING, XVIII, 2018, São Paulo. *Anais* [...]. São Paulo: EAC-FEA-USP, 2018. p. 1-20. Disponível em: https://congressousp.fipecafi.org/anais/Anais2018/ArtigosDownload/598.pdf. Acesso em: 18 nov. 2018.

* Caso o artigo tenha o DOI (*Digital Object Identifier*), apresente ao final da referência (depois do ano de publicação e antes do *link*), conforme apresentado no modelo de referência de artigo de periódico. Caso o artigo não apresente o DOI, não apresente esse campo.

Fonte: adaptado de ABNT NBR 6023/2018 – Informação e Documentação – Referências – Elaboração.

Dissertações de mestrado e teses de doutorado, quando utilizadas e citadas no decorrer do TCC, deverão também ser adequadamente referenciadas. O Quadro 3.13 mostra um modelo de referência de dissertação de mestrado e tese de doutorado.

QUADRO 3.13 Referências de dissertação de mestrado e tese de doutorado*

Dissertação de mestrado ou tese de doutorado	Modelo	SOBRENOME, Nome. *Título*: subtítulo. Ano. Número de folhas. Tipo do trabalho (Nível e área do curso) – Unidade de Ensino, Instituição, Local, Ano de defesa.
	Exemplo: tese de doutorado	MIRANDA, Gilberto José. *Relações entre as qualificações do professor e o desempenho discente nos cursos de graduação em Contabilidade no Brasil*. 2011. 203 f. Tese (Doutorado em Controladoria e Contabilidade: Contabilidade) – Faculdade de Economia, Administração e Contabilidade, Universidade de São Paulo, São Paulo, 2011. Disponível em: http://www.teses.usp.br/teses/disponiveis/12/12136/tde-16032012-190355/pt-br.php. Acesso em: 10 abr. 2017.
	Exemplo: dissertação de mestrado	BORGES, Lara Fabiana Morais. *Estilos e estratégias de aprendizagem*: um estudo com discentes do curso de ciências contábeis. 2016. 103 f. Dissertação (Mestrado em Ciências Contábeis) – Universidade Federal de Uberlândia, Uberlândia, 2016. Disponível em: http://www.ppgcc.facic.ufu.br/node/167. Acesso em: 10 out. 2018.

*Aqui destacamos o título das obras em itálico, em algumas faculdades o padrão adotado pode ser a apresentação em negrito ou sublinhado.

Fonte: adaptado de ABNT NBR 6023/2018 – Informação e Documentação – Referências – Elaboração.

Como se pode verificar no Quadro 3.13, o modelo para dissertação e tese é o mesmo, modificando-se apenas a descrição "Tese (Doutorado em...)" ou "Dissertação (Mestrado em...)". Quando a dissertação/tese está disponível *on-line*, deve-se deixar também o *link* para o documento e a data em que foi acessado, conforme apresentado no modelo. Caso não esteja disponível *on-line*, esses campos (*link* e data de acesso) não precisam aparecer.

Conforme comentamos anteriormente, o objetivo aqui era apresentar os principais tipos de referência. Você encontrará modelos de acordo com sua necessidade (leis, documentos oficiais, relatórios etc.) nos manuais da ABNT na sua instituição de ensino.

Este site apresenta uma ferramenta que facilita a elaboração das referências:

Existem *sites* que ajudam na elaboração das referências. Neles, você inclui as informações e eles geram automaticamente a referência (por exemplo, o *site* www.more.ufsc.br). Vale a pena entrar e conferir! Isso pode ajudar a economizar tempo nessa etapa do trabalho.

Existem também os organizadores de referências, como o Mendeley, Zotero, EndNote, entre outros. Falaremos sobre eles no próximo tópico.

3.5 ORGANIZADORES DE REFERÊNCIAS: MENDELEY

Os organizadores de referências bibliográficas são *softwares* que fazem o gerenciamento de todas as suas referências. Eles facilitam sua busca por artigos dentro das pastas em que você salvou os textos que tem utilizado no TCC. Eles podem até mesmo ajudar você a procurar textos dentro dos artigos, facilitando, assim, encontrar quais artigos tratam sobre os termos que você procura.

Além disso, a maioria deles já tem extensões que são instaladas nos editores de texto (como o Word), facilitando que você inclua as citações. O próprio *software* faz a citação de acordo com a norma que você escolher e, ao final, clicando em apenas um botão, ele gera sua lista de referências, apresentando na norma que você escolheu (APA, ABNT etc.) todos os trabalhos citados ao longo do seu texto.

Contudo, esses organizadores não fazem mágica! É você quem deve inserir as referências e cadastrá-las para que eles possam fazer o trabalho. Normalmente, deve-se considerar uma análise do tipo custo-benefício, pois cadastrar as referências demanda tempo e, cá entre nós, tempo é algo extremamente relevante no curto período que você tem para fazer o TCC. Então, seja prático! Se o seu objetivo for utilizar os gerenciadores de referência apenas para fazer as referências do seu TCC, eu acho que não vale a pena. Existem *sites* (como o more.ufsc.br) que fazem essa referência para você de forma mais prática, sem precisar instalar *softwares*/aplicativos. Vale lembrar que, além de instalar o *software*, você obviamente também terá que cadastrar as referências.

No entanto, se você pretende continuar fazendo pesquisas científicas (iniciação científica, mestrado etc.), é interessante utilizar os gerenciadores, pois em pesquisas futuras há uma tendência de citar os mesmos trabalhos e pode ser necessário procurar alguma informação nos trabalhos utilizados para o TCC.

Para ver de forma prática como um gerenciador de referências (Mendeley) funciona, veja o vídeo a seguir (assistir aos dois minutos iniciais é suficiente para entender como ele funciona; veja o restante se você decidir utilizá-lo):

A Biblioteca da FEA-USP tem um tutorial sobre o uso do Mendeley que pode também ajudar:

3.6 PLÁGIO

Plágio é um assunto extremamente relevante na área acadêmica e sua discussão é muito ampla. Como nosso espaço aqui é limitado, vamos procurar ir direto ao assunto tentando dar foco nos pontos que aparecem com mais frequência no TCC.

Em resumo, considera-se plágio a apropriação de textos ou produções alheias atribuindo a si a autoria. Assim, quando um pesquisador copia trechos (ou a íntegra) de outros trabalhos e não faz a devida citação, isso é considerado plágio.

A prática muito difundida do CTRL+C e CTRL+V não deve ser utilizada em seus trabalhos acadêmicos. O TCC tem como princípio básico demonstrar que você evoluiu no decorrer do curso e, ao término de sua graduação, pode apresentar uma obra que demonstre a aplicação de metodologia científica e conhecimentos técnicos pertinentes à sua área de formação.

Quando o estudante opta por copiar o trabalho de outra pessoa e atribuir a si mesmo a autoria, ele está prejudicando esse processo, criando uma falsa imagem do seu verdadeiro potencial. Até mesmo a cópia de pequenos trechos pode ser considerada plágio. Se você citar o texto de outros autores em seu texto, deverá fazer a devida citação, conforme explicitamos em tópico anterior.

Para sermos claros, o plágio é furto intelectual. A diferença entre um furto comum é que, no caso da academia, o plágio retira do autor o que de mais importante ele tem: o conhecimento criado.

O plágio deixa sua pesquisa e você, enquanto pessoa, sujeitos a penalidades na própria universidade, como reprovação, desligamento do curso e expulsão. Além disso, você pode ter de responder judicialmente por isso. Afinal, apropriou-se de algo que não era seu e conferiu a si os créditos pela produção daquele conhecimento.

Quer ter acesso a alguns sites que ajudam detectar existência de plágio? Aqui vai:

Para captar o plágio, existem formas de busca manual, utilizando o Google, consultas em bibliotecas, entre outras. Alguns *sites* fazem essa pesquisa para você. Eles analisam o seu texto e/ou arquivo e comparam com as produções disponíveis *on-line*, mostrando, ao final, uma estatística do percentual de plágio e informando as fontes que se parecem com trechos do seu trabalho.

Além do plágio propriamente dito, existe na academia o chamado **autoplágio**. Isso acontece quando você copia a si mesmo, ou seja, copia outros textos que já publicou e replica isso em novas produções. Como você ainda está no TCC, provavelmente não tem muitas pesquisas anteriores; talvez tenha escrito alguns artigos de iniciação científica etc. No entanto, se tiver, evite utilizar trechos dessas produções anteriores.

O plágio não deve ser confundido com a **replicação da pesquisa**. Replicar uma pesquisa consiste em repetir o objetivo/método em uma situação diferente, que pode ser região, período, público, entre outros. Por exemplo, uma determinada pesquisa analisou o comportamento de empresas no sul dos Estados Unidos nos períodos de crise e você fará uma pesquisa semelhante com empresas brasileiras do centro-oeste brasileiro. Perfeito! Os resultados serão novos. O objetivo da pesquisa pode até ser o mesmo, ou seja, verificar o comportamento das empresas no período de crise. Entretanto, você escreverá toda a sua pesquisa (introdução, referencial etc.) e não poderá se apropriar do texto da outra pesquisa por ter o mesmo objetivo. Você poderá fazer citações do outro artigo quando entender que contribuirão com sua pesquisa. Porém, você não pode apenas copiar e colar o texto do trabalho original sem dar o devido crédito (citação).

Converse sempre com seu orientador sobre o seu trabalho, a respeito de dúvidas que tiver sobre plágio, normas, citações etc. Ele tem experiência com pesquisas científicas e poderá ajudar nesse caminho de produção do seu TCC.

Esta é leitura recomendada sobre plágio na academia. Veja agora:

PARTE III

MÉTODOS DE PESQUISA

4 Métodos de pesquisa

Cintia do Nascimento Silva

Você já escolheu o tema que lhe interessa e encontrou um problema de pesquisa. Buscou referências e conheceu aquilo que chamamos comumente de "estado da arte" do assunto, ou seja, o que se sabe até aqui sobre tal temática, o que já foi pesquisado e o que você considerou mais relevante para apresentar em sua revisão bibliográfica. O próximo passo é começar a pensar a respeito de como buscar respostas às questões de pesquisa que você formulou sobre o problema que quer entender.

Há muitos caminhos para buscar respostas aos problemas de pesquisa. Precisamos encontrar a forma e as ferramentas mais adequadas para o nosso caso. No ambiente científico, chamamos a forma de **metodologia** e as ferramentas de **método**.

No campo das Ciências Sociais Aplicadas, como é o caso da Administração e das Ciências Contábeis, muitas vezes, nos deparamos com problemas de pesquisa que demandam uma abordagem qualitativa. Geralmente, são situações nas quais queremos entender os significados, os motivos, as crenças e aspirações dos envolvidos no problema da pesquisa.

Mas, afinal, o que é a abordagem qualitativa ou o que é a pesquisa qualitativa? Antes de responder a tal pergunta, precisamos entender alguns conceitos fundamentais sobre o conhecimento científico e a sua construção.

4.1 HISTÓRICO

Vamos começar pela história. A partir do século XVII, a construção do conhecimento passou a incorporar maior racionalidade, com regras objetivas e lógicas, envolvendo a observação empírica (da realidade prática) e sua verificação sistemática, permitindo avanços científicos nas áreas das ciências naturais e matemáticas. No campo das ciências sociais, o marco importante foi o surgimento do positivismo, termo cunhado por Auguste Comte (1798-1857) para descrever a escola de pensamento que ficou conhecida como "o método científico".

Capítulo 4 Métodos de pesquisa

O positivismo está centrado na investigação imparcial, na acurácia e na objetividade. O método científico tem por objetivo criar e testar hipóteses sobre a realidade, considerando a relação de causa e efeito. Os cientistas positivistas acreditam que o mundo social é formado de padrões de comportamentos que podem ser conhecidos e previstos por meio de procedimentos específicos e imparciais, como no campo das ciências naturais (física, matemática, biologia, química etc.). A imparcialidade advém do distanciamento entre pesquisador e objeto pesquisado, pois, segundo essa vertente, o objeto pesquisado existe independente do pesquisador e não há interações entre ambos. A abordagem de pesquisa mais aderente ao positivismo é a pesquisa quantitativa, que de maneira dedutiva – ou seja, seguindo um processo lógico e ordenado, no qual conclusões são obtidas a partir de premissas anteriores consideradas verdadeiras – levanta questões, formula hipóteses de pesquisa obtidas a partir de teorias e testa essas hipóteses, por meio de métodos estatísticos, perseguindo achados que possam ser generalizados. Por "generalizados", entendemos que esses resultados, obtidos pelo estudo de uma amostra, um grupo representativo da população, possa ser estendido para essa mesma população, com um certo nível de confiança.

Em contraposição ao positivismo, podemos identificar o idealismo de Kant como o primeiro movimento de crítica, seguido pelo historicismo alemão e a sociologia compreensiva, no final do século XIX e começo do século XX, tendo como principais representantes Max Weber e Wilhelm Windelband. Nos Estados Unidos, a crítica ao positivismo e o crescimento das pesquisas qualitativas teve início no final do século XX, especialmente no período da Segunda Guerra Mundial, com a Escola de Chicago.

Esses movimentos basicamente criticavam o uso de métodos científicos advindos das Ciências Naturais (Biologia, Matemática, Química etc.) nas ciências sociais, uma vez que o estudo das relações sociais e seus fenômenos tem características diferentes, dada a complexidade dessas relações. Desse cenário, surgiram outros paradigmas (modelos ou perspectivas) teóricos científicos, tais como o positivismo, o pós-positivismo, o interpretativismo e a pesquisa crítica, entre outros, além de suas variações.

A pesquisa qualitativa cresceu e se desenvolveu com esse movimento de crítica ao positivismo, sendo aderente a essas outras perspectivas teóricas.

4.2 CONCEITOS GERAIS

Quando nos propomos a realizar uma pesquisa de caráter científico, fazemos duas importantes escolhas: o que pesquisar e como pesquisar. Geralmente, escolhemos algo (o que) percebido como um problema na sociedade, em algum nível, e tal problema nos incomoda ou comove de alguma maneira. Ao escolhermos o modo de pesquisar (como), e são muitas as possibilidades, consideramos, consciente ou inconscientemente, nossa maneira de perceber a realidade (a **ontologia**) e a forma como acreditamos ser construído o conhecimento (a **epistemologia**).

Chamamos de ontologia nosso sistema de crenças filosóficas acerca da natureza da realidade social. Por exemplo, a realidade social é padronizada e previsível (realista) ou está em constante construção por meio das interações humanas (relativista)? Outra parte do nosso sistema de crenças filosóficas é a epistemologia, a qual diz respeito ao papel do pesquisador no processo de construção do conhecimento. Podemos citar duas grandes vertentes epistemológicas: o **objetivismo** e o **subjetivismo**.

No objetivismo, entendemos que o objeto pesquisado (o que se pesquisa) está dissociado do sujeito da pesquisa (pesquisador). Pesquisamos algo de forma objetiva, buscando entender o objeto pesquisado de tal maneira que qualquer outro pesquisador poderá chegar às mesmas conclusões a que chegamos, desde que seguidos os mesmos passos.

Diferentemente, no subjetivismo, entendemos que o conhecimento tem subjetividade e que diferentes pesquisadores (sujeitos) podem chegar a diferentes conclusões sobre os significados em torno do objeto pesquisado, visto que o conhecimento é uma construção social e que cada um tem seu conjunto de crenças, valores, vivências e, portanto, uma forma diferente de interpretar o mundo social.

Assumir uma ou outra perspectiva, ontológica e epistemológica, dependerá das crenças filosóficas pessoais de cada pesquisador e impactará diretamente na seleção do tema, na formulação do problema e nas estratégias para condução da pesquisa. Uma vez entendida a estrutura fundamental do pensamento científico, ontologia e epistemologia, ainda que brevemente, podemos conversar sobre metodologia e métodos científicos.

A metodologia é a forma como a construção do conhecimento se desenvolverá e está embasada em uma perspectiva teórica, como o positivismo, o pós-positivismo, o interpretativismo e a pesquisa crítica, entre outras sobre as quais falamos anteriormente, lembra? A metodologia pode seguir uma abordagem quantitativa, qualitativa ou, até mesmo, um *mix* das duas (conhecido como "quali-quanti").

Capítulo 4 Métodos de pesquisa 81

Os métodos são as ferramentas usadas pelos pesquisadores para coletar dados e reunir evidências que permitam analisar e entender o objeto pesquisado a fim de responder à questão de pesquisa previamente levantada. De forma simplista, temos, para entender o mundo, os nossos cinco sentidos. De forma complexa, esses sentidos podem ser utilizados para observarmos o mundo (visão), por exemplo, ou nos engajarmos em discussões a respeito da percepção do mundo com outras pessoas, falando e ouvindo. No entanto, para a pesquisa científica, esses sentidos devem ser utilizados de forma sistemática e organizada, segundo um processo, seguindo uma trajetória, que é o método.

A escolha da abordagem metodológica, qualitativa ou quantitativa e dos métodos adequados para a sua pesquisa dependerá do tipo de questão de pesquisa, do seu alinhamento teórico e do que ou quem será pesquisado. Vamos entender um pouco mais sobre a abordagem qualitativa, que é o objetivo principal deste capítulo.

A **pesquisa qualitativa** nas Ciências Sociais dedica-se à compreensão dos fenômenos sociais e tem por objetivo principal entender os significados atribuídos, carregados de subjetividades, às pessoas, suas realidades e contextos. Podemos entendê-la como a tentativa de elaboração de mapas significativos de determinadas realidades sociais. O mapa nunca será a realidade em si. Por isso, não se busca generalizações desses achados, mas sim o conhecimento em profundidade de determinada situação e fenômeno, perseguindo a construção de mapas plausíveis.

Apesar de não se pretender a generalização de achados, a pesquisa qualitativa pode gerar duas outras formas de generalização: a generalização metodológica e a generalização teórica. Por generalização metodológica entende-se a possibilidade de pesquisadores utilizarem o seu trajeto, o seu processo, para estudarem outros fenômenos. Por generalização teórica, a possibilidade da sua interpretação teórica do fenômeno, o seu mapa plausível, poder ser utilizada como possibilidade de outros fenômenos similares.

Podemos classificar a pesquisa qualitativa em três tipos: exploratória, descritiva e explanatória. De acordo com as autoras Hesse-Biber e Leavy,[1] a exploratória dedica-se a assuntos pouco explorados, objetos de pouca pesquisa; a descritiva procura descrever ricamente aspectos alvo do estudo; já a explanatória visa à elucidação, à explanação do objeto sob estudo.

---

[1] HESSE-BIBER, S. N.; LEAVY, P. *The practice of qualitative research*. 2. ed. Los Angeles: SAGE, 2011.

82 PARTE III Métodos de pesquisa

Uma característica importante da abordagem qualitativa é a relação do pesquisador com o objeto pesquisado. Diferentemente da pesquisa quantitativa, as interações entre pesquisador e pesquisado são parte do processo, bem como as próprias impressões sobre a análise e os achados. Essas interações ocorrem, principalmente, ao se ouvir os agentes sociais envolvidos nas situações pesquisadas, bem como na sua observação em seus contextos reais.

Para garantir a construção de mapas da realidade plausíveis, seguimos um cauteloso roteiro de pesquisa, com procedimentos e etapas organizadas, a que chamamos comumente de **protocolo da pesquisa**, a fim de garantir a validade e a qualidade da pesquisa qualitativa.

4.3 DESENHO DA PESQUISA: PLANEJANDO A COLETA DE DADOS

Mãos à obra. É hora de começar. Se sua questão de pesquisa começa com "como", "por que" ou "o que", provavelmente você usará uma abordagem qualitativa, pois pretende entender os contextos e os significados envolvidos na temática pesquisada. Outro fator que pode contribuir para o uso de tal abordagem é a dificuldade de acesso a um número significativo de pessoas, empresas etc. que viabilize uma pesquisa quantitativa. Normalmente, os estudos estatísticos demandam um grande número de participantes (amostra representativa da população) para que seja um estudo válido. Um exemplo disso é o caso das micro e pequenas empresas. Elas são a maioria dos negócios, em geral. Imagine quantas micro e pequenas empresas você precisaria abordar ou ter acesso a informações para representar o todo? Nem sempre o acesso a um grande número de participantes é possível ou viável. Nesses casos, a pesquisa qualitativa pode ser uma alternativa.

Você tem seu tema de pesquisa, sabe qual problema o incomoda, que chama a sua atenção, refinou sua questão de pesquisa e já sabe com qual perspectiva teórico--metodológica se identifica (por exemplo, interpretativismo, pesquisa crítica, pós--positivismo). Agora é hora de planejar o método, ou seja, qual será a estratégia para coletar seus dados, analisá-los e encontrar suas respostas. Chamamos esse processo de **desenho da pesquisa**, o qual será o plano para que você, pesquisador, realize a pesquisa. O Quadro 4.1 apresenta uma proposta de organização da pesquisa.

Capítulo 4 Métodos de pesquisa 83

QUADRO 4.1 Proposta de organização da pesquisa

	Etapa 0	Definindo o tema, o problema de pesquisa: O que me incomoda? O que me sensibiliza, me comove? Que problemas eu percebo na área estudada que me instigam? Quanto mais o assunto lhe interessar ou impactar, mais prazeroso será o processo de pesquisa.
Autoconhecimento	Etapa 1	**Definindo o alicerce teórico da pesquisa**
	1.1	Ontologia (como eu percebo a realidade) Realista ou relativista?
	1.2	**Epistemologia (como o conhecimento é construído)** Objetivista ou subjetivista?
	1.3	**Estrutura teórico-metodológica** Positivismo Pós-positivismo Interpretativismo Pesquisa crítica Outras
Desenho da pesquisa	Etapa 2	**Escolhendo a abordagem metodológica** Refine sua questão de pesquisa, alinhando-a às suas escolhas anteriores, e defina qual será sua abordagem metodológica • Qualitativa Entendimento dos significados subjetivos atribuídos pelas pessoas pesquisadas aos contextos e suas realidades a fim de criar leituras plausíveis dessa mesma realidade (mapas) Será uma pesquisa exploratória, descritiva ou explanatória? • Quantitativa Com o intuito de generalizações, busca-se a construção de variáveis que permitam a mensuração ou a quantificação dos fenômenos sociais sob estudo.
	Etapa 3	Definindo o método Pesquisa Qualitativa Pesquisa Quantitativa Entrevistas em profundidade (livres, estruturadas ou semiestruturadas) Observação (participante ou não participante) Grupo focal (*focus group*) Estudo de caso História de vida Análise de conteúdo Análise de discurso Análise documental Outros Método estatístico mais adequado ao problema de pesquisa

continua

84 PARTE III Métodos de pesquisa

continuação

	Para cada método, você precisará definir:
Desenho da pesquisa	→ Como coletar os dados ou construir as evidências? → Qual será sua amostra ou grupo de interesse (com quem você irá dialogar, quem você irá ouvir, entrevistar, observar? Quando? Onde elas estão? Quantas pessoas, empresas ou qualquer outra unidade de análise terá que buscar/acessar?) → Como analisarei os dados? **Quantitativa** Método estatístico mais adequado ao problema de pesquisa

Fonte: elaborado pela autora.

A escolha do método adequado para a pesquisa dependerá do tipo de problema a ser pesquisado e das pessoas envolvidas. Na pesquisa qualitativa, os métodos comuns se baseiam em ouvir, observar e analisar.

- **Ouvir:** ouvimos as pessoas pesquisadas ou que são agentes do contexto-alvo da pesquisa por meio entrevistas em profundidade, individuais ou em grupo (grupo focal), que buscam captar os sentimentos, as impressões, os sentidos que aqueles indivíduos têm ou dão a determinadas situações ou fenômenos sociais. Essas entrevistas podem ter um roteiro predefinido, ou seja, uma lista de perguntas a serem rigorosa e exclusivamente feitas ao longo da conversa. Chamamos essas entrevistas de **estruturadas**. Também podemos usar um roteiro predefinido mínimo, que pode incluir novas perguntas ou questões reformuladas no decorrer da conversa. Nesse caso, chamamos a entrevista de **semiestruturada**. Menos comuns, mas também possíveis, são as entrevistas sem roteiro algum, que são as **entrevistas livres**. Qualquer que seja o tipo, o verbo ouvir deve reinar. Escute o que seu entrevistado tem a dizer. Perceba em que momento as falas causaram nele alguma emoção. Tome nota de tudo que chama a sua atenção durante a entrevista. E lembre-se: as falas serão seus dados de análise! Você precisará dar um corpo a esses dados. Então, gravá-las em áudio, com a devida autorização, é uma ótima forma de ter acesso aos dados, sendo útil para apoio em transcrições – que é o ato de escrever, na íntegra, o conteúdo de uma entrevista.

- **Observar:** a observação ocorre no ambiente social pesquisado e pode ser participante, quando há interação clara do pesquisador com o meio, ou não participante, quando o pesquisador interfere o mínimo possível ou não interage no meio observado. Nesse caso, seus dados serão os registros da observação, principalmente seus apontamentos. Seus dados virão de seu caderno de campo (que não precisa ser um caderno, pode ser um tablet ou notas em um aplicativo no celular). Esse diário precisa ser pensado antecipadamente, com o pesquisador, decidindo o que observar, por que observar, como observar e de que forma registrar essa observação.

- **Analisar:** na pesquisa qualitativa, podemos realizar análises de conteúdo, debruçando-nos sobre um material escrito ou não, avaliando frequências de termos ou ideias, tentando entender o significado das predominâncias e ausências no contexto estudado. Também podemos analisar o discurso (escrito, áudio, vídeo, imagens etc.), tentando captar as intenções do autor do discurso ao proferi-lo de determinada maneira. A análise, de maneira geral, envolve todo o processo da pesquisa qualitativa e, quaisquer sejam os métodos empregados, o resultado da análise será influenciado pelas perspectivas do pesquisador.

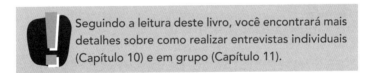
Seguindo a leitura deste livro, você encontrará mais detalhes sobre como realizar entrevistas individuais (Capítulo 10) e em grupo (Capítulo 11).

Um fator importante no desenho da pesquisa é a definição da **amostragem** ou **grupo de interesse**. Na pesquisa qualitativa, significa com quem você conversará. Que pessoas ou grupo de pessoas você ouvirá ou observará? Quando e onde fará observações? Quais serão suas fontes de informação? Quantas pessoas eu preciso entrevistar para que a pesquisa seja válida? As respostas a essas perguntas dependerão da sua questão de pesquisa, afinal, é preciso identificar quem são os agentes envolvidos no contexto que se quer estudar, que afetam ou são afetados pelo problema ou cuja vivência contribuirá para seu entendimento do tema.

Por exemplo, você identificou que o curso de graduação de Ciências Contábeis na faculdade onde estuda tem um elevado índice de evasão no primeiro ano e você pretende entender que razões levam os alunos a abandonarem tal curso em seu início. Nesse caso, quem você buscaria entrevistar? Provavelmente, alunos que deixaram o curso em um determinado período, certo? Mas quantas pessoas seriam suficientes? Qual deverá ser o tamanho da sua amostra ou grupo de interesse? Em relação à quantidade de pessoas a serem entrevistadas, na pesquisa qualitativa, trabalhamos com o conceito de **saturação**. Consideramos que um número de entrevistados é suficiente quando deixamos de conseguir novas informações ao ouvir novas pessoas. Dizemos que chegamos à saturação quando o aumento de entrevistas deixa de contribuir para novos achados. O estabelecimento desse número ocorre em um processo contínuo de coleta de dados (realização das entrevistas) e a análise dos dados.

Um desafio na fase da coleta de dados nessa abordagem será conseguir interlocutores, obter acesso às pessoas que são alvo da pesquisa. Lembre-se: as pessoas que aceitarem participar do seu estudo concederão a você o tempo delas; por isso, respeite sempre os agendamentos, seja pontual, explique previamente a pesquisa, preserve a identidade da pessoa entrevistada (use pseudônimos, por exemplo), siga rigorosamente a política ética de sua faculdade, formalize a participação do entrevistado com um Termo de Consentimento e não se esqueça de dar um *feedback* aos participantes quando seu trabalho estiver concluído.

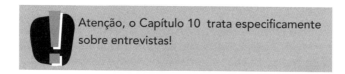

Atenção, o Capítulo 10 trata especificamente sobre entrevistas!

4.4 ANÁLISES E INTERPRETAÇÃO DE DADOS OU EVIDÊNCIAS

Você coletou os dados, fez um número adequado de entrevistas e chegou à saturação. Gravou as entrevistas (com a devida autorização das pessoas entrevistadas, claro!) e transformou todo o conteúdo do áudio gravado em texto escrito, na íntegra, no processo chamado de transcrição. Agora é hora de analisar e interpretar esse material.

Analisar os dados, em pesquisa qualitativa, significa interpretar as informações coletadas e entender que história aquele conjunto de falas e textos nos conta. Um caminho possível para essa análise é o levantamento de padrões com a identificação de convergências e divergências entre os interlocutores. Em quais aspectos os entrevistados e entrevistadas concordam? Em quais aspectos suas vivências e relatos se assemelham? O que essa semelhança, se existe, sinaliza? Qual o significado para sua pesquisa? Em quais aspectos os dados se distanciam, se contrapõem? Que significado isso traz? Esses são exemplos de indagações que o pesquisador qualitativo se faz ao analisar seu conjunto de dados. Dependendo da extensão do estudo, você vai se deparar com um grande volume de dados e precisará buscar técnicas estruturadas que o apoiem no processo de análise, tal como a **codificação**.

Capítulo 4 Métodos de pesquisa 87

Codificar significa categorizar segmentos, pedaços de dados, dando-lhes um nome curto, um rótulo, um código que resuma cada pedaço dos dados fragmentados.[2] O código ou rótulo atribuído a cada trecho do material sob análise pode ser uma palavra ou uma frase curta que capture a essência do trecho sumarizado.[3] Veja o exemplo de codificação a seguir:

> [Questão: Os contadores oferecem contabilidade gerencial aos clientes?] *Não, a gente não oferece a contabilidade gerencial para eles, a gente faz a escrituração contábil, a contabilidade societária. Esse é o nosso serviço, a gente não tem condições de fazer a contabilidade gerencial dentro do escritório. Tem alguns clientes para quem oferecemos isso, mas como consultoria. Nós não temos condições de fazer a contabilidade gerencial como contador terceirizado. Eu percebo que não é muito difícil de fazer, mas teria de ter uma pessoa interna lá na empresa-cliente responsável por isso e o mais indicado seria o próprio gestor fazer a contabilidade gerencial da empresa.* [Entrevistado 1][4]

Ao analisar esse trecho da transcrição, a pesquisadora fragmentou o texto em três partes e atribuiu um código, um rótulo a cada uma delas, como apresentado a seguir:

> *Não, a gente não oferece a contabilidade gerencial para eles, a gente faz a escrituração contábil, a contabilidade societária. Esse é o nosso serviço,* **Código atribuído: escritório não oferece contabilidade gerencial, faz apenas a societária**

> *a gente não tem condições de fazer a contabilidade gerencial dentro escritório. Tem alguns clientes para quem oferecemos isso, mas como consultoria.* **Código atribuído: escritório oferece consultoria**

> *Nós não temos condições de fazer a contabilidade gerencial como contador terceirizado. Eu percebo que não é muito difícil de fazer, mas teria de ter uma pessoa interna lá na empresa-cliente responsável por isso e o mais indicado seria o próprio gestor fazer a contabilidade gerencial da empresa.* **Código atribuído: dificuldade para o contador terceirizado fazer contabilidade gerencial, o ideal seria que o próprio gestor a fizesse** [5]

---

[2] CHARMAZ, K. *Constructing grounded theory*: a practical guide through qualitative analysis. Londres: Sage, 2006.

[3] SALDAÑA, J. *The coding manual for qualitative researchers*. Londres: Sage, 2013.

[4] SILVA, C. N. *Conte comigo! Características da consultoria contábil aos pequenos negócios.* 2015. Dissertação (Mestrado em Controladoria e Contabilidade: Contabilidade) - Faculdade de Economia, Administração e Contabilidade, Universidade de São Paulo, São Paulo, 2015. doi:10.11606/D.12.2016.tde-18012016-161033. Acesso em: 17 jul. 2019.

[5] SILVA, 2015.

88 PARTE III Métodos de pesquisa

Observe que as decisões sobre o tamanho do trecho recortado e o código atribuído a ele foram escolhas da pesquisadora que analisou o dado. Outro pesquisador, possivelmente, faria escolhas diferentes. O olhar de quem realiza a pesquisa é parte do processo; por isso, é importante atentar ao rigor no processo de desenho e análise da pesquisa. Nesse sentido, o processo de codificação contribuiu para que o pesquisador se distanciasse de seus próprios preconceitos, forçando-o a revisitar os dados mais de uma vez, aumentando sua capacidade analítica. Para reforçar a confiabilidade do seu estudo, apresente em detalhes, no espaço adequado de seu TCC (geralmente no capítulo ou seção de Metodologia) quais foram os critérios, as etapas e as práticas de coleta e análise que você empregou.

Uma vez que todo o material esteja codificado, passamos a trabalhar com tais códigos, reunindo-os por semelhanças e divergências, buscando padrões a fim de entender que "história" aquele conjunto de dados pode nos contar. Quais códigos compartilham uma mesma temática? Quais códigos de determinados assuntos se repetem com maior frequência? É possível criar categorias e subcategorias para agrupá-los? O que é possível apreender a partir das conexões entre os códigos? Esses são alguns questionamentos que você poderá fazer a si mesmo ao trabalhar com os códigos na fase de análise e interpretação dos dados qualitativos.

Concluída a etapa de análise, você terá construído uma interpretação pessoal e plausível dos significados atribuídos pelos interlocutores (seus entrevistados) ao tema objeto da sua pesquisa, com base em uma análise de dados rigorosa e estruturada. É hora de apresentar seus achados. Para isso, o resgate das falas das pessoas que sustentam, que evidenciam sua interpretação é imprescindível. Aqui, não se trata de reproduzir a íntegra das entrevistas, mas sim, selecionar os trechos relevantes e apresentá-los como suporte à sua conclusão. Atente-se para a coerência e coesão da apresentação das ideias e dos trechos das transcrições selecionados. Um possível desafio nessa etapa final será a limitação de páginas.

Como vimos, a pesquisa qualitativa será a abordagem adequada para as pesquisas cujo objetivo seja entender os motivos, as crenças, as aspirações das pessoas ou os significados atribuídos por elas e carregados de subjetividades às suas realidades e contextos. Ela permite a elaboração de um mapa plausível de uma determinada realidade e segue procedimentos rigorosos que, embora variem dependendo do método utilizado, visam à confiabilidade e validade da pesquisa. Geralmente, os procedimentos de coleta e análise de dados qualitativos demandam bastante tempo. Por isso, é fundamental que o pesquisador se planeje, estabeleça um cronograma de trabalho e o siga com disciplina. Apesar de trabalhoso, o processo é enriquecedor e o resultado ao final do caminho costuma ser estimulante.

Itali Collini é economista formada pela Faculdade de Economia, Administração e Contabilidade da Universidade de São Paulo (FEA-USP) e, como trabalho de conclusão do seu curso, produziu uma monografia intitulada *Mulheres no Mercado Financeiro: um olhar sob a ótica de gênero*, na qual estudou e descreveu a presença das mulheres no mercado financeiro, especificamente em profissões predominantemente masculinizadas no Brasil relacionadas ao mercado de capitais.

Fazendo uso da abordagem qualitativa, realizou entrevistas em profundidade com profissionais mulheres e homens objetivando descobrir, como ela mesma escreveu, "vivências semelhantes, inferir padrões e, em caso de reconhecimento de desigualdades, questionar as estruturas que as originam e propor melhorias cabíveis para modificar essa situação". Sobre o processo de entrevistas, Itali conta que optou por fazer perguntas abertas a fim de que seus entrevistados falassem sobre suas vivências, selecionando por seus próprios critérios o que julgavam ser importante sobre o que lhes foi perguntado e, quando precisou, pediu mais detalhes.

Segundo a pesquisadora, o recorte trazido pelos entrevistados permitiu a ela perceber quais situações relatadas se repetiram, fazendo-a identificar uma situação estrutural de estereótipos de gênero. Segundo ela, "foi uma maneira bacana de perceber algo estrutural da sociedade sem ter de fazer perguntas específicas".

Sobre o processo de análise, a economista relata que gostou de revisitar as falas, especialmente aquelas mais complexas e longas, e perceber detalhes que durante a entrevista não foram notados, bem como as relações entre as falas, os vieses e as contradições. Para Itali, um desafio da pesquisa qualitativa é o pouco tempo para transcrever e analisar um volume grande de material.

Se você estiver curioso para conhecer a pesquisa de Itali Collini, na íntegra, acesse agora:

4.5 DICAS DE RECURSOS E FERRAMENTAS

Podemos contar com o apoio de algumas ferramentas tecnológicas quando realizamos uma pesquisa qualitativa. Aprenda com trabalhos que utilizaram metodologias e métodos similares ao seu. Pesquise autores que usaram tais métodos e veja como descreveram os procedimentos metodológicos em seus artigos.

Quando a coleta de dados se der por gravações de áudio e demandar transcrições, existem no mercado vários aplicativos, muitos deles gratuitos, que convertem áudios em textos, tais como o EverNote, o Voice Recorder, o Speechnotes, entre outros. Mas cuidado! É fundamental conferir se o aplicativo fez a conversão adequadamente. Para isso, é necessário ouvir os áudios, relendo as transcrições e fazendo as correções necessárias de ortografia, acentuação etc. Lembre-se de que esse material englobará seus dados para análise; portanto, o texto deve representar adequadamente as falas gravadas das pessoas entrevistadas.

Alguns *softwares* podem ajudar no processo de análise dos dados qualitativos. O Nvivo e Atlas.ti são bem conhecidos no mundo acadêmico e, apesar de pagos, possuem licenças de teste que você pode usar gratuitamente por um período determinado por cada distribuidor. Você também pode encontrar alguns softwares gratuitos, como é o caso do Coding Analysis Toolkit (CAT), o qual foi desenvolvido pela Universidade de Pittsburgh.

Lembre-se: esses *softwares* apoiam o processo de análise, mas quem, de fato, interpreta e analisa os dados disponíveis é você. Você é o pesquisador qualitativo!

5 Pesquisa histórica

Angélica Vasconcelos

O método histórico é o método científico de uma área específica das Ciências Humanas, a História, o que não o impede de ser utilizado por pesquisadores de formação distinta, como os das Ciências Sociais Aplicadas. Esse método compreende um conjunto de técnicas metodológicas pelas quais as evidências de pesquisa sobre um determinado tópico são sintetizadas e transformadas em narrativa histórica. Portanto, para entendermos melhor em que tipo de pesquisa o método histórico pode ser aplicado, convém estabelecer um diálogo, ainda que breve, com a História.

A noção da História enquanto área do conhecimento humano nasce na Grécia Antiga e, por muito tempo, caminha em paralelo com a Filosofia. No século XVIII, o interesse da História era pela chamada "filosofia da sociedade". Discutia-se sobre os sistemas econômicos e sociais da sociedade civil. São desse período obras como *Do espírito das leis*, de Charles de Montesquieu, ou *A riqueza das nações*, de Adam Smith. Cem anos mais tarde, a História começa a se afastar do pensamento filosófico para se afirmar como uma ciência nova, dotada de parâmetros metodológicos claros, com o intuito de produzir uma narrativa mais objetiva e mais "científica", cujo alicerce seminal é lançado pelo historiador alemão Leopold von Ranke.[1]

Em relação ao tempo, é preciso realçar um pormenor particular do método histórico. Sabia que você não precisa retroagir séculos em seu recorte temporal para fazer uso do método histórico?

Pois é, tanto um estudo sobre o formato das demonstrações contábeis anterior à famosa Lei das Sociedades por Ações, Lei n. 6.404/76, quanto outro sobre o método de partida simples, utilizado por um engenho de açúcar no século XVII, podem empregar o método histórico. Não é o recorte temporal que define o método, mas sim seu problema ou questão de pesquisa.

---

[1] BURKE, P. *História e teoria social*. São Paulo: UNESP, 2012.

92 PARTE III Métodos de pesquisa

Mas afinal, o que estuda esta ciência nova? Seu objeto de estudo seria o passado? Não! E sabe por quê? Pelo fato de que o "passado" não se constitui como um objeto de pesquisa pela própria dificuldade de defini-lo precisamente. O que é o passado? O passado é, por si só, uma compartimentação do conceito de tempo, tal como o "presente" e o "futuro". Todas essas compartimentações do contínuo tempo são dotadas de uma fugacidade incontrolável, que não permite definição precisa nem tampouco o estabelecimento de limites fronteiriços. Como diria Bloch, o presente é um instante que, mal nasce, morre.[2] Por exemplo, se você perguntar a um transeunte em que temporalidade ele vive, certamente essa pessoa irá lhe responder no "presente". Na sequência, caso lhe mostre uma foto de alguém que viveu no século XVIII e repita a pergunta da temporalidade, mas agora em relação ao indivíduo da foto, a resposta do transeunte será "passado". Pondo essas respostas de lado, imagine que temos uma máquina do tempo que nos permite ir até o século XVIII para repetirmos nossa enquete. Decerto que as opiniões não serão as mesmas. Para os indivíduos que viveram no século XVIII, eles é que vivem no "presente" e nós, do século XXI, vivemos no "futuro".

Mas, se não é o passado que a História estuda, qual seria então seu objeto de estudo? Ora, a História é mais bem definida como o estudo de toda a atividade humana (por exemplo, social, política e econômica), destacando os caminhos percorridos (ou trajetórias) e peculiaridades de situações concretas com o passar do tempo. Dito de outra forma, para a História "tudo tem um passado que pode em princípio ser reconstruído e relacionado ao restante do passado".[3] Perceba que existe um termo na colocação de Burke que alude ao "detalhe" que faz toda a diferença do método histórico. Sabe qual é? O termo citado é o "relacionado", empregado no sentido de comparar. A comparação é o que proporciona o diferencial deste método, fazendo com que uma descrição ou narrativa do passado se transforme em análise.

Assim, o método histórico sempre pode nos ajudar quando a investigação que pretendamos conduzir tenha por objetivo compreender, por exemplo:

- como e por que uma determinada prática contábil emergiu e funciona em determinada localidade e tempo;
- os caminhos percorridos ou trajetórias da prática contábil e de seus praticantes ao longo do tempo;

---

[2] BLOCH, M. L. B. *Apologia da história, ou, o ofício de historiador*. Rio de Janeiro: Jorge Zahar, 2001.

[3] BURKE, P. *A escrita da história*: novas perspectivas. São Paulo: UNESP, 2011. p. 11.

Capítulo 5 Pesquisa histórica 93

- as condições e consequências da prática contábil em certo espaço e tempo;
- a relação entre tipos de empresas e a contabilidade em determinado espaço e tempo.

Edwards realizou um levantamento sobre os temas abordados por pesquisas em História da Contabilidade publicadas.[4] Segundo o autor, os temas mais recorrentes[5] nos trabalhos publicados até 1980 eram: Práticas Contábeis em Recortes Temporais Anteriores à Revolução Industrial (45,7%), Custos e Contabilidade Gerencial (11,5%) e Contabilidade Organizacional (9,9%).[6] Todavia, essa tendência não se mantém para o período entre 1998 e 2002.[7] O tema da Contabilidade Organizacional (18,6%) aparece em primeiro lugar, seguido por Custos e Contabilidade Gerencial (17,1%) e Profissão Contábil (12,4%). Já o tema das práticas contábeis anteriores à Revolução Industrial caiu para a sétima posição (6%) no *ranking* de temas[8] preferidos em História da Contabilidade, sendo ultrapassado por Auditoria (8,6%), Bibliografias, Biografias e Cronologias (8,6%) e Metodologias (6,2%).

Agora que já alargamos um pouco nossa percepção sobre a História, vamos às etapas do método. Antes de começar a pôr a mão na massa, convém fazer uma escolha do caminho a seguir. Vamos então à escolha epistemológica!

5.1 ESCOLHA EPISTEMOLÓGICA

Existem várias abordagens possíveis do passado. Entretanto, em prol da simplicidade, destacarei apenas duas vertentes epistemológicas ou paradigmas para um estudo histórico nesta seção, não para exaltá-las, mas porque essas maneiras de fazer ciência respingam frequentemente na área contábil.

Assim, ou segue-se a abordagem tradicional, também chamada de metódica ou positiva, ou a Nova História (ou Annales). A primeira tem seu alicerce fincado pelo

---

[4] EDWARDS, R. Subjects, sources and dissemination. In: EDWARDS, R.; WALKER, S. P. *The routledge companion to accounting history*. Londres: Routledge, 2009. p. 50-70.

[5] A amostra de obras sobre História da Contabilidade publicadas até 1980 era composta por 626 trabalhos. Além das três temáticas mais recorrentes, foram igualmente citadas: Auditoria; Profissão Contábil; Teoria da Contabilidade Financeira; Educação Contábil; Terminologia; Bibliografias, Biografias e Cronologias; Contabilidade Bancária; Contabilidade Mecanizada e Computadores; e Contabilidade Testamentária (EDWARDS, 2009).

[6] O termo contabilidade organizacional engloba trabalhos que focam tópicos como: Análise de Demonstrações Financeiras, Contabilidade Internacional Comparativa, Reporte Ambiental, Ética Contábil, Harmonização, Erros e Fraudes Contábeis, Ajustes ao Nível de Preços e Regulação.

[7] O total da amostra foi de 467 trabalhos.

[8] De acordo com Edwards, novas temáticas para o estudo de história da contabilidade emergiram no período de 1998 a 2002 em comparação ao período anterior (até 1980), a saber: Metodologias; Contabilidade Pública; Gênero; Contabilidade para Pequenos Negócios ou Empresas Familiares; Raça, Escravidão e Populações Indígenas; e Contabilidade Tributária.

94 **PARTE III** Métodos de pesquisa

historiador alemão Ranke no século XIX, como já fora mencionado. Trata-se da "visão do senso comum da história".[9] Já a segunda é considerada "nova" não pelo arcaísmo da tradicional, mas, exclusivamente, porque foi o movimento que se opôs à abordagem então vigente. Essa "nova" maneira de pensar a pesquisa em história emergiu a partir dos anos 1920 na França. Portanto, é possível dizer que se trata de uma história *made in France*[10] ou, para sermos fiéis, *fabriqué en France*. A decisão de qual vertente epistemológica seguir depende de você conciliar os potenciais e limites de cada uma delas com o objetivo/problema da sua pesquisa.

> Em termos metodológicos, a pesquisa em História da Contabilidade segue na sombra do rito ditado na História. Por analogia, existem igualmente alguns pesquisadores que seguem a linha tradicional, bem como outros que seguem a chamada New Accounting History (ou Nova História da Contabilidade). Para saber um pouco mais sobre o assunto, vale a pena ler Carmona, Ezzamel e Gutiérrez.[11]

De acordo com o paradigma tradicional, a função do historiador perante a pesquisa consiste em coletar os fatos históricos, coordená-los e, por fim, expô-los coerentemente sem qualquer questionamento ou juízo sobre o que se escreve. Os fatos históricos estariam contidos exclusivamente em documentos oficiais escritos, ou seja, registros emanados do governo em forma de papel e preservados em arquivo. Sabe o que isso implica na prática? Que demonstrações contábeis de uma empresa de capital privado publicadas em um jornal ou uma evidência visual (foto) de contadores trabalhando no início do século XX não poderiam ser utilizadas como fontes para a pesquisa. Portanto, no âmbito desse paradigma, somente poderíamos coletar dados sobre instituições governamentais, o que é oportuno para pesquisas em Contabilidade Pública. Daí você se pergunta: E como se faz para estudar instituições não públicas? Somente é possível estudá-las se encontrarmos evidências em documentos oficiais públicos. Caso contrário, elas continuarão esquecidas no tempo. Supondo que você encontre evidências de entidades não públicas em documentos oficiais, sua pesquisa terá, de antemão, uma limitação

---

[9] BURKE, 2011, p. 10.

[10] BURKE, 2011, p. 9-10.

[11] CARMONA, S.; EZZAMEL, M.; GUTIÉRREZ, F. Accounting history reserch: traditional and new accounting history perspectives. DE COMPUTIS. *Spanish journal of Accounting History*, n.1, p. 24-53, 2004.

Capítulo 5 Pesquisa histórica 95

proveniente do tipo de fonte utilizada. Trata-se do viés, uma vez que documentos oficiais, em geral, expressam o ponto de vista oficial.

Ainda no âmbito do paradigma tradicional, o historiador deve recolher todos os documentos disponíveis sobre o assunto que esteja a pesquisar, sem optar por alguns, pois a veracidade dos acontecimentos estaria ali contida. Permite-se a crítica apenas quanto à autenticidade e credibilidade dos documentos recolhidos. Os fatos históricos são singulares, no sentido de que não se repetem. A tal singularidade justifica a necessidade de conservá-los pela escrita, bem como torna desnecessária a inserção teórica. Ou seja, em princípio, nenhum suporte teórico é exigido na narrativa. Entretanto, antes que você comece a soltar fogos de artifício por, aparentemente, não precisar de teoria no seu TCC, caso escolha o paradigma tradicional, os próprios historiadores respondem afirmando que "sem combinar a História com a teoria, é provável que não consigamos entender nem o passado nem o presente".[12] Portanto, é preciso, sim, escrever o seu capítulo de referencial teórico.

A escrita na vertente tradicional enfatiza eventos ou uma figura emblemática apresentada na posição de "grande homem",[13] situando-os no tempo e espaço de forma a evidenciar causas e consequências, como se os acontecimentos seguissem uma cadeia linear. Importar esse ideal de "grande homem"[14] para a pesquisa em Contabilidade significa dizer que seria possível produzir uma investigação sobre a atuação de um único contador, que desenvolveu ou implantou práticas contábeis ditas como inovadoras. Todavia, o risco desse tipo de narrativa reside na chamada visão de cima, no sentido de que o indivíduo acaba por ser descrito como o "último biscoito do pacote", o que fomenta a percepção de que o restante dos contadores não interessa para a História da Contabilidade. Pode-se minimizar esse risco com a explicação dos aspectos que tornam o tal indivíduo o "ser supremo", bem como a relação dele com seus pares (outros contadores) e com os diferentes grupos profissionais da mesma época e espaço.

Em oposição ao paradigma tradicional, a Nova História entende que o fazer história é um processo interpretativo, produto da atividade do historiador.[15] Portanto,

---

[12] BURKE, 2012, p. 38.

[13] De acordo com o historiador escocês Thomas Carlyle (1840), o grande homem poderia ser um poeta, um profeta, um rei, político, pensador, legislador ou filósofo.

[14] Cabe destacar que, para a historiografia tradicional, a História era feita exclusivamente por homens. Na obra de Carlyle, por exemplo, o personagem principal da narrativa é sempre do gênero masculino. Somente na década de 1960 é que ativistas feministas reivindicaram "uma história que estabelecesse heroínas" (SCOTT apud BURKE, 2011, p. 66).

[15] BLOCH, 2001.

96 **PARTE III** Métodos de pesquisa

a narrativa não contém tão somente a descrição dos fatos, mas inclui interpretações e explicações para o fato histórico em análise a partir das fontes consultadas. Logo, a abordagem epistemológica da Nova História defende que o historiador deve dispor, a priori, sua teoria explicativa e suas hipóteses de trabalho, especificar os critérios de seleção ou elaboração dos dados, bem como os motivos de escolha deste ou daquele teste estatístico. É isso mesmo que você leu, testes estatísticos podem ser utilizados em pesquisas históricas! A possibilidade de seleção do que é pertinente ou não para a análise é uma decisão teórica do historiador, que não guarda relação com o estado das fontes. Os historiadores são convidados ao exame de uma maior variedade de evidências, podendo fazer uso, inclusive, de fontes ditas como "não convencionais". Aqui, portanto, tanto a demonstração contábil publicada no jornal quanto a foto de contadores trabalhando são tidas como bem-vindas, pois se entende que o uso de fontes diversificadas (testemunho oral, por exemplo) ajuda na quebra dos vieses e limites inerentes de cada uma.

A Nova História substitui o ideal de "grande homem" pela ênfase da narrativa no coletivo. Entende-se que o estudo do indivíduo, em sua singularidade, não contribui para o pensamento crítico necessário ao desenvolvimento da área do saber. Portanto, o ser humano (homem ou mulher) deve ser estudado em suas realidades coletivas, inserido em suas estruturas: de Estado, da economia, da sociedade e das civilizações. As individualidades aparecem no texto em caráter meramente ilustrativo, sem exaltação enquanto herói. A narrativa pode, até mesmo, incluir a percepção coletiva de indivíduos comuns. Isso significa a possibilidade de se desenvolver investigação sobre, por exemplo, controles contábeis pela percepção dos funcionários do chão de fábrica.

A busca por eventos singulares e seu correto enquadramento no tempo defendido pela abordagem tradicional é substituída pela explicação do evento em seu contexto, social e econômico, pela Nova História. Por exemplo, em vez de se produzir um texto cuja preocupação central seja mencionar quando determinada prática contábil foi utilizada ou curso de Contabilidade foi oferecido pela primeira vez, concentre-se na explicação dos fatores contextuais que proporcionaram o uso ou oferecimento e como foi a trajetória dessa prática ou curso ao longo do tempo. Além disso, lembre que a determinação da origem ou da "primeira vez" de alguma coisa depende exclusivamente da realização de mais pesquisa. Para ilustrar esse ponto, convém seguirmos o exemplo dos arqueólogos que estão sempre a encontrar vestígios fósseis de dinossauros de épocas cada vez mais remotas, porém anunciam seus achados como a evidência mais antiga confirmada da presença daqueles animais, não como a origem.

Por fim, para melhor realçar a diferença analítica entre a perspectiva tradicional e a Nova História, vamos assumir que estivéssemos desenvolvendo uma pesquisa sobre as concepções contabilísticas do Frei Luca Pacioli. Isso, Frei Luca, aquele mesmo que alguns descrevem como "pai" da Contabilidade Moderna.[16] Tal rótulo, entretanto, transmite a impressão errônea, do ponto de vista histórico, de que ele se dispôs a fundar nossa ciência quando publicou *Summa de arithmetica, geometria, proportioni et proportionalita*, intenção esta que jamais manifestou. Pelo contrário, ele sabia que não estava inventando a partida dobrada. A simples leitura do primeiro capítulo do Summa, chamado "De Scriptures", comprova essa afirmação.

Aqui você encontra uma cópia do *Summa* acompanhada por uma tradução para o inglês:

Voltando para o nosso exemplo, de acordo com a abordagem tradicional, poderíamos desenvolver a pesquisa comparando as concepções do Pacioli e as da Contabilidade moderna. Já na Nova História, a preocupação central residiria, em um primeiro momento, na relação entre as concepções do Pacioli e as partilhadas pelos seus pares, ou seja, outros pensadores ou praticantes contábeis que viveram na mesma época; e, posteriormente, na comparação com o período atual, ressaltando-se o que permanece hoje, ainda que em essência e não na forma, daquele passado. O que, no limite, liga o presente ao passado é o que permaneceu deste, não o que se modificou.

Vamos falar agora um pouco sobre as etapas do método histórico, para entendermos melhor como podemos desenvolver uma pesquisa a partir dele.

---

[16] CONSELHO REGIONAL DE CONTABILIDADE DO ESTADO DE SÃO PAULO (CFC/SP). *Casa do profissional da Contabilidade*: os 70 anos do CRCSP. São Paulo: Conselho Regional de Contabilidade do Estado de São Paulo, 2016.

5.2 ETAPAS DO MÉTODO HISTÓRICO

Depois da escolha epistemológica, é chegado o momento de aplicar o método histórico para desenvolver a pesquisa. Essa aplicação é composta por três fases ou partes distintas de investigação, cujos detalhes são apresentados na sequência. Vamos nessa?

5.2.1 Primeira fase: encontrar e coletar dados

A primeira fase do método histórico é chamada de heurística, ou seja, a arte de procurar e coletar dados, ou melhor, fontes. O termo "fontes" está para os historiadores assim como "dados" está para os contadores.

De maneira geral, as fontes históricas podem ser classificadas em primárias e secundárias. Uma **fonte primária** é aquela produzida por alguém que assistiu ou presenciou o evento sobre o qual se investiga. Já a **fonte secundária** é aquela produzida por alguém que não participou diretamente nem presenciou o evento sobre o qual você está escrevendo no TCC. Por exemplo, digamos que seu TCC trata do sistema contábil utilizado pelo Engenho YZ no século XIX para controle da produção de açúcar e você encontrou as três seguintes fontes em sua busca:

- livros de contas e cartas escritas por pessoas que trabalhavam no dito engenho;
- a obra de André João Antonil, *Cultura e opulência do Brasil*, publicada em 1837, que trata sobre vários aspectos da produção de açúcar;
- a obra de Frédéric Mauro, *Contabilidade teórica e contabilidade prática no século XVII*, publicada em 1969, sobre o gerenciamento do Engenho Sergipe.

As duas primeiras fontes encontradas por você podem ser classificadas primárias, enquanto a terceira é secundária. Sabe qual é a diferença entre a obra de Antonil e a de Mauro? Ainda que Antonil não tenha conhecido o Engenho YZ, foco específico do seu TCC, ele é alguém que viveu na mesma época e escreveu sobre o tema. Por essa razão é que a obra dele pode ser considerada primária, enquanto a de Mauro, não.

Agora, anota aí uma regra básica em termos de coleta: uma boa pesquisa histórica deve utilizar o maior número possível de fontes primárias. E por quê? Ora, é bem melhor escrever sobre algo a partir do relato de quem esteve presente no evento do que a partir de quem já "ouviu dizer". Lembra-se daquela brincadeira infantil chamada telefone sem fio? O último participante da brincadeira sempre contava o segredo de forma deturpada do original, incluindo até palavras que não foram ditas, o que era a garantia de muitas risadas. Mas isso não será nada divertido se acontecer em uma pesquisa.

As fontes podem assumir diversas formas: documentos escritos, equipamentos, esculturas, monumentos, roupas, pinturas, fotografias, relíquias religiosas. Tudo depende do seu interesse de pesquisa. Quando estiver na busca por fontes, colete apenas as que guardam relação com seu objeto ou hipóteses de pesquisa. Essa dica pode parecer banal, mas quando se entra em um arquivo, é comum ficar maravilhado com fontes que são igualmente interessantes, mas que em nada servirão à pesquisa que estamos desenvolvendo. O tempo que você gasta com fontes não pertinentes vai fazer falta depois, pois a data de entrega final do trabalho chega muito rapidamente.

Mas, aonde ir para coletar dados? Ora, o local mais tradicional é o arquivo. Todavia, também é possível encontrar fontes em bibliotecas, instituições culturais (por exemplo, o Gabinete Português de Leitura), ou mesmo na internet (por exemplo, Google Play). Com exceção da internet, que lhe permite coletar fontes no aconchego do seu lar, os demais locais normalmente requerem uma visita para realização da consulta nas dependências da instituição.

Tenha cuidado no manuseio das fontes para evitar que se estraguem. Nas coletas *in loco* convém levar, também, luvas e máscara descartáveis (veja, nas Figuras 5.1 e 5.2, como eu fiz a minha pesquisa de doutorado na Torre do Tombo, em Lisboa). Esses equipamentos protegem ambos, pesquisador e fonte, durante a manipulação. Por exemplo, as luvas impedem que o suor ou a gordura presente nas mãos vá parar nos documentos, o que pode deteriorá-los. Além disso, impede que as mãos entrem em contato com possíveis fungos e bactérias que possam estar sobre a folha. Alguns arquivos disponibilizam luvas e máscara para os pesquisadores, mas não tenha isso como norma e leve sempre os seus.

FIGURA 5.1   Coleta dados em um livro-razão

100 PARTE III Métodos de pesquisa

FIGURA 5.2 Coleta de dados

Contudo, se você não faz ideia de onde encontrar fontes para o seu TCC, não entre em desespero. O melhor, nessa situação, é começar a procurar pelas fontes que outros autores já utilizaram. Assim, vale a pena verificar as referências ou mesmo as notas de rodapé das obras que compõem a sua revisão de literatura. Lá, certamente, você encontrará informações detalhadas sobre cada uma das fontes, bem como o local onde encontrá-las. A Figura 5.3 mostra o exemplo das referências citadas por Souza.[17]

FIGURA 5.3 Parte das referências citadas por Souza

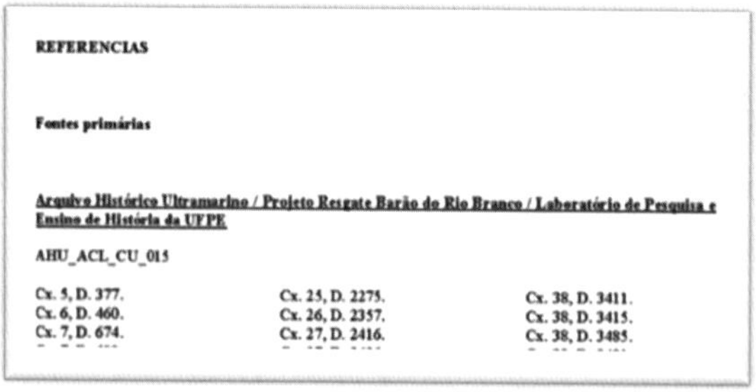

> **REFERÊNCIAS**
>
> **Fontes primárias**
>
> **Arquivo Histórico Ultramarino / Projeto Resgate Barão do Rio Branco / Laboratório de Pesquisa e Ensino de História da UFPE**
> AHU_ACL_CU_015
>
> Cx. 5, D. 377.   Cx. 25, D. 2275.   Cx. 38, D. 3411.
> Cx. 6, D. 460.   Cx. 26, D. 2357.   Cx. 38, D. 3415.
> Cx. 7, D. 674.   Cx. 27, D. 2416.   Cx. 38, D. 3485.

Fonte: SOUZA, 2012, p. 221.

Perceba que a seção Referências inicia pela citação das fontes primárias. As primeiras a serem referenciadas foram encontradas no Arquivo Histórico Ultramarino e fazem parte do acervo do Projeto Resgate Barão do Rio Branco, no Laboratório de Pesquisa e Ensino de História da Universidade Federal de Pernambuco. O código que aparece a seguir (AHU_ACL_CU_015) faz parte da cota (ou endereço) do documento naquele arquivo. O termo AHU identifica o nome do arquivo, ou seja, Arquivo Histórico Ultramarino; ACL, Administração Central; CU, Conselho Ultramarino,

---

[17] SOUZA, G. F. C. *Tratos & mofatras*: o grupo mercantil do Recife colonial. Recife: Ed. Universitária da UFPE, 2012.

nome do Fundo ao qual pertence o documento. A numeração 015 significa que os documentos referenciados pertencem à capitania de Pernambuco. A cota termina por identificar dois outros detalhes sobre o documento: inicia pela indicação da caixa na qual se encontra o documento e, na sequência, apresenta o número que identifica o documento (Cx. 5, D. 377). De posse de todos esses códigos é possível consultar o catálogo do arquivo e saber, por exemplo, que esse documento é uma consulta feita pelo Conselho Ultramarino ao rei D. João IV, em 2 de junho de 1649, a respeito do requerimento de João de Mendonça, morador em Pernambuco. Portanto, não se esqueça de anotar todos esses códigos durante a coleta de dados para que você consiga também fazer citações em seu TCC como Souza as fez.

Você pode fazer coleta de dados on-line pelos seguintes sites:

Biblioteca Nacional do Rio de Janeiro   Biblioteca Nacional de Portugal

Biblioteca Brasiliana Guita e José Mindlin   Google Play

Hathi Trust's digital library   Centro de Memória Digital da UNB

John Carter Brown Library   Site para pesquisa de legislação período colonial

Câmara dos Deputados – para legislação do período imperial do Brasil

102 **PARTE III** Métodos de pesquisa

Para finalizar os comentários sobre a fase de coleta, é preciso falarmos da necessidade de "informatizar" a pesquisa histórica.[18] Foi isso mesmo que você leu! Sem fazer uso de, pelo menos, uma boa planilha de Excel, a sua vida vai ser bem difícil. Há muita coisa para anotar e, sobretudo, analisar depois: conteúdo do documento e sua página, cota do documento, nome do acervo ou do fundo documental, nome do arquivo. Além de servir de repositório, a planilha deve também permitir filtros e cruzamentos de dados, procedimentos importantes nas fases seguintes do método histórico.

Por essa razão é que muitos historiadores criam suas próprias bases de dados ou utilizam as que existem no mercado. Os que optam pela primeira saída têm utilizado pacotes comerciais, como o Microsoft Access e o Filemaker, no desenvolvimento do banco de dados. Em termos de bases de dados já prontas, o Time Link/MHK, desenvolvido pelo Professor Joaquim Carvalho, da Universidade de Coimbra (Portugal), é uma boa opção. Antes mesmo de sair por aí coletando dados, vale a pena pensar sobre esse assunto e, principalmente, definir exatamente o seu objeto de análise. Vamos à segunda fase?

5.2.2 Segunda fase: interpretação crítica

Uma vez que as fontes da pesquisa estejam reunidas e classificadas, é preciso checar a validade do material recolhido. Procede-se, então, à crítica interna das fontes, ou seja, à compreensão e interpretação de seu conteúdo. E por que precisamos fazer isso? É que as "fontes não são tão precisas nem tão objetivas" quanto costumamos supor.[19]

Na crítica interna, é preciso capturar o sentido do que é dito, isto é, o que o autor do documento diz de maneira literal, assim como o que ele queria dizer. Na busca do sentido literal, é preciso ter bastante cuidado, por exemplo, com os vocábulos que são utilizados. Por vezes, um documento traz um termo que julgamos conhecer, mas é provável que o sentido associado ao termo no passado não seja o mesmo que na atualidade. Caso o pesquisador interprete um termo do passado da forma como ele é empregado no presente estará incorrendo em anacronismo, o mais imperdoável dos pecados que um historiador pode cometer. Portanto, é preciso analisar o passado considerando os conceitos e valores válidos na época do estudo.

---

[18] GIL, T. *Como se faz um banco de dados (em História).* Porto Alegre: Ladeira, 2015.
[19] BURKE, 2012, p. 65.

Capítulo 5 Pesquisa histórica   103

Silva, por exemplo, estudou o sistema contábil da Companhia Geral de Pernambuco e Paraíba, empresa que detinha o monopólio de comércio e navegação no nordeste brasileiro em meados do século XVIII.[20] Segundo a autora, é fácil identificar nos relatórios produzidos pela contadoria da empresa o uso do termo "despesas com a marinha". Para explicar direitinho o sentido daquele termo naquela empresa, vou incorrer em anacronismo, pois usarei termos na minha explicação que não existiam na época. Ao contrário da conotação que existe atualmente para o termo despesa, aquela rubrica não servia para registro dos decréscimos nos benefícios econômicos resultantes das operações com a atividade de navegação. Pelo contrário, seria uma espécie de conta transitória utilizada para registro de um evento relacionado à frota de navios ainda em andamento, tal como no caso em que um material tenha saído do armazém para uso no conserto de navios da companhia, mas que se desconhece, no momento da saída do material, em qual navio ele será utilizado. Assim que o estaleiro prestava contas da utilização dos materiais, indicando os gastos diretamente efetuados com cada navio, a conta era encerrada. A identificação desse detalhe somente foi possível porque a autora reconstruiu os três primeiros anos de registros contabilísticos da empresa com o objetivo de compreender o sentido empregue na época para cada termo contábil. A execução do procedimento de reconstrução justifica-se pela necessidade de crítica interna.

Uma alternativa na busca do sentido literal é a consulta a lexicógrafos. A Biblioteca Brasiliana Guita e José Mindlin, da Universidade de São Paulo, dispõe de três obras (Raphael Bluteau, 1728; Antônio de Moraes Silva, 1789; Luiz Maria da Silva Pinto, 1832) em seu acervo digital que cobrem o período entre os séculos XVIII e XIX.

Como nem só letras aparecem em documentos históricos, também os números devem ser objeto de crítica interna. Isso significa checar o somatório dos valores contidos em um documento, buscar os documentos que dão suporte aos itens relatados e refazer os cálculos que deram origem a determinados itens constantes nos documentos. Todos esses procedimentos parecem familiares a você? Pois é, nesse ponto, faz-se algo similar ao que é feito em uma auditoria, tendo sempre o mesmo objetivo, ou seja, testar a exatidão do reporte.

---

[20] SILVA, A. V. *Closing doors (1780-1813)*: the liquidation process at General Company of Pernambuco and Paraíba. 2016. 330 f. Tese (Doutorado em Ciências) – Faculdade de Economia, Administração e Contabilidade, Universidade de São Paulo, São Paulo, 2016.

104 **PARTE III** Métodos de pesquisa

Na busca pelo sentido do que se gostaria de dizer, por outro lado, é preciso questionar a relação do autor do documento com o acontecimento narrado por ele. Estaria esse indivíduo qualificado para produzir o tal documento, da maneira como o fez? Digamos que estamos analisando um documento que reporta elementos contábeis e seus supostos valores. Assim sendo, devemos nos questionar se o autor do documento conhecia os dados, no sentido de que participou da sua produção, ou simplesmente os copiou de outros documentos sem comprovar a sua autenticidade. O pesquisador deve verificar, de certo modo, a sinceridade do autor da fonte. Uma das formas de fazê-lo seria pelo confronto de diversos testemunhos, ou seja, pela **triangulação das fontes**.

A triangulação tem por objetivo aumentar a confiabilidade do pesquisador a respeito das informações coletadas. Você certamente já ouviu falar em confirmação externa nas aulas de auditoria, não foi? Pois é, a pesquisa histórica requer um procedimento similar ao da auditoria. Quer saber como? Olha só, apesar de ter como objeto de estudo a Companhia Geral de Pernambuco e Paraíba, Silva triangulou informações constantes nos livros contábeis da empresa com documentos emitidos por terceiros (governo da capitania de Pernambuco, por exemplo) para verificar se ambos descreviam uma situação da forma semelhante.[21] O confronto de livros contábeis principais e auxiliares também desponta como procedimento válido para verificar a acurácia e consequente fiabilidade da informação contábil. Apesar de cada livro contábil oferecer uma perspectiva diferente a respeito de um mesmo evento, os elementos basilares deste (data, conta devedora, conta credora e valor) não devem se alterar de um livro para outro.

Após a identificação do sentido literal do que foi dito e do que os documentos gostariam de dizer, segue-se rumo à terceira fase, a fase de interpretação histórica.

5.2.3 Terceira fase: interpretação histórica

Chegou a hora da escrita histórica propriamente dita. Após coleta e crítica das fontes, é preciso desenvolver uma explicação para o evento em estudo e responder a pergunta de pesquisa. Essa explicação deve clarificar argumentos que mais bem exprimem o evento histórico em análise, bem como relacioná-los com a teoria escolhida como suporte da pesquisa. Vale lembrar que bons argumentos, por sua vez,

---

[21] SILVA, 2016.

Capítulo 5 Pesquisa histórica 105

são aqueles que têm por base a maior quantidade possível de evidências e o menor número de suposições.

A comparação ocupa um lugar central da explicação histórica. Graças a comparações é que podemos ver o que não havia e entender a significação de determinada ausência.[22] Ficou difícil? Uma situação prática sobre o conceito de depreciação pode ajudar a compreender o tal significado da ausência. Vamos supor que, no dia de hoje, você decidiu analisar a situação da frota de navios da Companhia de Pernambuco e Paraíba por meio dos balanços publicados entre 1763 e 1775. Ao fazê-lo, você observa que o valor atribuído a cada um dos navios permanece inalterado em todos os balanços.[23] Portanto, você certamente concluiria que:

- aquele sistema contábil desconhecia o conceito de depreciação;
- por consequência, o valor total dos ativos, evidenciados pelos demonstrativos, estaria superavaliado;
- assim sendo, a qualidade da informação vinculada nos balanços é ruim.

Mas sabe a razão para tantas conclusões e de maneira tão rápida? É que você conhece o conceito de depreciação de antemão. Ao examinar os balanços, a sua mente compara a informação coletada com os conceitos que você conhece e o alerta de que algo está ausente naqueles demonstrativos. Entendeu agora a tal significação da ausência? Que ótimo! Vamos em frente.

Antes de avançarmos mais um pouco, é preciso ressaltar o perigo que se esconde nas comparações que envolvem situações no passado e conceitos no presente e um equívoco que cometemos nas nossas "conclusões" sobre o valor monetário dos navios Companhia de Pernambuco e Paraíba. Nesse tipo de comparação, o risco é aceitar, ainda que sem perceber, a premissa de que as coisas "evoluem" e, portanto, produzir afirmações anacrônicas, como a terceira conclusão sobre o sistema contábil da Companhia de Pernambuco e Paraíba, citada anteriormente. Ora, o conceito de depreciação poderia ser desconhecido na época, o que justifica a sua não utilização e torna impróprio o julgamento de valor (bom-ruim ou certo-errado). Cabe ainda destacar que a primeira conclusão pode ser considerada, em certa medida, precipitada, tendo por lastro tão somente os balanços publicados da empresa, sendo necessária a inclusão de outras evidências mais robustas, como livros sobre contabilidade que eram disponíveis na época e local em análise.

---

[22] BURKE, 2012.
[23] SILVA, 2016.

106 **PARTE III** Métodos de pesquisa

O ponto crítico da comparação histórica é, sem dúvida, a decisão sobre "o que" e "com o que" comparar. Além da comparação entre itens distantes uns dos outros no tempo e no espaço (exemplo, o conceito de depreciação no século XVIII e no XXI), também é possível a comparação entre "vizinhos" (por exemplo, a prática da Companhia com livros contábeis da época).

Em relação ao "como" comparar, deve-se descrever e explicar semelhanças e diferenças entre os itens analisados, ressaltando os fatores contextuais. Isso posto, convém ressaltar dois outros riscos das comparações: **superficialidade** e **etnocentrismo**. O primeiro é mais comum em comparações de itens que apresentam muitas diferenças entre si. A saída para evitar o risco da superficialidade é reduzir cada item a um pequeno conjunto de características para promover uma comparação mais substancial. O risco do etnocentrismo existe nas comparações entre, por exemplo, duas sociedades, uma das quais é considerada norma e a outra é avaliada à luz dos referenciais da primeira. O resultado é que a sociedade, alvo da análise, acaba por ser compreendida como algo inferior.

Não pense que esse risco passa longe da contabilidade. O comportamento etnocentrista, por vezes, manifesta-se na contabilidade antes mesmo de a pesquisa propriamente dita começar. Digamos que encontramos livros de um engenho do início do século XVIII, que não utilizavam a partida dobrada. Ora, se classificarmos a prática contábil desse engenho, *a priori*, como "ruim" pelo simples fato de não utilizar o método da partida dobrada, que foi publicado em livro quase dois séculos antes, incorreremos em comportamento etnocêntrico. Um método ou técnica qualquer pode ser considerado "ruim" por ineficácia ou ineficiência, mas não pelo fato de existir no mercado algo mais "moderno" disponível.

A explicação de eventos históricos também pode ser construída por meio da utilização de dados quantitativos. Oliveira, em sua análise sobre a Companhia das Vinhas do Alto do Douro, entre 1756 e 1826, conseguiu comprovar a prática de alisamento de resultados ao expurgar do lucro algumas rubricas contábeis lançadas de forma esporádica.[24] Segundo o autor, o alisamento era utilizado pelos gestores da empresa como estratégia de manutenção de seus postos diretivos e ainda reduzia a possibilidade de exame minucioso das contas de sua atuação por parte dos acionistas, uma vez que garantia a recepção de dividendos anualmente homogêneos.

---

[24] OLIVEIRA, J. M. P. S. A *Contabilidade e o equilíbrio de interesses*: o caso da Companhia Geral da Agricultura das Vinhas do Alto Douro (1756-1826). 2013. 327 f. Tese (Doutorado em Ciências Empresariais) – Faculdade de Economia, Universidade do Porto, Porto, 2013.

Capítulo 5 Pesquisa histórica 107

Várias cartas trocadas entre os gestores serviram como evidências para as afirmações de Oliveira sobre a intencionalidade da prática de alisamento de resultados. A atenção que se deve dispensar no uso de dados quantitativos recai sobre a questão da perenidade do item em análise (lucro, preço, seja o que for). Faz-se necessário verificar se o item não sofre, com o passar do tempo, alteração em sua forma ou significado. Caso contrário, acaba-se por comparar banana com maçã.

Por fim, vale a pena ter atenção para o uso de termos ao longo da escrita da narrativa história. Nunca é demais repetir que um estudo histórico deve reconhecer e preservar a identidade própria do passado, garantindo-lhe sua autonomia em relação ao presente. Para tanto, sua narrativa histórica deve fazer uso dos vocábulos próprios da época, deixando claro seu sentido e ressaltando similaridades ou diferenças em relação aos conceitos atuais, a fim de evitar que o leitor tenha uma interpretação equivocada.

Para contar um pouco mais sobre como é utilizar o método histórico, a seguir você encontra o relato de dois graduandos: o Francisco e a Cilene. Esse relato aborda o primeiro contato deles com a pesquisa histórica e como eles a desenvolveram. Então, senta que lá vem história!

5.3 A HISTÓRIA DE UM TCC

Desde o início, a nossa ideia foi pesquisar sobre o profissional de Contabilidade. Tínhamos interesse em descobrir mais sobre a profissão na qual iríamos nos formar. No primeiro momento, o nosso objetivo era pesquisar o perfil desse profissional na atualidade, sua relevância para a sociedade e tudo mais. Porém, sempre que apresentávamos essa ideia aos professores, encontrávamos uma resistência quanto ao objetivo. Alguma coisa não batia!

Um belo dia, conversamos com uma professora sobre o tema dos profissionais contábeis. Ela, por sua vez, nos convidou a pensar no tema de uma maneira diferente e começou a contar como era exercer a atividade contábil antes de sua regulamentação. Nessa conversa apareceram vários termos, como guarda-livros e caixeiros. Para este último, logo imaginamos aqueles homens que andavam de porta a porta fazendo vendas. Esse primeiro diálogo nos despertou o interesse em descobrir mais sobre essas pessoas. A professora, que então já tinha virado orientadora, indicou um artigo que nos serviu de base para buscarmos outros relacionados ao assunto. Após essas leituras, percebemos que havíamos encontrado o caminho para nossa

PARTE III   Métodos de pesquisa

pesquisa, deixando de ser da atualidade para ser pesquisa histórica, com suas relevâncias para a sociedade da época.

A primeira experiência com a leitura dos artigos foi perceber que o guarda-livros não era o único praticante responsável pela contabilidade nas empresas, como pensávamos antes de iniciar a pesquisa. Havia também os chamados caixeiros. Uma das coisas que nos impactou bastante foi o ingresso na atividade caixeiral. Alguns praticantes começavam na lida muito cedo, por volta dos oito anos de idade, fato que, hoje, a legislação vigente proíbe. Outro ponto importante foi o fato de os caixeiros não terem um horário definido de trabalho. Em muitos casos, eles eram comparados a escravos, morando com o patrão, pois assim ficariam à sua disposição à medida que ele precisasse.

Uma situação vivida pelos caixeiros naquela época, não encontrada hoje, é que, em muitos casos, trabalhavam pelo teto e pela comida, não chegavam a receber um ordenado. Apesar de toda essa desvalorização do praticante, existia uma grande valorização dos seus serviços, sendo considerados pelos patrões indispensáveis ao giro dos negócios.

Em paralelo com a leitura dos artigos, começamos a fazer a coleta de dados para a realização da pesquisa. Utilizamos o site da Hemeroteca Digital da Biblioteca Nacional (Rio de Janeiro), que dispunha de uma série de jornais do século XIX, os quais permitem a coleta de informações de dados (anúncios de oferta e procura de trabalho). Esse mesmo acervo também havia sido utilizado por alguns dos autores do nosso referencial. Utilizamos os jornais porque, nessa época, eles eram o veículo de comunicação mais usado, sendo o meio mais eficaz para a propagação de informações, segundo a bibliografia levantada. Ressaltamos aqui a grandeza do acervo da hemeroteca, pois disponibiliza aos pesquisadores um rico material e de fácil acesso, possibilitando o levantamento por região ou por espaço temporal.

Para coletarmos as informações, fizemos a busca inicialmente pelos termos "caixeiro" e "guarda-livros". Entretanto, percebemos, por meio da leitura dos jornais, a necessidade de pesquisar de maneira diferente, pois encontramos, por exemplo, o termo caixeiro sem o i, "caxeiro". Com isso, a pesquisa foi feita com os três termos no título ou no corpo do anúncio. As informações extraídas dos anúncios foram lançadas em uma planilha Excel, distribuídas pelo nome do jornal, edição/página, descrição dos anúncios, destacando as características pessoais e competências que eram nosso objeto de análise, a fim de facilitar na hora da análise desses dados. A coleta de dados é um trabalho árduo para o pesquisador, pois requer muita dedicação, atenção e doação de tempo.

Os anúncios coletados partiam tanto dos empregadores quanto dos praticantes. Esse detalhe foi de extrema importância no momento da análise dos dados, uma vez que, durante a coleta, não tínhamos consciência de que existia um método de análise para a pesquisa histórica que estávamos realizando, que só foi observado mais à frente com as indicações da nossa orientadora. Ou seja, antes mesmo de termos consciência do método, já estávamos utilizando-o em nossa pesquisa.

Por ser nosso primeiro trabalho científico, a crítica e a análise dos dados foram as partes mais difíceis. Depois dos dados coletados, nos perguntávamos: e agora, o que devemos fazer? Então, seguindo as orientações da professora, fizemos tabelas para que pudéssemos visualizar melhor as informações, o que nos permitiu classificar tanto as características e competências solicitadas pelos empregadores para a contratação quanto as informações fornecidas pelos praticantes ou "aspirantes" a praticantes, quanto à procura de emprego. Assim, tivemos que quantificar e qualificar as informações rotuladas como "oferta" e "procura", obtendo um resultado mais preciso.

À medida que os dados eram demonstrados nas tabelas e conseguíamos interpretá-los, percebíamos que alguns dos nossos achados se assemelhavam com outras pesquisas realizadas em outros estados para a mesma época. Isso nos dava um sentimento de satisfação de "quase cientistas". Alguns achados nos deixavam com dúvidas; por exemplo, o porquê da grande quantidade de crianças no mercado de trabalho e a baixa procura por praticantes que soubessem ler e escrever. Partimos então para uma busca em artigos que retratavam o contexto social da época que estávamos pesquisando, com o objetivo de responder essas nossas indagações.

Ao fazermos uma comparação dos resultados das tabelas, pudemos enxergar que, mesmo quando os achados encontrados não eram explícitos, conseguíamos identificá-los por analogias; por exemplo, nos casos das informações sobre os anúncios que não indicavam diretamente a idade, mas sim um termo. E, ainda, comparar e avaliar os dados de duas tabelas para encontrar um terceiro resultado. Outro cuidado que tivemos foi deixar as informações encontradas o mais claras possível, destacando as que tivessem maior relevância, sempre com o cuidado de construir o texto de forma a não deixar o leitor perdido.

O método empregue nos permitiu uma avaliação quantitativa e qualitativa, permitindo-nos rastrear, classificar, comparar e avaliar o objeto de estudo. Vale ressaltar que iniciamos a pesquisa com quase dois anos de antecedência da entrega. Apesar de parecer um prazo longo, percebemos que foi significativo para o resultado obtido: nota máxima! A pesquisa contribuiu de maneira significativa para a nossa vida profissional, tornando-nos mais críticos tanto na leitura quanto na escrita.

Francisco Patrik Carvalho Gomes e Cilene Vieira Silva

Para você que leu este capítulo, temos estas sugestões de leitura:

CARMONA, S.; EZZAMEL, M.; GUTIÉRREZ, F. Accounting history research: traditional and new accounting history perspectives. DE COMPUTIS. *Spanish Journal of Accounting History*, n. 1, p. 24-53, 2004.

GIL, T. *Como se faz um banco de dados (em História)*. Porto Alegre: Ladeira livros, 2015.

6 Estudo de caso

João Paulo Resende de Lima

O estudo de caso é um método de pesquisa que visa analisar em profundidade um fenômeno social. A origem do método não é consenso entre os estudiosos. Segundo Martins,[1] o estudo de caso surgiu quando o grego Hipócrates, cerca de 460 a.C., reuniu 14 casos clínicos e, posteriormente, o método foi sendo aplicado a outras áreas, como as Ciências Sociais Aplicadas (Administração, Economia e Contabilidade). Para Ventura, há evidências de que o método foi originado na escola de Chicago a partir dos estudos antropológicos.[2]

Assim como sua origem, o método de estudo de caso apresenta diferentes abordagens e definições que variam de acordo com o autor escolhido como base para a pesquisa, sendo os dois principais autores Robert K. Yin[3] e Robert E. Stake.[4] No decorrer do capítulo serão apresentadas as duas abordagens, discutindo-se suas principais semelhanças e diferenças. Entretanto, o capítulo não visa esgotar a discussão sobre as diferenças e, apesar de apresentar as duas abordagens, aprofundará mais a linha seguida por Yin.

A decisão de "por quê" e "quando" fazer um estudo de caso está intimamente ligada à questão de pesquisa, assim como a decisão de utilizar outros métodos de pesquisa. De maneira geral, as questões de pesquisa que mais utilizam o estudo de caso são as pesquisas que visam responder "como?" e "por quê?". O estudo de caso é comumente usado em situações nas quais o pesquisador está examinando um fenômeno complexo com diversas dimensões ou quando analisa práticas reais de maneira detalhada e, também, em situações em que o contexto é de extrema importância para a compreensão do fenômeno.

---

[1] MARTINS, G. A. Estudo de caso: uma reflexão sobre a aplicabilidade em pesquisa no Brasil. *Revista de Contabilidade e Organizações*, v. 2, n. 2, p. 9-18, 2008.

[2] VENTURA, M. M. O estudo de caso como modalidade de pesquisa. *Revista SoCERJ*, v. 20, n. 5, p. 383-386, 2007.

[3] YIN, R. K. *Case study research*: design and methods. 5. ed. Los Angeles: Sage, 2014. A primeira edição do livro de Yin foi publicada em 1984.

[4] STAKE, R. E. *The art of case study research*. Los Angeles: Sage, 1995. A primeira edição do livro de Stake foi publicada em 1995.

112 **PARTE III** Métodos de pesquisa

Para Yin, o estudo de caso "é uma pesquisa empírica que investiga um fenômeno contemporâneo em profundidade e em seu contexto de vida real, especialmente quando os limites entre o fenômeno e o contexto não são claramente evidentes".[5] Dessa forma, Yin defende o uso do estudo de caso quando o pesquisador deseja entender um fenômeno em profundidade considerando a influência do contexto nesse fenômeno, podendo ser estudo de caso único (quando o pesquisador se atém a uma única unidade) ou múltiplo (quando o pesquisador analisa múltiplas unidades).

As diferenças entre o estudo de caso único e o estudo de casos múltiplos vai além do número de unidades analisadas. Segundo Yin, há cinco fundamentos que justificam o uso de um estudo de caso único:[6]

1. o caso escolhido é um caso crítico;

2. o caso representa uma situação extrema ou peculiar;

3. o caso é representativo;

4. o caso é revelador;

5. o caso é longitudinal – realizado em dois ou mais pontos de tempo.

Já o estudo de casos múltiplos tem sua justificativa ligada diretamente à lógica da replicação, ou seja, os casos devem ser selecionados de modo que o pesquisador possa predizer resultados similares (replicação literal) ou que os casos gerem resultados contrastantes já esperados pela teoria (replicação teórica).

Yin afirma, ainda, que existem três modalidades de estudo de caso:[7]

1. estudos de caso explanatórios (ou causais);

2. estudos de caso descritivos;

3. estudos de caso exploratórios.

As definições dessas modalidades de estudo de caso são apresentadas no Quadro 6.1.

---

[5] YIN, 2014.

[6] YIN, 2014.

[7] YIN, 2014.

QUADRO 6.1 Tipos de estudo de caso segundo Yin

Tipo de caso	Definição
Explanatório ou causal	Esse estudo de caso visa não só descrever ou explorar determinado assunto, mas explicá-lo. Sua finalidade é encontrar resultados generalizáveis a outras realidades.
Descritivo e exploratório	Essas modalidades do estudo de caso visam descrever, de maneira detalhada, determinado fenômeno. A principal diferença entre as modalidades consiste no quanto já se sabe sobre aquele fenômeno na literatura existente.

Fonte: adaptado de YIN, 2014.

Stake afirma que um estudo de caso visa capturar toda a complexidade de um único caso.[8] Dessa forma, o estudo de caso como método de pesquisa é a análise das particularidades e complexidades de um caso. Para Stake,[9] existem três tipos de estudos de caso:

1. estudo de caso intrínseco;
2. estudo de caso instrumental;
3. estudo de caso coletivo.

Vamos detalhar cada um deles.

O **estudo de caso intrínseco** é a situação em que precisamos aprender algo sobre um determinado caso para solucionar um problema. Portanto, não temos uma pergunta de pesquisa específica, mas sim uma situação. Por exemplo, uma professora tem um estudante com muita dificuldade de aprendizagem e busca entender e solucionar essa dificuldade.

Já o **estudo de caso instrumental** parte de uma questão de pesquisa e da necessidade de um entendimento mais generalizado que pode ser gerado a partir de um *insight* de um único caso.

Por fim, Stake[10] afirma que, em alguns casos, **são necessários diferentes estudos de casos instrumentais que abordem a mesma questão em** diversas unidades de análise ou estudos de casos complementares e que, juntos, formem um **estudo de**

---

[8] STAKE, 1995.

[9] STAKE, 1995.

[10] STAKE, 1995.

caso coletivo. As principais características de cada uma dessas modalidades de caso são resumidas na Figura 6.1.

FIGURA 6.1 Modalidades de caso segundo Stake

Fonte: STAKE, 1995.

Podemos observar que as diferenças entre as abordagens de Yin e Stake iniciam já na definição do que é um caso e estendem-se às classificações e definições dos tipos de caso, **à forma** como selecionar um caso e ao uso da teoria na construção do caso. De maneira geral, as diferenças entre os autores são fundamentalmente filosóficas e relacionam-se à visão de como o conhecimento é construído (epistemologia) e à noção de realidade (ontologia).

Ficou curioso? Para uma compreensão mais aprofundada sobre as diferenças entre os autores, sugere-se a leitura do artigo "Critiquing approaches to case study design for a constructivist inquiry" de Jane Appleton:

6.1 PLANEJANDO UM ESTUDO DE CASO

Como toda boa pesquisa, o estudo de caso exige que o pesquisador se prepare e faça um planejamento adequado para que sua questão de pesquisa seja respondida de maneira satisfatória. Para a realização de um bom estudo de caso, Yin afirma que o pesquisador precisa ter algumas habilidades específicas, mas afirma que a falta de alguma habilidade é remediável, pois pode ser desenvolvida com o tempo e com a experiência.[11]

- Para desenvolver um bom estudo de caso, o pesquisador precisa ser capaz de formular boas questões e interpretar as respostas, não apenas reproduzi-las;
- Ser um bom ouvinte e ser capaz de reconhecer e controlar suas próprias ideologias e vieses;
- Ser adaptável e flexível para saber lidar com situações não planejadas e vê-las como oportunidades e não como ameaças;
- Ter boa noção do assunto que está sendo estudado, pois isso reduz a proporções administráveis os eventos relevantes e as informações a serem buscadas;
- Ser imparcial sobre suas ideologias – pessoais ou teóricas –, ser sensível e responsivo a qualquer evidência que possa contrapor suas proposições teóricas ou pessoais.

E aí, você se encontrou nessa descrição? Se sim, ótimo! No entanto, se isso ainda não aconteceu, mas você quer fazer um estudo de caso, não desista e se desafie a desenvolver essas habilidades!

Ainda no planejamento da pesquisa, Yin coloca alguns pontos importantes a serem observados, dos quais dois podem ser destacados:[12]

1. proteção dos sujeitos humanos;
2. protocolo da pesquisa.

Além dos dois passos destacados, outro ponto de extrema importância no planejamento de um estudo de caso é a escolha do caso e a negociação de acesso ao caso.

Quer ver um protocolo de pesquisa em Contabilidade?
Acesse a dissertação *Proposta de modelagem conceitual do Public Value Scorecard como instrumento integrado ao planejamento estratégico de um hospital universitário federal*, de Henrique Portulhak:

---
[11] YIN, 2014.
[12] YIN, 2014.

Recomendamos também a dissertação *Indicadores sociais no processo orçamentário do setor público municipal de saúde: um estudo de caso*, de Patricia Siqueira Varela:

Como toda pesquisa que envolve pessoas, é importante pensar nos riscos a todos os envolvidos – pesquisadores e participantes do estudo de caso –, pois a pesquisa pode causar algum constrangimento ou mal-estar. Assim, o pesquisador precisa ter cuidado e muita responsabilidade na condução do estudo de caso. Yin enfatiza quatro pontos a serem observados nesse aspecto:[13]

1. obter o **consentimento informado** de todos os participantes de maneira formal;
2. **proteger** os participantes de qualquer dano, evitando o uso de qualquer dissimulação no estudo;
3. proteger a **privacidade e confidencialidade** dos participantes, para não colocá-los em situações indesejáveis;
4. tomar **precauções especiais** quando o estudo de caso envolve **grupos essencialmente vulneráveis**, como pessoas menores de idade.

Recomenda-se, ainda, a submissão do projeto de pesquisa à Comissão de Ética da universidade com a qual o pesquisador tenha vínculo.

O protocolo do estudo de caso contém tanto o instrumento a ser utilizado na pesquisa como os métodos para analisar os dados e evidências construídas ao decorrer da pesquisa. Os principais objetivos do protocolo são orientar o pesquisador durante o trabalho de campo e ajudar a aumentar a confiabilidade do estudo. De acordo com Yin,[14] o protocolo de pesquisa deve ter quatro seções:

1. **visão geral do projeto:** apresentando o objetivo do estudo, principais leituras relativas ao estudo, hipóteses e proposições;
2. **procedimento do campo:** apresentação do caso e dos locais referentes ao caso, principais fontes de dados e evidências, linguagem a ser utilizada;
3. **questões do estudo de caso:** questões específicas que o pesquisador deve ter em mente durante a coleta de dados e potenciais fontes de dados para responder tais questões;

---
[13] YIN, 2014.
[14] YIN, 2014.

4. **guia para o relatório do estudo de caso:** esboço, formato para os dados, uso e apresentação de outras documentações e informações bibliográficas.

Por fim, no planejamento do estudo de caso, é preciso pensar na escolha do caso (ou dos casos, se a pesquisa for um estudo de casos múltiplos). Em algumas situações, a escolha do caso é muito simples, pois a unidade de análise é o local de trabalho do pesquisador. Entretanto, em outras situações, é preciso pensar e refletir sobre a escolha. Ao escolher a unidade de análise, é sempre importante pensar se a unidade escolhida tem potencial suficiente para responder a questão da pesquisa de maneira satisfatória e se o acesso ao caso será possível. Uma diferença importante entre a unidade de análise e o caso em si é que o caso não necessariamente será uma pessoa ou uma empresa; poderá ser, também, sobre tomada de decisões, processo de implantação de algum método de custeio na empresa etc.

Yin apresenta a possibilidade do estudo de caso piloto, que seria uma primeira tentativa de contato com o campo antes da execução da pesquisa propriamente dita.[15] Segundo Yin, o estudo de caso piloto pode auxiliar a refinar os planos de coleta de dados. Portanto, o caso piloto serve como um espaço formativo para o pesquisador e para a própria pesquisa. O autor chama a atenção para o fato de que o estudo de caso piloto deve ser realizado antes da submissão do projeto de pesquisa ao Comitê de Ética.

Já para Stake,[16] o planejamento de um bom estudo de caso pode ser avaliado por meio de quatro critérios:

1. comunicação;

2. conteúdo;

3. método;

4. possibilidade de realização do estudo.

Os dois primeiros critérios relacionam-se, principalmente, às propostas escritas submetidas às agências de financiamento, e avaliam a qualidade da escrita do projeto e do seu conteúdo. Já em relação ao método, são três pontos aos quais o pesquisador deve prestar atenção:

1. seleção do caso;

2. coleta de dados;

3. necessidade de validação/triangulação dos dados.

---

[15] YIN, 2014.

[16] STAKE, 1995.

118 **PARTE III** Métodos de pesquisa

Por fim, no último critério, o pesquisador deve observar três pontos:

1. acesso ao caso;
2. possível confidencialidade do caso e seus envolvidos;
3. custo para realização do caso.

Acerca do planejamento antes da entrada no campo, Stake[17] lista sete pontos para levar em consideração, que ajudam o processo como um todo:

1. definição do caso;
2. perguntas de pesquisa;
3. identificação da equipe de pesquisa;
4. fontes de dados;
5. alocação do tempo;
6. despesas envolvidas no processo;
7. desenvolvimento do relatório de pesquisa.

É possível observar que, independentemente do autor adotado, o planejamento é uma fase crítica ao desenvolvimento de um bom estudo de caso. Dessa maneira, é importante dedicar bastante tempo pensando sobre as possibilidades e caminhos a serem trilhados na pesquisa antes de entrar em campo para a construção de evidências e coleta de dados. Lembre-se de sempre considerar o plano A, o plano B e o plano C. Afinal, a vida se impõe na pesquisa.

6.2 CONSTRUINDO EVIDÊNCIAS E COLETANDO DADOS

O planejamento para a aplicação do método do estudo de caso requer agrupar o maior número possível de informações, principalmente relacionadas às questões e proposições orientadoras da pesquisa, por meio de diferentes fontes de levantamento de evidências, informações e dados.[18] Yin apresenta seis fontes principais.[19]

A primeira fonte de evidência destacada por Yin é a **documentação**, que consiste em informações documentais, as quais podem tomar diferentes formas, como cartas, memorandos, agendas, atas de reunião, propostas, relatórios, informações no sítio da internet etc. O principal uso dessa fonte de evidência é para corroborar

---

[17] STAKE, 1995.
[18] MARTINS, 2008.
[19] YIN, 2014.

outras fontes de evidência, podendo também servir para a verificação da correção ortográfica de nomes mencionados em conversas e entrevistas. As evidências encontradas em documentos podem ainda ser contraditórias a outras fontes e, nesse caso, deve-se investigar mais a fundo o problema.

A segunda fonte são os **registros em arquivos**, cada vez mais encontrados em formatos computadorizados. Eles podem ser de registro público, como os dados do censo. Dentre os possíveis formatos estão os registros de serviço que mostram os números de clientes atendidos, além de registros organizacionais como orçamentos, mapas e gráficos. A importância e o uso desses registros variam de acordo com o tipo de caso e com a questão de pesquisa, cabendo ao julgamento do pesquisador seu uso e importância.

A terceira fonte para construção de evidências é a **entrevista**, que consiste em uma conversa guiada pelo objetivo de pesquisa, mas não uma investigação engessada. Além da entrevista, a terceira fonte de evidências é a aplicação de questionários, técnica também conhecida como *survey*.

A quarta fonte de evidência listada por Yin é a **observação direta**, que cria a possibilidade de o pesquisador observar o fenômeno em seu ambiente natural. Para a construção de evidências por meio de observações, o pesquisador pode se dirigir ao campo com um roteiro de observações mais estruturado, usualmente chamado de rubrica, ou observar de maneira mais livre fazendo suas anotações no diário de campo. Diferentemente da observação direta, a **observação participante** permite que o pesquisador adote diversos papéis na situação da pesquisa, como um membro da equipe no ambiente organizacional.

Para saber mais detalhes sobre como construir uma rubrica para pesquisa observacional, consulte o artigo "Observação participante pesquisa em administração: uma postura antropológica" de Maurício Serva e Pedro Jaime Júnior:

120 **PARTE III** Métodos de pesquisa

A última fonte de evidência indicada por Yin refere-se aos **artefatos físicos**, que podem ser dispositivos tecnológicos, uma ferramenta, um instrumento, uma obra de arte, entre outros. Tais artefatos têm sido cada vez mais coletados e observados para a pesquisa, pois auxiliam a construir o contexto da pesquisa de maneira mais rica e, em algumas situações, constituem o problema de pesquisa.

Podemos observar que cada fonte de evidência tem suas próprias características e utilidades, bem como pontos fracos e pontos fortes únicos. Yin apresenta tais pontos fracos e fortes de maneira condensada, os quais podem ser observados no Quadro 6.2.

QUADRO 6.2 Seis fontes de evidências: pontos fortes e pontos fracos

Fonte de evidência	Pontos fortes	Pontos fracos
Documentação	Estável: pode ser revista diversas vezes	Recuperabilidade: pode ser difícil de encontrar
	Discreta: não foi criado especialmente para o estudo de caso	Seletividade parcial, se for incompleta
	Exata: contém nomes, referências e detalhes exatos de determinado evento	Parcialidade do relatório: reflete os vieses do autor
	Ampla cobertura: cobre longos períodos de tempo	Acesso: pode ser negado deliberadamente
Registros em arquivos	[Idem à documentação]	[Idem à documentação]
	Precisos e usualmente quantitativos	Acessibilidade restrita devido à privacidade
Entrevistas e questionários	Direcionadas: focam diretamente os tópicos do estudo de caso	Parcialidade em decorrência de questões mal articuladas
		Parcialidade da resposta
	Perceptíveis: fornecem inferências e explanações causais percebidas	Incorreções causadas pela falta de memória
		Reflexibilidade: o entrevistado dá ao entrevistador o que ele quer ouvir

continua

continuação

Fonte de evidência	Pontos fortes	Pontos fracos
Observação direta	Realidade: cobre eventos em tempo real	Consome muito tempo
		Seletividade: é muito difícil ter ampla cobertura sem uma grande equipe de observadores
	Contextual: cobre o contexto do caso	Reflexibilidade: evento pode prosseguir diferentemente porque está sendo observado
		Custo: horas necessárias pelos observadores humanos
Observação participante	[Idem aos anteriores para observações diretas]	[Idem aos anteriores para observações diretas]
	Discernível ao comportamento e aos motivos interpessoais	Parcialidade decorrente da manipulação dos eventos pelo observador participante
Artefatos físicos	Capacidade de percepção às características culturais	Seletividade
	Capacidade de percepção às operações técnicas	Disponibilidade

Fonte: YIN, 2014, p. 129.

Além de apresentar e discutir as seis fontes de evidências já mencionadas, Yin apresenta quatro princípios que, segundo ele, podem maximizar os benefícios das seis fontes. O primeiro princípio é o **uso de múltiplas fontes de evidência**, que permite ver o fenômeno de diferentes perspectivas, dando maior profundidade e riqueza ao estudo, além de proporcionar a possibilidade de **triangulação dos dados**.

Para garantir a confiabilidade e a validade dos achados da pesquisa com a aplicação do método do estudo de caso, indica-se a triangulação de informações, dados e evidências. O método tem como característica a combinação de coletas de dados primários e secundários, além de prever também a realização de observações no trabalho de campo.[20]

A triangulação dos dados permite que o pesquisador desenvolva linhas convergentes de investigação, aumentando o poder explicativo e de convencimento do argumento construído. Para realizar a triangulação dos dados é preciso que a análise

---

[20] EISENHARDT, K. M. Building theories from case of study research. *Academy of Management Review*, Stanford, v. 14, n. 4, p. 532-550, oct. 1989.

122 **PARTE III** Métodos de pesquisa

daquele fato seja baseada em múltiplas fontes de evidência ao mesmo tempo. Caso as evidências sejam analisadas de maneira separada e as conclusões dessas análises sejam comparadas, tal processo não configura a triangulação de fato.

O segundo princípio é a **construção de uma base de dados do estudo de caso**, que se refere à organização e documentação dos dados coletados e das evidências construídas em campo. A construção da base de dados utiliza, principalmente, quatro fontes/formatos:

1. as notas do pesquisador;
2. os documentos para o estudo de caso;
3. materiais tabulados;
4. as narrativas construídas pelo pesquisador que respondem às perguntas abertas contidas no protocolo de pesquisa.

O terceiro princípio proposto por Yin é **manter o encadeamento de evidências**. Segundo o autor, esse princípio visa permitir que o leitor siga a derivação das evidências até chegar à resposta da pergunta de pesquisa e construa suas próprias conclusões.

O último princípio é **cuidado exercido ao utilizar dados de fontes eletrônicas**, visto que hoje em dia quase todas as seis fontes de evidências podem ser utilizadas por meio da internet.

Acerca desse cuidado, Yin aponta três precauções:

1. estabelecer limites, ou seja, verificar quais são as prioridades e saber o que está buscando, visto que a internet é uma fonte de informações infindáveis;
2. checar se a fonte da informação é confiável;
3. cuidado ao utilizar dados de redes sociais, pois os dados nem sempre estão completos e, em alguns casos, necessitam de devida autorização para uso.

Ao contrário do proposto por Yin, Stake[21] afirma que não há momento exato para iniciar a coleta de dados e construção de evidências, pois tais processos começam antes mesmo da decisão de realizar o estudo de caso a partir da construção da história do pesquisador e da unidade de análise. Acerca das habilidades do pesquisador que desenvolverá o estudo de caso, na visão de Stake,[22] a principal

---

[21] STAKE, 1995.
[22] STAKE, 1995.

qualificação é a experiência, pois esta será seu guia no que observar e no que coletar de dados para responder à sua pergunta de pesquisa.

Especificamente sobre a entrada no caso, Stake[23] destaca que é de extrema importância ter sempre em mente a questão de pesquisa a ser respondida e que, se possível, o pesquisador faça um formulário que permita guardar suas anotações, mas que também traga as principais preocupações e pontos de atenção da coleta de dados. O primeiro passo para a entrada no campo de acordo com o autor é conseguir o acesso e a permissão para realização do estudo de caso. As permissões devem ser obtidas por escrito para fazer parte da documentação relativa à pesquisa.

Acerca das fontes de evidências, Stake[24] aponta quatro. A primeira fonte é a **observação**, que deve estar diretamente relacionada ao problema de pesquisa e deve ser registrada cuidadosamente para prover uma descrição incontestável do caso. É importante que o pesquisador mantenha o foco em alguns eventos ou categorias prévias, se mantenha sempre alerta ao contexto e como este pode influenciar o fenômeno estudado.

A segunda fonte de evidências é a **descrição de contextos**, para que o leitor do caso possa se sentir efetivamente envolvido com o caso. Para tal, Stake[25] sugere que o pesquisador observe e descreva os aspectos físicos do caso de maneira detalhada. Tal descrição pode ser realizada com o auxílio de um check-list. Em alguns casos, o contexto físico pode não ser tão importante como outros aspectos, como o estudo de um fenômeno relacionado às pessoas. Em uma situação na qual o fenômeno é relacionado às pessoas, os relacionamentos, familiares ou não, constituem um importante contexto relacionado ao caso.

A terceira fonte são as **entrevistas**, que funcionam como observação indireta, uma vez que as pessoas podem relatar suas observações ao longo do tempo na entrevista. É importante que, durante as entrevistas, o pesquisador consiga construir evidências baseadas em histórias e exemplos concretos, evitando perguntas que se resumam a responder sim/não. Para tal, deve ser preparado um guia de questões que auxilie o pesquisador nessa fase. Um ponto de extrema importância na realização das entrevistas é a capacidade que o pesquisador tem de entender o significado das histórias e falas dos entrevistados, ou seja, interpretar o fenômeno a partir da visão do entrevistado.

---

[23] STAKE, 1995.

[24] STAKE, 1995.

[25] STAKE, 1995.

124 PARTE III Métodos de pesquisa

A última fonte de evidências, segundo Stake,[26] é a **revisão documental**, que consiste na análise de documentos como relatórios, correspondências, atas de reuniões e demais informações.

Assim como Yin, Stake também sugere o processo de triangulação de evidências. Segundo Stake,[27] o processo de triangulação relaciona-se às questões de validação, ou seja, se a mensuração e interpretação dos fenômenos estudados foram realizadas corretamente. Para realizar a triangulação, na visão de Stake,[28] podem ser utilizados alguns protocolos/técnicas.

O primeiro protocolo é observar se o fenômeno se comporta da mesma maneira em diferentes situações, espaço e tempo, ou seja, ver se as interações entre os agentes mantêm-se constantes. O segundo protocolo consiste em pedir para outro pesquisador analisar as evidências e dados construídos e coletados por você, a fim de comparar as interpretações e conclusões. O terceiro protocolo é chamado de triangulação teórica, que consiste em discutir as evidências e dados com outros pesquisadores que adotam lentes teóricas diferentes da sua, para que assim sejam construídas explicações e interpretações alternativas às suas. O protocolo de triangulação mais utilizado, segundo Stake,[29] é a triangulação metodológica, que é o cruzamento das evidências construídas a partir de múltiplas fontes, por exemplo, entrevistar um participante sobre o fenômeno observado buscando corroborar as observações do pesquisador.

Como pode ser observado, a construção de evidências e coleta de dados para a realização de um estudo de caso pode ser feita de diversas maneiras. Embora os dois autores apresentem e discutam a importância de usar múltiplas fontes de evidências para a triangulação, um estudo de caso pode ser feito com uma única fonte de evidência, desde que esta responda a questão de pesquisa proposta. A escolha de qual ou quais fontes utilizar vai depender diretamente da questão de pesquisa e do acesso ao caso, além da escolha justificada do pesquisador. Por fim, destaca-se que é importante ter em mente que, para um bom estudo de caso, às vezes, serão necessárias diversas idas e vindas ao campo para a coleta de dados e evidências complementares.

---

[26] STAKE, 1995.

[27] STAKE, 1995.

[28] STAKE, 1995.

[29] STAKE, 1995.

6.3 ANALISANDO DADOS E INTERPRETANDO AS EVIDÊNCIAS

Após construir as evidências e coletar os dados para a realização do estudo de caso, é preciso analisar todo o material coletado e interpretar o fenômeno. Segundo Yin, ao contrário das outras etapas de realização do estudo de caso, a análise ainda é a parte mais carente de desenvolvimento e sistematização. Assim, o autor propõe quatro estratégias gerais para a análise dos dados e evidências.

A primeira estratégia é buscar suporte nas **proposições teóricas** que deram origem e forma ao projeto de pesquisa, auxiliando a dar mais atenção a alguns dados e menos atenção a outros. As proposições teóricas ajudam, ainda, a definir explanações alternativas a serem consideradas.

A segunda estratégia é o desenvolvimento da **descrição do caso**, que serve como uma alternativa quando existem dificuldades que impeçam o uso das proposições teóricas. A descrição do caso envolve a construção de uma estrutura lógica que pode ser pensada antes mesmo de ir a campo e, assim como as proposições teóricas, deve ter respaldo da revisão de literatura sobre aquele tema.

A terceira estratégia é o **uso de dados quantitativos e qualitativos**. De acordo com Yin, os dados quantitativos podem ser submetidos a análises estatísticas para complementar o entendimento dos dados e evidências qualitativas. Yin ainda destaca que, além das habilidades requeridas para a realização de um bom estudo de caso, o pesquisador deve ter domínio de técnicas estatísticas.

A quarta e última estratégia proposta por Yin é **pensar sobre explanações rivais**. Esta pode ser utilizada como estratégia complementar às três anteriores: no desenvolvimento das proposições teóricas, o pesquisador pode desenvolver e declarar proposições rivais; as perspectivas de diferentes agentes envolvidos no caso estudado podem gerar diferentes estruturas descritivas rivais; a análise de dados quantitativos pode cobrir a análise de condições rivais.

Stake[30] traz duas possibilidades de análise: a **interpretação direta e individual** do fenômeno e a **interpretação por agregação**. A interpretação direta e individual do fenômeno consiste em analisar o fenômeno buscando padrões e explicações. A interpretação por agregação também busca construir padrões, porém ocorre quando o pesquisador percebe que aquela informação que ele tem não faz sentido sozinha. Dessa forma, pode usar outras informações para complementar as que já tem e construir sua interpretação. Esse processo assemelha-se grandemente ao processo

---

[30] STAKE, 1995.

126 PARTE III Métodos de pesquisa

de bricolagem, no qual você vai construindo a sua interpretação ao "colar" diversas informações juntas.

6.4 CRITÉRIOS DE QUALIDADE DE UM ESTUDO DE CASO

Inicialmente, é preciso entender o que constitui um bom estudo de caso e quais critérios são mais relevantes. Para trabalhar a qualidade de um estudo de caso, é preciso, primeiro, identificar a abordagem que está sendo adotada, visto que os quesitos de qualidade variam de acordo com o autor adotado. Para Yin, há quatro critérios a serem observados: validade do construto, validade interna, validade externa e confiabilidade. Os três primeiros quesitos se relacionam à validade do trabalho, enquanto o último se relaciona à confiabilidade.

A validade, em termos gerais, analisa se o instrumento proposto mede aquilo que se propõe a medir. Dessa forma, analisar a validade de um instrumento visa responder: "Será que se está medindo o que se crê que deve ser medido?".[31]

Diante disso, a validade do construto serve para verificar se as definições operacionais estão medindo o que se propõe e pode ser definida pela pergunta: em que medida o construto de um conceito social de fato reflete seu verdadeiro significado teórico?[32]

Segundo Yin,[33] para garantir a validade do construto, o pesquisador deve observar dois passos:

- definir a mudança estudada em termos de conceitos específicos e relacioná-los ao objetivo do estudo;
- identificar medidas operacionais que correspondam aos conceitos, principalmente em estudos anteriores já publicados em fontes de boa reputação.

A validade interna, por sua vez, refere-se ao poder explanatório dos seus resultados. Dessa maneira, nos estudos de caso, essa validade é um fator-chave, principalmente nos estudos de caso explanatórios, em virtude da tentativa de estabelecer relação causal.

A última validade a ser observada é a validade externa e refere-se à possibilidade de generalização das explicações dadas ao fenômeno do estudo de caso. Yin[34]

---

[31] MARTINS, G. A.; THEÓPHILO, C. R. *Metodologia da investigação científica para ciências sociais aplicadas.* São Paulo: Atlas, 2007. p. 16.

[32] MARTINS; THEÓPHILO, 2007, p. 17.

[33] YIN, 2014.

[34] YIN, 2014.

exemplifica tal problema com o caso de um bairro estudado e questiona: Os resultados encontrados no estudo de caso do bairro A são aplicáveis a qualquer outro bairro? Essa questão é uma das maiores críticas realizadas aos estudos qualitativos de maneira geral – incluindo os estudos de caso –, pois os estudos quantitativos chegam mais perto da generalização. Contudo, é preciso levar em conta que os estudos quantitativos chegam perto da generalização estatística, enquanto os estudos qualitativos contam com a generalização teórica (ou analítica).

Por fim, para avaliar a qualidade de um estudo de caso, é preciso observar sua confiabilidade. O objetivo principal da confiabilidade é minimizar os erros e parcialidades do estudo. Assim, se um pesquisador seguir os mesmos passos descritos por outro pesquisador em um primeiro caso e conduzir o mesmo estudo, deve chegar a resultados e conclusões semelhantes. Para alcançar a confiabilidade, é de extrema importância que toda a documentação dos procedimentos do estudo esteja disponível e em um nível de detalhamento alto.

Com o intuito de avaliar os procedimentos adotados na construção do estudo de caso, Einsenhardt propõe algumas perguntas que auxiliam o pesquisador na validação do método, a saber:[35]

- Os investigadores seguiram um procedimento analítico minucioso, conforme estabelecido na teoria?
- As evidências fornecidas pelos investigados apoiam a teoria?
- Os investigados possuem explicações para as evidências?

Einsenhardt[36] enfatiza que as evidências e resultados identificados no estudo devem estar alinhados ao objeto investigado e relatar informações que confirmem, ou não, a teoria estudada, propiciando ao leitor a própria avaliação do fenômeno investigado.

Yin[37] propõe algumas táticas para que o pesquisador possa atestar a qualidade de seu estudo de caso e relaciona tais táticas com as diferentes fases da pesquisa. As táticas propostas por Yin são apresentadas no Quadro 6.3.

---

[35] EINSENHARDT, 1989.
[36] EINSENHARDT, 1989.
[37] YIN, 2014.

128 **PARTE III** Métodos de pesquisa

QUADRO 6.3 Táticas de estudo de caso para quatro testes de projetos

Testes de caso	Tática do estudo	Fase da pesquisa na qual a tática ocorre
Validade do constructo	Usa de múltiplas fontes de evidências	Coleta de dados
	Estabelece encadeamento de evidências	Coleta de dados
	Tem informantes-chave para a revisão do rascunho do relatório do estudo de caso	Redação
Validade interna	Realiza a combinação de padrão	Análise de dados
	Realiza a construção da explanação	Análise de dados
	Aborda as explanações rivais	Análise de dados
	Usa modelos lógicos	Análise de dados
Validade externa	Usa a teoria nos estudos de caso	Projeto de pesquisa
	Usa a lógica da replicação nos estudos de caso múltiplos	Projeto de pesquisa
Confiabilidade	Usa o protocolo do estudo de caso	Coleta de dados
	Desenvolve uma base de dados de estudos de caso	Coleta de dados

Fonte: YIN, 2014, p. 64.

Visto que o Quadro 6.3 se aplica exclusivamente aos estudos de caso que seguem a abordagem proposta por Yin,[38] pesquisadores de diversos lugares do mundo e de diferentes áreas desenvolveram outras formas de avaliar um estudo de caso. No cenário brasileiro, Marques, Camacho e Alcântara desenvolveram uma rubrica com 15 itens que auxiliam a análise da qualidade dos trabalhos e tomam como base critérios de qualidade propostos por diversos autores.[39] A rubrica construída pelos autores é apresentada no Quadro 6.4.

---

[38] YIN, 2014.

[39] MARQUES, K. C. M.; CAMACHO, R. R.; ALCANTARA, C. C. V. Avaliação do rigor metodológico de estudos de caso em contabilidade gerencial publicados em periódicos no Brasil. *Revista Contabilidade & Finanças*, v. 26, n. 67, p. 27-42, 2015.

Capítulo 6 Estudo de caso 129

QUADRO 6.4 Quesitos de qualidade

Categoria		Quesitos
Quanto ao objeto de estudo	1	O estudo busca entender um fenômeno em seu contexto real? (explicação da necessidade de se proceder ao estudo de caso para investigar o fenômeno proposto, não sendo possível por meio de outras estratégias)
	2	Foi explicado o porquê da escolha por essa estratégia? (testar teorias, construir teorias, descrever fenômeno, explorar fenômeno etc.)
	3	Existe ligação entre o fenômeno e o contexto em alguma etapa da pesquisa? (necessidade de entendimento do fenômeno naquele contexto)
	4	Qual o tipo de questão levantada na pesquisa? (como, por quê, o quê)
	5	Qual o tipo de estudo de caso? (exploratórios, descritivos, explanatórios etc.)
	6	O caso analisado é representativo para o objetivo do trabalho? (apresenta justificativas para a escolha do caso único ou dos casos múltiplos)
Quanto à coleta de dados e construção de evidências	7	Existem múltiplas fontes de evidência? (entrevistas, observação, exame de documentos, dentre outras, com objetivo de possibilitar a triangulação)
	8	Existe a triangulação entre as fontes de evidências? (características de confiabilidade)
	9	Foram evidenciadas, quando necessário, medidas operacionais para as variáveis analisadas? (validade de constructo)
	10	Existe explicação sobre a forma de coleta de dados, como as etapas seguidas, quando aconteceram, onde aconteceram, com quem e de que forma? (características de confiabilidade)
	11	Existe algum relato ou indício a respeito do protocolo de pesquisa? (possibilidade de replicação de coleta de dados)
Quanto à análise dos dados	12	Existe explicação sobre como as análises foram feitas? (validade interna) Os resultados refletem os dados? Ou os resultados das análises estão amparados por modelos lógicos de desenvolvimento dos argumentos?
	13	Houve uso de teoria (caso único) ou de replicação (casos múltiplos) para embasar as análises, quando de estudo dedutivo? (características de validade externa)

continua

130 **PARTE III** Métodos de pesquisa

continuação

Categoria		Quesitos
Quanto aos resultados	14	Foram relatadas contribuições na geração do conhecimento em relação aos estudos anteriores?
	15	O estudo alerta para pontos que ainda precisam de continuação na investigação?

Fonte: MARQUES; CAMACHO; ALCÂNTARA, 2015.

Para Stake,[40] conforme discutido anteriormente, a qualidade da execução do estudo de caso relaciona-se diretamente ao método (seleção do caso, coleta de dados e necessidade de validação/triangulação dos dados) e à possibilidade de execução do caso (acesso ao caso, possível confidencialidade do caso e seus envolvidos, e custo para realização do caso).

Como observado no decorrer do capítulo, tanto Yin quanto Stake propõem alguns passos essenciais para a realização de um bom estudo de caso, ainda que apresentem critérios diferentes. Diante disso, é possível afirmar que um bom estudo de caso pode ser definido, de maneira geral, como aquele que observou os princípios éticos e foi realizado da melhor maneira possível, com seriedade e esforço.

6.5 RELATO DE PESQUISAS E DICAS

Vamos a um relato de pesquisa? Neste tópico, retrataremos a experiência de uma pesquisadora que já acumula uma trajetória: a professora Márcia Maria Santos Bortolocci Espejo, da UFMS.[41] Márcia relata que suas primeiras experiências mais profundas e com maior conhecimento sobre a metodologia de estudo de caso ocorreram quando já estava atuando como orientadora de pós-graduação em um programa de mestrado em Ciências Contábeis. Seu primeiro trabalho de orientação foi a dissertação de *Proposta de modelagem conceitual do Public Value Scorecard como instrumento integrado ao planejamento estratégico de um hospital universitário federal*, desenvolvida pelo pesquisador Henrique Portulhak, hoje professor na UFPR.

---

[40] STAKE, 1995.

[41] O relato de pesquisa e as dicas aqui apresentadas foram obtidas em entrevista com a Profª. Drª. Márcia Maria dos Santos Bortolocci Espejo durante sua participação na aula de métodos qualitativos na FEA-USP realizada no dia 26/06/2018 e gravada com a devida autorização da professora; em entrevista com a Profª. Drª. Elisabeth de Oliveira Vendramin durante entrevista concedida no dia 10/12/2018.

A escolha da unidade de análise, segundo ela, ocorreu principalmente por dois fatores: a **adesão da unidade ao projeto de pesquisa** e a **possibilidade de acesso** decorrente de o pesquisador trabalhar na unidade analisada na pesquisa. Segundo a professora, o fato de o pesquisador trabalhar na unidade analisada facilitava muito, pois possibilitava retornar a campo várias vezes: "O próprio envolvimento dele, as pessoas que ele conhecia para entrevistar, os documentos que a gente tinha disponíveis para analisar". Essa fala mostra a importância do acesso e corrobora com Yin,[42] que afirma que às vezes a escolha do caso é muito simples.

A respeito da **escolha do caso** e **negociação de acesso**, a professora relata outra experiência. Na construção do artigo "Não deu certo por quê? Uma aplicação empírica da extensão do modelo de Burns e Scapens no âmbito da implementação de um departamento de controladoria", em parceria com Neusa Sawczuk von Eggert, Márcia ficou sabendo de uma experiência interessante acerca da controladoria da empresa na qual um de seus alunos de especialização trabalhava e achou um caso interessante, tendo a possibilidade de acesso por meio de uma possível parceria com esse estudante. Inicialmente, o interesse no caso era discutir outro assunto relacionado à controladoria. Contudo, ao obter mais informações sobre o caso, viu que seria mais interessante analisar outros aspectos.

Em seu relato, Márcia nos conta que, após o artigo pronto e submetido à revista, ela e sua coautora voltaram a campo a pedido de um dos avaliadores para obter mais evidências e dados sobre o caso, mostrando a importância do acesso e das diversas idas e vindas ao campo. Ela destaca, ainda, que apesar de ter obtido sucesso nessas experiências com o Henrique e com a Neusa, a negociação de acesso ao caso pode ser complicada e constituir uma das principais dificuldades relacionadas ao método. Outra **dificuldade** relacionada ao método é a alta demanda de tempo para a realização de um bom estudo de caso e o preconceito que alguns pesquisadores ainda têm acerca do método.

Dentre as dicas, a professora destaca a importância de dar o máximo de detalhes possíveis sobre o caso. Quanto maior o nível de detalhamento, maior será a contribuição daquele trabalho, a confiabilidade dele e a possibilidade de aplicação daqueles resultados em outros contextos. Como cuidado final, ao escolher um estudo de caso, único ou múltiplo, é preciso atentar-se ao objetivo de pesquisa, que é o ponto que deve nortear a pesquisa como um todo.

---

[42] YIN, 2014.

Vamos a um segundo relato? A professora Elisabeth de Oliveira Vendramin, também da UFMS, teve sua primeira experiência com a utilização da metodologia de pesquisa do estudo de caso no momento em que estava desenvolvendo sua tese de doutorado.

Tenha em mente que, em sua tese, a professora Elisabeth fez um "estudo de caso" sobre a utilização de "casos de ensino". Estudo de caso (método de pesquisa) e caso de ensino (método de ensino) são coisas diferentes!

A pesquisa em questão trata de um caso único no qual se observou a utilização de uma determinada metodologia ativa no ensino de conceitos contábeis. Segundo Elisabeth relatou, "é desafiador utilizar uma nova metodologia de pesquisa, a qual não se tem domínio. O pesquisador pode colocar o estudo em xeque caso não tenha bem claro seu papel e posicionamento durante a construção dos dados".

Tal dificuldade se multiplica quando é utilizada a observação *in loco*. Na referida experiência, a observação se deu durante aulas de cursos de graduação. Tanto alunos quanto professores se mostraram curiosos com relação ao comportamento da pesquisadora. Tal situação foi vencida com o passar do tempo. Alunos e professores passaram a agir com naturalidade, à medida que se acostumavam com a presença da pesquisadora.

Para que o pesquisador consiga lograr êxito em seu estudo de caso, a professora Beth, para os íntimos, recomenda que ele faça uma leitura atenta sobre o estudo de caso enquanto método de pesquisa, converse com outros pesquisadores já experientes no uso do método e participe de disciplinas, *workshops* e demais eventos que busquem trazer um *link* entre a teoria e a prática do método. Além disso, é extremamente necessário que o pesquisador tenha conhecimento do fenômeno que está observando, o estado da arte das pesquisas sobre o assunto e as prováveis teorias que explicam tal fenômeno. Esse conhecimento prévio permite que o pesquisador não deixe passar despercebidas situações relevantes no contexto do caso e possa fazer adaptações no plano inicial dos procedimentos adotados quando em campo.

Quer saber mais sobre a pesquisa da professora Elisabeth Vendramin? Leia sua tese *Criando caso:* análise do método do caso como estratégia pedagógica no ensino superior da contabilidade.

7 Pesquisa de arquivo

Verônica de Fátima Santana

O termo em inglês *archival research* se refere à pesquisa feita a partir de arquivos que foram coletados e são armazenados por terceiros. Esse tipo de dados, também conhecidos como dados secundários, é o mais comum na pesquisa da área de negócios, principalmente em Economia, Contabilidade e Finanças.

É importante diferenciar a pesquisa de arquivo abordada neste capítulo do tipo de pesquisa comumente chamada de documental. Na pesquisa documental, a análise é feita com base em documentos produzidos por terceiros. Esses documentos, porém, são de naturezas e formatos diversos (por exemplo, relatórios de administração, notas explicativas em demonstrações financeiras, boletins do Banco Central ou até mesmo pesquisas anteriores) e o tratamento dado a eles é, geralmente, exploratório e/ou qualitativo, cabendo ao pesquisador a organização e sistematização, quando necessário, desses documentos. O tipo de pesquisa apresentado aqui lida com dados de terceiros que já foram sistematizados e para os quais será dado um tratamento quantitativo. Mais detalhes serão discutidos no próximo tópico deste mesmo capítulo.

Se sua pesquisa envolve a análise de demonstrações financeiras publicadas pelas empresas, ela é uma pesquisa de arquivo, já que as demonstrações financeiras foram elaboradas pelas empresas e armazenadas em suas páginas na internet, nas páginas da Bolsa de Valores (B3) ou da Comissão de Valores Mobiliários (CVM).

Se você deseja analisar questionários de satisfação de empregados ou de clientes que tenham sido feitos pela empresa ou por algum órgão privado ou governamental, sua pesquisa também será de arquivo, já que esses questionários também foram construídos por terceiros. O mesmo se aplica se sua pesquisa envolve o histórico do Produto Interno Bruto (PIB) ou da taxa de juros básica da economia de algum país ou de vários países.

Por outro lado, se você analisará as notas explicativas de empresas de um setor, digamos do setor de energia elétrica, e avaliará a qualidade da divulgação com

Capítulo 7 Pesquisa de arquivo 135

relação aos impactos no meio ambiente, será uma pesquisa documental. Você faz uma pesquisa documental, também, analisando os relatórios anuais de um conjunto de empresas para tentar compreender, por exemplo, como as mulheres estão representadas em fotos, fatos e números. É o que foi feito no artigo "Keeping up gendered appearances: representations of gender in financial annual reports", de Yvonne Benschop e Hanne E. Meihuizen.[1]

Vejamos o relato de Deborah Borges Vieira, sobre o TCC que desenvolveu a respeito da evasão no curso de Ciências Contábeis da Universidade Federal de Uberlândia. Veja que ela escolhe o tema e o reexamina ao correr da sua trajetória, adaptando a ideia às suas condições de desenvolvê-la.

Nos primeiros meses de aula, já ouvimos falar do tão "assustador" TCC (Trabalho de Conclusão de Curso) e, empolgada, iniciei a minha busca por temas com os quais eu simpatizava. Se não me engano, no quinto período, tivemos a matéria de "Metodologia de Pesquisa Científica" com o professor Vidigal. Nessa matéria, pude perceber as dificuldades que encontraria para interpretar as regras da ABNT. Além disso, foi quando me senti mais pressionada a escolher o meu tema. Nesse período da faculdade entrei em crise existencial: não tinha certeza se estava no curso certo, não tinha simpatizado com muitas matérias, cheguei a pensar em desistir do curso e tentar outro. No entanto, optei por não desistir e busquei afinidade com o curso em outros meios.

Antes mesmo de iniciar essa matéria de Metodologia, já reparava que muitos da minha turma haviam desistido ou estavam desmotivados com o curso. Eu não era diferente, como já mencionei, quis evadir. E isso, de certa forma, me chamou a atenção! Então, comecei a querer tratar do assunto de ensino dentro da faculdade de Ciências Contábeis.

Definindo minha afinidade pelo tema de ensino, fui em busca de um orientador que tivesse a mesma linha de pesquisa para me ajudar. Por simpatia e amizade, procurei o professor Gilberto, para saber se ainda tinha vaga para um orientando de TCC e também saber se o tema lhe interessava. Felizmente, ele tinha vaga e se interessava pelo tema.

No mesmo dia em que fechamos o tratado de Orientador e Orientando, trocamos ideias a respeito do tema. Minha primeira intenção era falar sobre a metodologia de ensino das matérias do curso, mas meu orientador veio com outra proposta: levantar dados a respeito das evasões nos últimos 20 anos do

---

[1] BENSCHOP, Y.; MEIHUIZEN, H. E. Keeping up gendered appearances: representations of gender in financial annual reports. *Accounting, Organizations and Society*, v. 27, n. 7, p. 611-636, 2002.

curso de Ciências Contábeis e suas possíveis causas. À primeira vista, parecia bem legal e fiquei empolgada com a pesquisa. O professor Gilberto disponibilizou dados da faculdade e muitos artigos, livros e pesquisas voltadas para o tema de ensino e evasão. Eu teria que ler e fazer uma análise bibliográfica e uma pesquisa de campo, ou seja, teria que entrar em contato com os ex-alunos que evadiram do curso de Ciências Contábeis nos últimos 20 anos e fazer perguntas que me ajudassem a mapear as maiores causas de evasão.

Entretanto, o meu tempo era muito escasso: trabalhava das 8h às 18h e estudava das 19h às 22h30, dependia de ônibus. Enfim, não estava obtendo sucesso em minha pesquisa e isso começou a gerar grande estresse e crises emocionais. Não consegui entrar em contato com nenhum ex-aluno. Quase não conseguia me reunir com meu professor para lhe mostrar os meus poucos progressos e receber novas orientações.

Em decorrência disso, meu orientador resolveu simplificar a pesquisa, tirando os questionários, e torná-la uma pesquisa documental, tendo como base apenas os artigos e outros materiais de pesquisa para encontrarmos as causas mais citadas de evasão e os dados do curso obtidos junto à coordenação. Contudo, eu teria de calcular o número de evadidos por década na Faculdade de Ciências Contábeis da UFU.

Com a mudança no processo, tivemos mais sucesso na execução do trabalho. Li e reli muitos artigos que me interessaram e que traziam explicações que se encaixavam com meu propósito. Com o auxílio do meu orientador, criamos planilhas para calcular o número de evadidos nas duas últimas décadas e, assim, levantamos os dados necessários para a pesquisa: integrantes e evadidos do período de 1994 a 2013, gênero, curso anterior e posterior à Contabilidade, semestre da evasão e classificação no vestibular.

Na elaboração dos resultados foi quando pude perceber a importância da minha pesquisa; até aquele momento, eu não conseguia perceber os benefícios e a utilidade do assunto no mundo da Contabilidade. Ao mensurar as evasões e os possíveis motivos, vi a possibilidade de disponibilizar material para auxiliar a universidade a encontrar meios de melhorar o ensino na Faculdade de Ciências Contábeis, tornando-a mais atrativa e proveitosa aos novos ingressantes e, principalmente, àqueles que resolvem ficar.

Hoje eu confio que nossa pesquisa trouxe benefícios à universidade e espero que, por meio dela, melhorias possam surgir e novas pesquisas sejam incentivadas. Com esse artigo, fiquei em 8º lugar no Prêmio Excelência Acadêmica da FUCAPE. O trabalho também foi aprovado no Congresso UFSC de Contabilidade, do qual pude participar e fazer uma apresentação em Florianópolis. Sinto-me realizada e feliz com a escolha que fiz e com o trabalho que realizamos.

Deborah Borges Vieira

Essa pesquisa é considerada pesquisa de arquivo porque tem como base de dados as informações organizadas pela instituição, com outra finalidade. No entanto, essas informações, organizadas de outra maneira, permitem concluir sobre alguns fatores que têm influência na evasão. Veja a conclusão da pesquisa de Deborah:

> Verificou-se que muitos alunos (42%) que evadiram do curso de Ciências Contábeis fizeram outros cursos, posteriormente, na UFU, podendo essa porcentagem aumentar, pois os outros alunos que evadiram podem ter realizado novos cursos em outras IES. Entre os 42% dos alunos que retornaram para cursos na UFU, 11% voltaram a cursar Contábeis; desses, 87% voltaram a cursar Ciências Contábeis no turno noturno, o que sugere que há necessidade de conciliar horários do aluno para que este trabalhe e estude.[2]

Com sua pesquisa, Deborah oferece relações importantes que podem ajudar essa instituição e outras com o mesmo perfil a estruturar ações para reduzir a evasão. Oferece, também, possibilidades de pesquisas futuras sobre o tema. Já está se animando a fazer pesquisa de arquivo? Precisamos ainda lhe dar mais algumas informações sobre esse tipo de pesquisa.

7.1 ABORDAGEM DE PESQUISA

Pesquisas de arquivo costumam ser pesquisas empíricas. O que é uma pesquisa empírica? Suponha que você deseje investigar se as ações das empresas que divulgam maiores lucros têm retornos maiores. A sua hipótese (pressuposto), portanto, é que maiores lucros geram maiores retornos em ações. Com isso em mente, você observará as cifras reportadas por um grupo de empresas e seus respectivos retornos no mercado de ações. Analisando esses dados de forma adequada, você, então, buscará evidências contra essa hipótese. Se todas as hipóteses alternativas possíveis forem refutadas, você conclui que os preços das ações das empresas que reportam lucros aumentam. Observe que esse exemplo de pesquisa segue o seguinte roteiro apresentado na Figura 7.1.

---

[2] VIEIRA, D. B.; MIRANDA, G. J. O perfil da evasão no curso de ciências contábeis da Universidade Federal de Uberlândia: ingressantes entre 1994 a 2013. *In*: CONGRESSO UFSC DE CONTROLADORIA E FINANÇAS, 6, 2015, Florianópolis. *Anais* [...]. Florianópolis: UFSC, 2015. p. 16.

FIGURA 7.1 Roteiro seguido na pesquisa empírica

Fonte: elaborada pela autora.

Quando o pesquisador observa os dados e os analisa de forma sistemática buscando responder à sua questão de pesquisa, esta é uma pesquisa empírica. Repare que o termo "observa" é muito importante: ele implica que o pesquisador não se envolve com os dados nem os altera de nenhuma forma, apenas os observa de modo imparcial. Essa é uma das características da pesquisa de epistemologia positivista e pós-positivista, que tem natureza marcadamente quantitativa, tanto em termos dos dados quanto em termos do método de pesquisa.

É importante notar também que, para uma pesquisa ser empírica, ela não precisa necessariamente ser feita a partir de dados de arquivo, nem tampouco toda pesquisa com dados de arquivo deve ser empírica. É possível, por exemplo, fazer

Capítulo 7 Pesquisa de arquivo   139

uma análise crítica do Relatório da Administração das empresas listadas na Bolsa de Valores ou dos Boletins do Banco Central, sendo ambos os dados produzidos e armazenados por terceiros.

Pesquisas de arquivo costumam ser pesquisas quantitativas. Vamos supor o exemplo citado no início deste tópico. Nessa pesquisa, sua análise provavelmente começará calculando a correlação entre a variação dos preços das ações e os lucros divulgados. O tratamento matemático e estatístico aplicado aos dados da pesquisa faz com que ela se encaixe na abordagem de pesquisa quantitativa.

Entretanto, isso também não é uma regra: a pesquisa de arquivo não precisa ser quantitativa. A pesquisa documental, mencionada no tópico anterior, é um dos exemplos de pesquisas qualitativas com dados de arquivo. Se você tem o objetivo de analisar o tom do discurso dos Relatórios de Administração publicados por empresas brasileiras, por exemplo, você estará entrando no âmbito da pesquisa documental. Os trabalhos de Lopes e Beuren,[3] que analisaram os elementos de inovação dos Relatórios de Administração, e de Campos e Rover,[4] que analisaram o papel da OCPC 07 nas notas explicativas das demonstrações financeiras de um grupo de empresas brasileiras, são também exemplos de pesquisa documental. Ressaltamos que a pesquisa quantitativa não precisa, necessariamente, usar dados de arquivo. É possível, igualmente, desenvolver pesquisas quantitativas usando dados gerados em simulações.

7.2 PLANEJANDO A COLETA DE DADOS

Uma vez definido o tema de pesquisa e feita a revisão da literatura, qual o próximo passo? A coleta de dados! Mas, antes de ir direto ao computador ou ao terminal da base de dados, você precisa ter tudo organizado. É possível, inclusive, que o seu acesso à base de dados seja limitado. Então, se esse for o caso, é preciso se planejar para fazer o melhor uso do tempo de acesso disponível.

---

[3] LOPES, I. F.; BEUREN, I. M. Evidenciação da inovação no relatório da administração: uma análise na perspectiva da Lei do Bem (Lei n. 11.196/2005). *Perspectivas em Gestão & Conhecimento*, v. 6, n. 1, p. 109-127, 2016.

[4] CAMPOS, M. C.; ROVER, S. Comparação das notas explicativas de 2013 e 2014 de empresas do novo mercado em decorrência da OCPC 07. *In*: CONGRESSO ANPCONT, X, 2016, Ribeirão Preto. *Anais* [...]. Ribeirão Preto: ANPCONT, 2016.

Sugerimos as seguintes bases de dados para pesquisa. Algumas dessas bases são comerciais. Então, lembre-se sempre de verificar se a instituição na qual você estuda tem acesso ou mantém convênios e parcerias.

Dados financeiros e de mercado:
- Economatica
- Comdinheiro
- Capital IQ
- Datastream
- Eikon
- Bloomberg
- Yahoo! Finanças

Dados de empresas:
- B3
- GetDFPdata

Dados econômicos:
- Ipeadata
- Banco Central do Brasil
- Banco Mundial

Existem diversas bases de dados para a coleta de dados secundários em pesquisas na área de negócios. Diversas dessas bases são comerciais, isto é, as universidades precisam pagar uma quantia, quase sempre alta, para manter as bases de dados disponíveis para pesquisa.

Talvez a mais conhecida e mais usada no Brasil seja a Economatica. A Economatica possui dados sobre as empresas e sobre a economia dos países da América, com algumas restrições. Além da Economatica, a ferramenta Comdinheiro também é uma boa fonte de dados sobre empresas brasileiras. As pesquisas em contabilidade e administração financeira fazem bastante uso dessas duas bases de dados.

Outras bases de dados bastante utilizadas por pesquisadores dessa área do Brasil e do exterior são a Capital IQ, da Standard & Poor's, a Datastream e a Eikon, ambas da Thomson Reuters, e a Bloomberg. A grande vantagem dessas bases de dados, em relação à Economatica, é que possuem dados sobre países em todo o mundo.

Existem algumas alternativas às bases de dados comerciais no Brasil. Para dados econômicos, boas fontes são o Ipeadata[5] e o Banco Central do Brasil.[6]

Para dados de empresas, a B3 disponibiliza, em sua página, o acesso livre às demonstrações financeiras das empresas listadas,[7] tornando fácil obter informações sobre uma empresa específica. Um exemplo é mostrado na Figura 7.2. Além disso, a página do acervo histórico da B3 contém diversos dados históricos, como os boletins dos primórdios do mercado de ações no país.[8]

FIGURA 7.2 Exemplo de dados disponíveis na B3

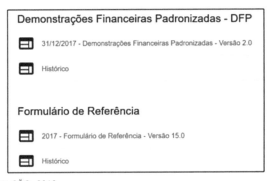

Fonte: BRASIL BOLSA BALCÃO, 2019.

No entanto, se você precisa de informação contábil de várias empresas por vários períodos, a coleta manual na B3 será trabalhosa ou até mesmo inviável. Uma alternativa para essa situação é a plataforma GetDFPdata,[9] desenvolvida por pesquisadores brasileiros para a coleta estruturada de dados da B3.

Para dados internacionais, o Banco Mundial tem uma base de dados aberta, com grande quantidade de variáveis, para grande gama de países.[10] Existem dados de desenvolvimento econômico e social, educação, negócios, governança etc. Um exemplo para a coleta de variáveis da base de World Development Indicators é mostrado na Figura 7.3, que evidencia que é possível selecionar os países desejados, as variáveis e o período.

---

[5] IPEADATA. Disponível em: http://ipeadata.gov.br/Default.aspx. Acesso em: 14 jun. 2019.
[6] BANCO CENTRAL DO BRASIL. Disponível em: http://www.bcb.gov.br. Acesso em: 14 jun. 2019.
[7] BRASIL BOLSA BALCÃO. *Empresas listadas*. Disponível em: http://www.b3.com.br/pt_br/produtos-e-servicos/negociacao/renda-variavel/empresas-listadas.htm. Acesso em: 14 jun. 2019.
[8] BMF&BOVESPA. *Acervo digital*. Disponível em: http://www.acervobmfbovespa.com.br. Acesso em: 14 jun. 2019.
[9] GETDFPDATA. Disponível em: http://www.msperlin.com/shiny/GetDFPData/. Acesso em: 14 jun. 2019.
[10] THE WORLD BANK. *Data bank*. Disponível em: http://databank.worldbank.org/data/home.aspx. Acesso em: 14 jun. 2019.

FIGURA 7.3 Exemplo de uma base de dados do Banco Mundial

Fonte: THE WORLD BANK, 2019.

O artigo de Vieira e Veríssimo intitulado "Crescimento econômico em economias emergentes selecionadas, Brasil, Rússia, Índia, China (BRIC) e África do Sul" usa dados de nível país coletados na base de dados do Banco Mundial.[11] É também um exemplo de estudo empírico e quantitativo. Os autores explicam que o objetivo do trabalho é analisar os determinantes do crescimento econômico nos países estudados. Para tanto, eles coletaram dados macroeconômicos desses países para o período de 1980 a 2005 e aplicaram um conjunto de técnicas econométricas para responder à questão de pesquisa.

Se você precisa trabalhar com dados de cotações de ações e índices de ações, uma boa fonte de dados é a página do Yahoo! Finanças,[12] da qual é possível baixar dados em CSV (*comma separated values*, formato compatível com a planilha de

---

[11] VIEIRA, F. V.; VERÍSSIMO, M. P. Crescimento econômico em economias emergentes selecionadas: Brasil, Rússia, Índia, China (BRIC) e África do Sul. *Economia e Sociedade*, v. 18, n. 3, p. 513-546, 2009.
[12] YAHOO! FINANÇAS. Disponível em: https://br.financas.yahoo.com/lookup. Acesso em: 14 jun. 2019.

cálculo Excel). A Figura 7.4 mostra o exemplo da busca de dados históricos do índice Bovespa, mostrando a opção de fazer o *download*.

FIGURA 7.4 Exemplo de busca pelo Índice Bovespa no Yahoo! Finanças

Fonte: YAHOO! FINANÇAS.

Além dessas páginas, alguns pesquisadores e grupos de pesquisa do Brasil e do exterior mantêm páginas na internet com dados que foram coletados e/ou trabalhados por eles. Um exemplo internacional é a página de Keneth French. Como exemplos brasileiros temos as páginas do Centro de Estudos Quantitativos em Economia e Finanças, da Fundação Getúlio Vargas, do Núcleo de Estudos em Finanças, da Universidade de São Paulo e do Instituto Assaf, mantida pelo professor Alexandre Assaf Neto.

> O artigo de Bollen, Mao e Zeng, intitulado "Twitter mood predicts the stock market", investiga se o estado de espírito coletivo (medido pelo conteúdo de publicações no Twitter) pode prever o comportamento do índice Dow Jones Industry Average (DJIA) nos Estados Unidos.[13] Os autores explicam que a série de tempo diária dos valores de fechamento do DJIA é coletada a partir do Yahoo! Finanças.

O Quadro 7.1 mostra um resumo das bases de dados discutidas até agora.

---

[13] BOLLEN, J.; MAO, H.; ZENG, X.. Twitter mood predicts the stock market. *Journal of Computational Science*, v. 2, n. 1, p. 1-8, 2011.

144 **PARTE III** Métodos de pesquisa

QUADRO 7.1 Exemplos de bases de dados

Base de dados	Tipo	Tipos de dados	Abrangência	Site
Economatica	Comercial	Contábeis/ Financeiros/ Macroeconômicos	América	
Comdinheiro	Comercial	Contábeis/ Financeiros/ Macroeconômicos	Brasil	
Capital IQ	Comercial	Contábeis/ Financeiros/ Macroeconômicos	Mundo	
Datastream	Comercial	Contábeis/ Financeiros/ Macroeconômicos	Mundo	
Eikon	Comercial	Contábeis/ Financeiros/ Macroeconômicos	Mundo	
Bloomberg	Comercial	Contábeis/ Financeiros/ Macroeconômicos	Mundo	
Ipeadata	Livre	Macroeconômicos	Brasil	
Banco Central do Brasil	Livre	Macroeconômicos	Brasil	
B3	Livre	Contábeis/ Financeiros	Brasil	

continua

continuação

Base de dados	Tipo	Tipos de dados	Abrangência	Site
Acervo B3	Livre	Históricos	Brasil	
GetDFPData	Livre	Contábeis	Brasil	
Banco Mundial	Livre	Macroeconômicos	Mundo	
Yahoo! Finanças	Livre	Financeiros	Mundo	
Keneth R. French	Livre	Financeiros	Estados Unidos/ Mundo	
CEQEF-FGV	Livre	Financeiros	Brasil	
NEFIN-USP	Livre	Financeiros	Brasil	

Fonte: elaborado pela autora.

Com algumas possibilidades de coleta de dados em mente, você já consegue definir melhor onde buscar o que precisa. É preciso lembrar que raramente o processo de pesquisa é linear, ou seja, dificilmente pensamos apenas na base de dados após definir objetivos, hipóteses e métodos. Principalmente pelas restrições de acesso que enfrentamos, é muito comum definirmos questões de pesquisas tendo em mente determinada base de dados. Isso não é errado. Pelo contrário, a viabilidade da pesquisa deve estar sempre em mente.

O trabalho de Martinez e Moraes, intitulado *Relationship between auditors' fees and earnings management*, estuda a relação entre a remuneração da auditoria e a prática de gerenciamento de resultados das empresas.[14] Os autores explicam, no artigo, o processo de coleta de dados, primeiro enfatizando que são dados secundários. Segundo os autores, os dados contábeis foram obtidos na Economatica, enquanto os dados sobre a auditoria foram obtidos nos Formulários de Referência armazenados na página da Comissão de Valores Mobiliários (CVM). O pré-tratamento dado à amostra também é explicado pelos autores: a amostra inicial consistia em 566 empresas listadas na Bolsa de Valores entre os anos de 2009 e 2010, para as quais foi possível identificar o valor pago à auditoria. Aqui temos, portanto, um exemplo claro da restrição do estudo de acordo com a disponibilidade de dados. Os autores explicam que a amostra foi ainda mais restringida porque muitas dessas empresas iniciais não atendiam ao perfil necessário à pesquisa.

As páginas do Yahoo! Finanças e do Banco Mundial são simples de mexer e bastante intuitivas, assim como a Comdinheiro, que também é via *web*. Já as bases de dados como Economatica, Datastream e Bloomberg costumam ter um *software* específico, visando maior eficiência na coleta. No entanto, isso também costuma gerar maior dificuldade aos novos usuários. Nessa situação, na falta de algum colega ou professor com maior experiência, é possível buscar ajuda *on-line* ou diretamente com a central de atendimento da empresa. O manual *on-line* da Economatica é bastante amplo e didático.[15] Além disso, existem diversos fóruns na internet sobre a Bloomberg, por exemplo. No entanto, a forma mais prática costuma ser pegar o telefone e ligar. Os atendentes serão, normalmente, capazes de ficar ao telefone com você por bastante tempo até que você consiga o que precisa.

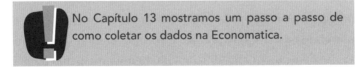

No Capítulo 13 mostramos um passo a passo de como coletar os dados na Economatica.

Com os dados baixados, você precisará organizá-los no seu computador e tabulá-los. Por exemplo, se você baixou Lucro Líquido, Ativo Total e Valor de Mercado

---

[14] MARTINEZ, A. L.; MORAES, A. J. Relationship between auditors' fees and earnings management. *Revista de Administração de Empresas*, v. 57, n. 2, p. 148-157, 2017.

[15] ECONOMATICA. *Treinamento e instalação*. Disponível em: http://economatica.com/support/manual/portugues/manual.htm. Acesso em: 14 jun. 2019.

Capítulo 7 Pesquisa de arquivo   147

das empresas brasileiras listadas na B3 pela Economatica, terá três planilhas (uma para cada variável) com n colunas (número de empresas) e t linhas (número de períodos). Para a análise você vai juntar esses dados em um formato mais funcional, como o mostrado no Quadro 7.2.

QUADRO 7.2   Dados organizados

Ano	Empresa	Lucro Líquido	Ativo Total	Valor de Mercado
2010	ABCB4	R$ 202.224,00	R$ 9.816.888,00	R$ 1.946.857,00
2011	ABCB4	R$ 236.037,00	R$ 10.510.815,00	R$ 1.649.714,00
2012	ABCB4	R$ 226.619,00	R$ 1783.126,00	R$ 1.957.453,00
2011	ADHM3	R$ 18.902,00	R$ 52.058,00	R$ 321.436,00
2012	ADHM3	-R$ 24.703,00	R$ 41.444,00	R$ 353.580,00
2011	AFLU6	R$ 7.535,00	R$ 50.153,00	R$ 92.768,00

Fonte: elaborado pela autora.

7.3 ANÁLISES E INTERPRETAÇÃO DE DADOS

Com os dados coletados, organizados e tabulados, seu próximo passo é, finalmente, iniciar a análise. Se sua análise é quantitativa, o primeiro passo deve ser sempre o cálculo de algumas estatísticas descritivas, como média, mediana, mínimo e máximo. Para isso, você precisará de um software de análise de dados. Uma planilha eletrônica costuma ser muito útil nesse processo. Por exemplo, o Quadro 7.3 poderia ser obtido com as informações tabuladas em uma planilha Excel e o uso de funções estatísticas.

QUADRO 7.3   Estatísticas descritivas em uma planilha

	Mínimo	-R$ 6.878.915,00
	1º Quartil	-R$ 6.679,00
Lucro líquido	Mediana	R$ 80.264,00
	Média	R$ 502.991,00
	3º Quartil	R$ 311.706,00
	Máximo	R$ 37.813.723,00

continua

148 **PARTE III** Métodos de pesquisa

continuação

Ativo total	Mínimo	R$	405,00
	1º Quartil	R$	832.679,00
	Mediana	R$	2.556.539,00
	Média	R$	11.657.531,00
	3º Quartil	R$	7.625.199,00
	Máximo	R$	67.771.627,00
Valor de mercado	Mínimo	R$	2.726.00
	1º Quartil	R$	424.970,00
	Mediana	R$	1.834.172,00
	Média	R$	7.508.036,00
	3º Quartil	R$	5.773.154,00
	Máximo	R$	380.246.723,00

Fonte: elaborado pela autora.

Essa primeira parte é muito importante, principalmente porque é assim que você identificará possíveis inconsistências em seus dados. Essas inconsistências devem ser analisadas cuidadosamente. Por exemplo, dependendo dos seus objetivos de pesquisa, você pode não querer incluir na sua análise empresas com Ativo Total igual a zero ou empresas com Patrimônio Líquido negativo. Então, invista tempo e dedicação nessa análise descritiva inicial que lhe trará maior intimidade com os dados.

No artigo de Medeiros, Costa e Silva intitulado "Testes empíricos sobre o comportamento assimétrico dos custos nas empresas brasileiras", os autores usaram dados de custos e receitas das empresas brasileiras obtidos na base dados Economatica.[16] Com uma análise empírica e quantitativa, os autores mostram que os custos das empresas reagem com maior intensidade ao aumento de receitas do que à diminuição de receitas. Segundo os autores, conhecer essa assimetria é importante tanto para a gestão da empresa (uso interno) quanto para os usuários externos. Na seção de descrição dos dados, os autores explicam o procedimento de coleta de dados:

---

[16] MEDEIROS, O. R.; COSTA, P. S.; SILVA, C. A. T. Testes empíricos sobre o comportamento assimétrico dos custos nas empresas brasileiras. *Revista Contabilidade & Finanças*, v. 16, n. 38, p. 47-56, 2005.

Capítulo 7 Pesquisa de arquivo 149

- sujeitos, período e frequência dos dados: todas as empresas com dados anuais na Economatica de 1986 a 2002;
- variáveis coletadas: despesas de venda, gerais e administrativas e receitas de venda corrigidas pelo Índice Geral de Preços (IGP-DI), consolidados e em milhares de reais;
- pré-tratamento dos dados: foram excluídas empresas do setor financeiro, empresas sem dados divulgados, e empresas sem dados de receita líquida por pelo menos oito anos.

Após essa primeira verificação e eventual limpeza da base de dados, você começará a incrementar a sua análise, mas ainda computando estatísticas descritivas. Por exemplo, você pode analisar a média e o desvio-padrão das três variáveis em cada ano, estudando a evolução no período analisado, como mostrado no Quadro 7.4.

QUADRO 7.4 Estatísticas descritivas

	Ano	Lucro líquido	Ativo total	Valor de mercado
Média	2010	R$ 591.264,20	R$ 10.486.639,00	R$ 7.727.669,00
	2011	R$ 566.279,10	R$ 11.751.914,00	R$ 6.925.892,00
	2012	R$ 346.809,00	R$ 12.762.626,00	R$ 7.884.950,00
Desvio-padrão	2010	R$ 2.906.257,00	R$ 40.130.410,00	R$ 30.692.712,00
	2011	R$ 3.172.139,00	R$ 45.727.774,00	R$ 25.155.461,00
	2012	R$ 1.758.763,00	R$ 52.202.978,00	R$ 27.220.983,00

Fonte: elaborado pela autora.

O artigo de Jeanjean e Stolowy intitulado "Do accounting standards matter? An exploratory analysis of earnings management before and after IFRS adoption" faz uso de dados da *Datastream* para construir uma amostra de empresas da Austrália, do Reino Unido e da França durante o período de 2002 a 2006.[17] Aqui também os autores explicam o pré-tratamento nos dados: foram excluídas empresas do setor financeiro e só entraram na amostra empresas que tinham dados para os períodos relevantes para análise, já que

---

[17] JEANJEAN, T.; STOLOWY, H. Do accounting standards matter? An exploratory analysis of earnings management before and after IFRS adoption. *Journal of Accounting and Public Policy*, v. 27, n. 6, p. 480-494, 2008.

o foco do trabalho foi analisar o efeito da adoção das IFRS no gerenciamento de resultados das empresas desses países.

Com essa análise é possível ver, por exemplo, que o lucro médio das empresas da amostra caiu no período analisado. Contudo o valor médio dos ativos aumentou e o valor de mercado caiu em 2011, mas voltou a subir em 2012. Essa análise de tendências pode ser muito importante para o teste das suas hipóteses. Vemos, também, que a dispersão dessas variáveis seguiu o mesmo padrão que a média.

Se o período de análise for muito grande, digamos 20 anos, por exemplo, um gráfico pode ser muito informativo. Essa análise também é muito importante para a identificação de *outliers*, ou pontos extremos, que são observações muito destoantes da média. Por exemplo, a Figura 7.5 mostra a evolução do Return on Equity (ROE) médio das empresas de uma amostra de 1997 a 2017, incluindo e excluindo os *outliers*. Veja como os resultados são diferentes!

FIGURA 7.5 ROE médio com e sem *outliers*

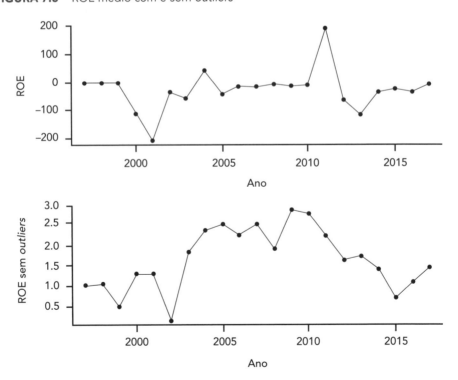

Fonte: elaborada pela autora.

Capítulo 7 Pesquisa de arquivo 151

Em resumo, você precisa analisar os seus dados inicialmente para entender como se comportam e identificar possíveis pré-tratamentos que você precisa fazer, como eliminar observações inconsistentes e tratar os *outliers*.

7.4 DICAS DE *SOFTWARES*

Como analisar os dados? Discutimos que começar computando algumas estatísticas descritivas é uma boa ideia. Os passos seguintes envolvem uma grande diversidade de técnicas, como regressão com dados em *cross-section* e painel, além de técnicas específicas para séries temporais. Como brevemente comentado no tópico anterior, uma planilha eletrônica (Excel, Open Office Calc, WPS Spreadsheet) pode ser suficiente para análises que não envolvam uma quantidade muito grande de dados e que exijam análises estatísticas mais básicas. O Excel, por exemplo, possui ferramentas que permitem calcular otimizações e estimar regressões básicas via mínimos quadrados ordinários.

Quando as planilhas eletrônicas não forem mais suficientes, existe ainda uma grande diversidade de *softwares*, tanto pagos quanto livres. Talvez os *softwares* mais populares da pesquisa de arquivo da área sejam o Stata e o EViews, que são *softwares* poderosos e amigáveis ao usuário, além de possuírem manuais que são úteis tanto do ponto de vista operacional quanto teórico para a análise. O *software* MATLAB também é bastante usado. No entanto, a desvantagem é que são *softwares* comerciais, o que pode representar uma grande limitação ao seu uso. Felizmente, existem diversas opções de *softwares* livres.

O *software* Gretl,[18] por exemplo, tem licença livre, interface amigável e uma grande gama de aplicações, sendo capaz de lidar com dados de diversas configurações (seção cruzada, painel e séries de tempo), e de estimar modelos lineares e não lineares, sendo compatível com dados de diversos outros *softwares* (Excel, EViews e Stata, entre vários outros).

Outro *software* livre e bastante poderoso, tanto em termos de capacidade de processamento quanto em termos de amplitude de aplicações é o R.[19] É conveniente usar o RStudio,[20] que é uma interface para o R, também gratuita, que facilita bastante o trabalho. O R tem sua própria linguagem de programação e exige dos usuários

---

[18] GRETL. Disponível em: http://gretl.sourceforge.net/. Acesso em: 14 jun. 2019.

[19] THE R PROJECT FOR STATISTICAL COMPUTING. Disponível em: https://www.r-project.org/. Acesso em: 14 jun. 2019.

[20] RSTUDIO. Disponível em: https://www.rstudio.com. Acesso em: 14 jun. 2019.

algum conhecimento em programação. A boa notícia é que existem diversas ferramentas gratuitas na internet para aprender R, de modo que qualquer um, mesmo que nunca tenha tido qualquer contato com programação, é capaz de aprender.

Portanto, o uso do R vai exigir um investimento de tempo inicial. Contudo, esse investimento tem retorno muito rápido, já que o R é um dos recursos que mais tem ganhado espaço na pesquisa da área nos últimos tempos. A comunidade *on-line* é enorme, de modo que buscar ajuda em fóruns na internet é muito simples e eficaz.

Para os interessados, uma sugestão para começar é o livro *Using R for introductory econometrics*, disponível gratuitamente na internet. [21] A ferramenta Swirl, [22] para ser usada no próprio R, também é uma boa alternativa. Finalmente, existem diversos cursos *on-line*, nas plataformas Coursera [23] e edX, [24] por exemplo.

Além de o R ser bastante útil para a análise de dados, ele pode facilitar o seu trabalho ainda na coleta. Existem diversas ferramentas para o R para coleta de dados de várias fontes. No tópico anterior, citamos o Yahoo! Finanças como fonte para dados de cotação nos mercados de ações. O pacote Quantmod, [25] desenvolvido para o R, tem uma série de funções para baixar dados do Yahoo! Finanças (e de outras fontes, como o *Federal Reserve* dos Estados Unidos). Para dados especificamente brasileiros, a plataforma GetDFPdata, também citada no tópico anterior, tem uma versão para ser rodada em R, [26] o que pode tornar viável o acesso a dados de várias empresas brasileiras de forma gratuita.

Agora você já sabe o que é pesquisa de arquivo e tem dicas úteis sobre onde buscar e como tratar e analisar os dados de sua pesquisa.

 Se já se definiu por esse tipo de pesquisa e quiser avançar rápido, pode pular para o Capítulo 13. Se ainda tiver dúvidas, o próximo capítulo tratará de pesquisa com questionários, também chamada de levantamento ou *survey*.

---

[21] HEISS, F. *Using R for introductory econometrics*. Disponível em: http://urfie.net. Acesso em: 14 jun. 2019.
[22] SWIRL. Disponível em: https://swirlstats.com. Acesso em: 14 jun. 2019.
[23] COURSERA. Disponível em: https://www.coursera.org. Acesso em: 14 jun. 2019.
[24] EDX. Disponível em: https://www.edx.org. Acesso em: 14 jun. 2019.
[25] QUANTMOD. Disponível em: http://www.quantmod.com. Acesso em: 14 jun. 2019.
[26] GETPDFDATA. Disponível em: https://cran.r-project.org/web/packages/GetDFPData/index.html. Acesso em: 14 jun. 2019.

8 Levantamento de dados: *survey*

Edvalda Araújo Leal

A pesquisa científica envolve a coleta de dados, que pode ser realizada direta ou indiretamente. A pesquisa realizada diretamente junto aos indivíduos é chamada de **levantamento**.

A pesquisa do tipo "levantamento de dados", também conhecida como *survey*, visa identificar informações sobre a prática ou sobre as opiniões de um grupo específico, ou seja, de um grupo de interesse, a respeito dos dados que se deseja obter.

O levantamento torna-se um procedimento útil especialmente em pesquisas descritivas. A pesquisa do tipo levantamento pode ser descrita como a obtenção de dados ou informações sobre as características ou as opiniões de determinado grupo de pessoas, indicado como representante de uma população-alvo, utilizando um questionário como instrumento de pesquisa.

Como em outros tipos de pesquisa empírica, o procedimento de coleta de dados deve ser planejado com esmero, pois será necessário que as questões do pesquisador sejam confrontadas, de alguma forma, com os fatos ou as evidências. Dessa maneira, se os dados coletados não forem confiáveis, a análise dos resultados e as conclusões ficam comprometidas.[1]

8.1 QUAIS SÃO AS PRINCIPAIS CARACTERÍSTICAS DO LEVANTAMENTO?

Esse tipo de pesquisa caracteriza-se pela interrogação direta das pessoas cujo comportamento ou opinião se deseja conhecer. O interesse é apresentar descrições de uma população.

A pesquisa de levantamento é muito usada para avaliar a opinião, a capacidade de interagir com determinado conhecimento. O objetivo é solicitar informações a um grupo significativo de pessoas acerca do problema estudado. Pode, ainda, tratar

---

[1] VOLPATO, G. L. *Ciência*: da filosofia à publicação. São Paulo: Cultura Acadêmica, *2013*.

154 PARTE III Métodos de pesquisa

de comportamentos em geral do público-alvo para, em seguida, mediante análise quantitativa, observar as conclusões correspondentes aos dados coletados.

Na maioria dos levantamentos, não são investigados todos os integrantes da população estudada. Seleciona-se uma amostra significativa de todo o universo, mediante procedimentos estatísticos, a qual é denominada **objeto de investigação**.

Importante destacar que, no levantamento, o respondente não é identificável. Portanto, o sigilo é garantido.

> Esse tipo de metodologia é muito usada para medir opinião e a capacidade de interagir com determinado conhecimento. Pode, ainda, abordar comportamentos em geral do público-alvo.

8.2 QUAIS SÃO AS FASES DA PESQUISA POR LEVANTAMENTO?

As fases da pesquisa por levantamento podem ser organizadas da seguinte forma:

- especificação dos objetivos;
- operacionalização dos conceitos e variáveis;
- elaboração do instrumento de coleta de dados;
- pré-teste do instrumento;
- seleção da população-alvo e amostra;
- coleta e verificação dos dados;
- análise e interpretação dos dados;
- apresentação dos resultados.

Os objetivos específicos do levantamento devem descrever, nos termos mais claros possíveis, o que se espera obter. Exemplos de informações a respeito dos informantes são sexo, idade, estado civil, número de filhos, religião, nível de escolaridade, ocupação profissional, local de residência, nível de salário ou renda, experiência profissional, entre outros. Além de caracterizar o perfil do respondente, a pesquisa deve endereçar o contexto ou o evento de interesse. Assim, imagine uma pesquisa sobre o nível de estresse de estudantes de pós-graduação. O instrumento poderia ser composto por afirmativas em que o respondente indicasse o seu grau de concordância ou discordância.

Antes de avançarmos para o desenho do instrumento, porém, precisamos entender sobre a classificação das pesquisas do tipo levantamento ou *survey*.

8.3 QUAL A CLASSIFICAÇÃO DO LEVANTAMENTO?

A pesquisa de levantamento (*survey*) é classificada em três tipos quanto ao seu propósito, como mostra a Figura 8.1.

FIGURA 8.1 Classificação das pesquisas (levantamento)

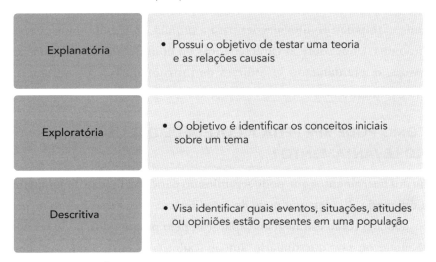

Fonte: MARTINS, G. A.; THEÓPHILO, C. R. *Metodologia da investigação científica para Ciências Sociais*. São Paulo: Atlas, 2007.

A pesquisa classificada descritiva é a que mais se utiliza do levantamento. O objetivo de tal investigação é caracterizar a parte e extrapolar as conclusões sobre essa parte para o todo. Exige-se uma amostragem representativa (em número e em estrutura) e a caracterização cuidadosa dos indivíduos. As inferências do estudo são realizadas a partir dos traços comuns da descrição.[2]

Quanto aos pontos no tempo em que os dados são coletados, a pesquisa pode ser:

- **longitudinal**, em que a coleta dos dados ocorre ao longo do tempo em períodos ou pontos específicos;
- **corte-transversal**, em que a coleta de dados ocorre em um só momento.

O planejamento torna-se primordial para o desenvolvimento da pesquisa por levantamento. Assim, definidos o tema, objeto, problema, tipo e campo de pesquisa, a etapa seguinte é a coleta de dados, que também deve ser planejada.

---

[2] VOLPATO, 2013.

O levantamento poderá ser conhecido como **censo** quando se busca obter as informações de todos os indivíduos da população. Esse é o caso de recenseamento da população de um país, por exemplo. Poderá ainda ser do tipo *survey* quando se basear em uma amostra representativa dessa população. Finalmente, poderá ser um levantamento exploratório em que se busca informações sobre grupo acessível ou por conveniência, para estudos iniciais, em que não se pretende extrapolar as informações para a população. Lembramos que, para a obtenção dos dados sobre as características ou opiniões de determinado grupo de pessoas, o levantamento se utilizará de instrumentos de pesquisa e o mais comum é o questionário.

8.4 COMO PODE SER FEITA A COLETA DE DADOS NO LEVANTAMENTO?

Um dos instrumentos que pode ser utilizado para a realização do levantamento é o **questionário**. A coleta por meio do questionário, no procedimento de levantamento, adotada como estratégia de aplicação pelo pesquisador, pode ser pessoal, por telefone ou por questionário autoaplicado, cujo envio pode ser efetuado pelo correio, por *e-mail* etc. Observe que o questionário realizado por telefone ou utilizando alguma tecnologia de comunicação não deve ser confundido com a entrevista pessoal.

O objetivo é levantar as características do grupo estudado pela aplicação do questionário autoadministrado ou por meio da aplicação dirigida de um questionário.

Os questionários podem ser elaborados pelo próprio pesquisador ou, então, podem ser utilizados questionários previamente elaborados e validados ou, ainda, testes psicológicos, dependendo do tipo de características e/ou do fenômeno que se quer investigar na pesquisa. Lembre-se de pedir autorização sempre que utilizar o questionário já elaborado por um outro pesquisador.

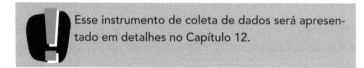

Esse instrumento de coleta de dados será apresentado em detalhes no Capítulo 12.

Para ilustrar os desafios da coleta de dados no levantamento envolvendo o questionário, apresentam-se dois depoimentos de estudantes no momento da coleta de dados do Trabalho de Conclusão de Curso (TCC) na graduação. São eles Vinicius

Capítulo 8 Levantamento de dados: *survey* 157

S. de. A. Machado, graduado Bacharel em Ciências Contábeis no ano de 2006 pela FEA-USP, e Lucas Fernandes Rocha, graduado Bacharel em Ciências Contábeis no ano de 2014 pela UFU e que, posteriormente, ingressou no mestrado no Programa de Pós-Graduação em Ciências Contábeis da UFU.

> **vou te contar**
>
> Na minha pesquisa, decidi ir a campo colher informações tanto em empresas como em faculdades. Desenvolvi questionários que seriam respondidos por profissionais do mercado e alunos.
>
> Obter as respostas de um número relevante de pessoas foi um dos maiores desafios do trabalho. Enviei mais de 300 *e-mails* para profissionais do mercado, mas obtive apenas 80 respostas.
>
> Tomando em conta esse fato, quando era hora de coletar as respostas de alunos, não tive dúvidas: fui in loco, nas universidades, com questionários impressos, conversei com coordenadores e professores e pedi licença para interromper suas aulas por poucos minutos e, assim, conseguir respostas dos alunos. Essa estratégia deu certo: consegui um número de respondentes maior do que apenas enviando *e-mails*.
>
> Vinícius S. de A. Macha

> Após a definição do problema de pesquisa e do objetivo, em conjunto com a minha orientadora, decidimos que iríamos utilizar o levantamento como procedimento de pesquisa. Assim, entrei em contato com o coordenador do programa no qual iria coletar os dados, solicitei os contatos das empresas associadas ao programa e organizei uma planilha com os dados de cada entidade dos núcleos escolhidos. A população representava um total de 103 empresas, com os respectivos *e-mails* e telefones.
>
> Aqui começam as dificuldades do meu trabalho!
>
> O primeiro passo foi enviar *e-mails* para cada uma dessas empresas explicando a finalidade da pesquisa e o questionário anexo. Passou-se uma semana e apenas cinco empresas responderam ao *e-mail*. Passou-se mais uma semana e houve só mais dois respondentes. Comecei a ficar preocupado, pois temos prazo para coletar esses dados.
>
> Na terceira semana, reenviei o *e-mail* pedindo às organizações que dessem atenção a esse questionário, porém continuei sem retorno. Parti para o contato telefônico, tentando localizar os responsáveis pelas empresas

158 **PARTE III** Métodos de pesquisa

> e perguntar se eles poderiam participar da pesquisa e responder ao meu questionário. Obtive mais uma ou duas respostas. Depois disso, fiquei ainda mais preocupado, pensando que não iria conseguir coletar os dados para desenvolver a minha pesquisa.
>
> Contatei novamente o coordenador do programa a fim de verificar a possibilidade de visitas nas reuniões periódicas que eram realizadas com os gestores das empresas na sede do programa. Ele autorizou a visita e me passou os horários das reuniões. Assim, comecei a aplicar o questionário nessas reuniões. Somente a partir da coleta *in loco* obtive mais respondentes. Depois de muito suor e persistência, consegui 48 participantes, ou seja, 46,6%, considerando o universo de 103 empresas associadas.
>
> Lucas Fernandes Rocha

Verifica-se, com os depoimentos, que foram realizados vários procedimentos para conseguir aplicar o questionário da pesquisa. Assim sendo, a coleta de dados é uma etapa trabalhosa e exige planejamento e muita persistência. Além disso, é necessário traçar planos alternativos para contornar as baixas taxas de respostas.

Trazemos, a seguir, um trecho da tese de doutorado de Emilio Maltez Alves Filho,[3] apresentada à Universidade de São Paulo. Nesse trecho, ele explica a aplicação de questionários aos discentes. Chamamos atenção a dois pontos: o uso de um questionário *on-line* e a oferta de brindes como forma de incentivar os alunos a responderem.

> Com referência aos discentes da USP, foi elaborado um texto disponibilizado no dia 06/03/2015 pelo coordenador do curso, em um sistema auxiliar acadêmico de divulgação geral de informações para alunos e professores, convidando os alunos a participar da pesquisa de duas formas:
>
> - respondendo a um *survey* eletrônico da 'QuestionPro' por meio de um *link* fornecido;
> - oferecendo-se para participar de um grupo focal que seria realizado com, no máximo, dez alunos do período matutino e dez alunos do período noturno.

---

[3] ALVES FILHO, E. M. *Cultura organizacional de cursos de ciências contábeis*: um estudo em duas universidades públicas. 2016. Tese (Doutorado em Controladoria e Contabilidade: Contabilidade) – Faculdade de Economia, Administração e Contabilidade, Universidade de São Paulo, São Paulo, 2016. doi:10.11606/T.12.2016. tde-07072016-150030. Acesso em: 2018-08-01.

Os brindes ofertados seriam um livro de Manual de Contabilidade Societária da FIPECAFI, na sua edição mais recente, para o *survey* e dois livros (um para cada período) de Contabilidade Gerencial [...].

Passados cinco dias, apenas dois alunos haviam respondido o questionário e nenhum havia se habilitado ao grupo focal. Assim, foi decidido revisar o texto anterior e trocar o brinde do Manual de Contabilidade Societária por um leitor de *e-books* Kindle Amazon Paperwhite. Esse novo texto foi disponibilizado no dia 11/03/2015 e, depois de duas semanas, com apenas seis respondentes ao *survey* e nenhum voluntário para o grupo focal, foi decidido excluir essa dinâmica e mudar a estratégia de uso do levantamento para aplicá-lo em sala de aula.

Graças à colaboração de docentes da FEA-USP, incluindo os que já haviam participado das entrevistas, foram obtidos 101 respondentes, além de outros 21 que acessaram o questionário por via eletrônica, no período entre 06/03 e 16/04. O resultado foi de 122 alunos respondentes, sendo 54 do quinto semestre, 44 do sétimo semestre, 18 do nono semestre e 6 de outros semestres (não houve alunos abaixo do 4º semestre). A maioria dos alunos (95) era do período noturno, e 27 do matutino.

É interessante ter esse trecho em mente como exemplo de como descrever a aplicação do questionário em seu trabalho final. Veja que o autor dá uma série de detalhes que demonstram o cuidado que teve na coleta de dados para sua tese. A seguir falaremos em amostra. Afinal, o que é isso?

8.5 O QUE É A AMOSTRA NO LEVANTAMENTO?

Na pesquisa empírica, queremos conhecer um "todo" que, normalmente, é muito amplo. Como não é possível investigar cada elemento desse todo, ou seja, da "população" em estudo, estudamos alguns deles, ou seja, uma amostra.

No **estudo descritivo**, podemos delimitar a amostra que representará o todo (população) que desejamos pesquisar (conhecer). Por exemplo, se for uma pesquisa que visa testar hipóteses de associação entre variáveis, precisaremos de uma amostra para a qual levantaremos informações sobre uma ou mais variáveis e verificaremos a associação entre elas. Quanto maior o número de variáveis, em geral, maior o tamanho da amostra.

160 **PARTE III** Métodos de pesquisa

A amostra é composta por um determinado número de indivíduos. A isso chamamos **tamanho da amostra**. A escolha correta do tamanho da amostra é fundamental para uma pesquisa.[4] Mas, como determinar o tamanho da amostra? É disso que trataremos a seguir.

8.6 COMO DETERMINAR O TAMANHO DA AMOSTRA?

Como já dissemos, a população de uma pesquisa representa o todo. Desse modo, por exemplo, se estudarmos a motivação acadêmica dos estudantes universitários no Brasil, a população será composta por todos os estudantes universitários matriculados nos diversos cursos no país. Pode ser cerca de 8 milhões de pessoas. Seria impossível, não é?

Calma! Para tornarmos a pesquisa viável, podemos recorrer a uma delimitação ou recorte e pesquisar os estudantes de determinados cursos (por exemplo, Contabilidade), de determinada região (por exemplo, o Nordeste) ou, ainda, de uma cidade (digamos, Salvador). Podemos, inclusive, escolher as instituições de ensino (por exemplo, Universidade Federal da Bahia). Assim, a nossa população será reduzida. No entanto, tenha em mente que, quanto mais ela se reduzir, mais restritas serão as nossas possibilidades de extrapolação das conclusões de nosso estudo.

Para a população exemplificada, temos uma estrutura interna. Por exemplo, a população é composta por estudantes com uma distribuição de gênero (percentual de homens e de mulheres), de idade (percentual em cada faixa etária), de renda (percentual em cada faixa de renda). Isso porque, se estivermos pesquisando a motivação acadêmica, poderá haver diferenças entre os grupos de indivíduos, gênero, idade, classe social e outros.

Entretanto, se a população apresentar certa estrutura, conforme exemplificado, uma amostra que pretenda representar essa população deve conter as mesmas características apresentadas nela. O que fazer quando não conhecemos todos os detalhes da estrutura da população em estudo? Uma alternativa é selecionar a amostra (indivíduos) de forma aleatória. Assume-se, nesse caso, que os perfis mais frequentes da população aparecerão também de forma mais frequente na amostra aleatória e os menos frequentes serão também menos frequentes nessa amostra.

---

[4] VOLPATO, 2013.

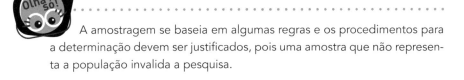
A amostragem se baseia em algumas regras e os procedimentos para a determinação devem ser justificados, pois uma amostra que não representa a população invalida a pesquisa.

O levantamento é usado para confirmar ou refutar determinada informação de uma população considerando um grupo de estudo, ou seja, assumindo que essa amostra representará a população-alvo pesquisada. É isso o que chamamos de **amostragem**. As etapas envolvidas no processo de amostragem são apresentadas na Figura 8.2.

FIGURA 8.2 Processo de amostragem

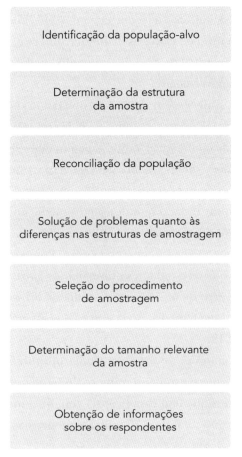

Fonte: elaborada pela autora.

8.7 QUAL O TAMANHO DA AMOSTRA QUE EU PRECISO?

Para a determinação da amostra do estudo é preciso conhecer dados básicos sobre a população-alvo que se deseja investigar e o erro máximo que você está disposto a tolerar. Assim, você poderá obter uma estimativa do tamanho da amostra necessária para a sua pesquisa.

A definição da população-alvo deve considerar os objetivos da pesquisa e conter informações sobre elementos da amostragem, unidades de amostra e área de cobertura.

Normalmente, o pesquisador enfrenta o problema sobre a determinação da amostra. Por exemplo, queremos estudar um universo de estudantes universitários, brasileiros, com idade de 17 a 30 anos, um total 15 milhões de estudantes, aproximadamente. A pesquisa está direcionada para uma amostra desse universo.

Considerando que a amostra tem um tamanho inferior ao total do universo, podemos auferir certo nível de erro nos dados que observarmos. Se estivermos dispostos a aceitar um percentual de erro determinado, qual é o tamanho mínimo de amostra que precisaríamos coletar?

Para medir o erro, é necessário fixar o erro máximo que estamos dispostos a aceitar em uma pesquisa. Para isso, é comum analisarmos dois parâmetros: a margem de erro e o nível de confiança. E o que cada um deles significa?

Para exemplificarmos a análise da margem de erro e o nível de confiança utilizou-se como base a obra de Bussab e Bolfarine.[5] A **margem de erro** é o intervalo no qual esperamos encontrar o dado que desejamos medir no universo da pesquisa. A margem de erro é obtida mediante cálculos estatísticos. O dado pode ser, em geral, de dois tipos: uma média ou uma proporção. Por exemplo, eu quero calcular a média de salário que os estudantes universitários entre 17 e 30 anos recebem com uma margem de erro de 5%. Chego à média de 2,1 salários/estudante. Isso significaria que espero que a média esteja entre 2,1 − 5% e 2,1 + 5%, o que dá um intervalo de 2,00 <-> 2,12.

Para definir uma margem de erro para uma proporção, o processo seria o mesmo. Por exemplo, quero estimar o número de estudantes universitários brasileiros entre 17 e 30 anos que têm casa própria com uma margem de erro de 5%. Estimo que equivale a um total de 6,75 milhões de pessoas (45% da população).

---

[5] BUSSAB, W.; BOLFARINE, H. *Elementos de amostragem*. São Paulo: Edgar Blucher, 2005.

Isso significa que, na realidade, essa proporção está entre 6,78 milhões (45,82%) e 6,71 milhões (44,73%).

O **nível de confiança** expressa a certeza de que o dado que buscamos está dentro da margem de erro. Por exemplo, com base no caso anterior, se obtemos um nível de confiança de 95%, podemos dizer que a porcentagem de estudantes do meu universo que têm casa própria, em 95% dos casos, estará entre 44,73% e 45,82%. Assim, se eu repetir a minha pesquisa 100 vezes, selecionando amostras aleatórias do mesmo tamanho, eu espero que, em 95 das vezes, o intervalo contenha a proporção.

Torna-se relevante verificar a relação entre o erro e o tamanho da amostra. Assim, a margem de erro, o nível de confiança e o tamanho da amostra sempre caminham lado a lado. Se eu quero obter uma margem de erro e um nível de confiança determinado, por exemplo, erro de 5% com confiança de 95%, precisarei de um tamanho de amostra mínimo correspondente. Modificar qualquer um dos três parâmetros poderá alterar os restantes, ou seja:

- reduzir a margem de erro obriga a aumentar o tamanho da amostra;
- aumentar o nível de confiança obriga a aumentar o tamanho da amostra;
- se eu aumentar o tamanho da minha amostra, posso reduzir a margem de erro ou incrementar o nível de confiança.

Bussab e Bolfarine indicam, para analisar a relação entre os três parâmetros, a utilização de fórmulas compreendidas no conjunto de teoremas **Lei dos Grandes Números**.[6] Esse conjunto de teoremas dá suporte matemático à ideia de que a média de uma amostra aleatória de uma população grande tenderá a estar próxima da média da população completa. Sobretudo o **teorema do limite central** nos mostra que, em condições gerais, a soma de muitas variáveis aleatórias independentes – em nosso exemplo, os estudantes universitários brasileiros que têm casa própria – se aproxima bastante de uma distribuição normal, também chamada de **curva de Gauss**.

Assim, pelo teorema do limite central, quando calculamos uma média (por exemplo, renda por estudante) ou uma proporção (por exemplo, percentual de estudantes com casa própria) de uma amostra, podemos saber qual é a probabilidade de que o universo tenha esse mesmo valor ou um valor parecido. O valor que calcularmos para a amostra será o mais provável para o nosso universo e, conforme nos distanciamos desse valor, para cima ou para baixo, esses serão valores cada vez

---

[6] BUSSAB; BOLFARINE, 2005.

164 **PARTE III** Métodos de pesquisa

menos prováveis. Em nossos exemplos, se 45% da minha amostra de estudantes universitários brasileiros têm casa própria, posso afirmar que 45% é o valor mais provável do universo estudado. Uma porcentagem de 44% será algo menos provável, 43% ainda menos e assim por diante. O mesmo acontece para valores superiores: 46% é menos provável que 45%.

O fato de a probabilidade diminuir conforme nos distanciarmos da média é o que caracteriza uma **distribuição gaussiana**. Podemos fixar um intervalo ao redor do valor mais provável, de forma a englobar 95% da probabilidade: esse seria o nível de confiança. A distância que tenho que tomar a partir do valor mais provável para englobar esses 95% determina a margem de erro.

Para uma distribuição normalizada, ou seja, com média igual a 0 e desvio-padrão igual a 1, se quisermos englobar os valores que cobrem 95% dos casos, teremos que definir uma margem de erro entre $-1,96$ e $+1,96$ da média. Se quisermos cobrir 99% dos casos, a margem deve distanciar-se até $\pm 2,58$.

Conhecendo a propriedade anterior, é muito fácil adaptar as fórmulas da distribuição gaussiana a qualquer caso, seja qual for a média e o desvio-padrão. Para a estimativa da proporção, podemos utilizar a seguinte fórmula, considerando a população finita, o que significa que sabemos o total de elementos da população a ser pesquisada:

$$n = \frac{N \cdot Z^2 \cdot p \cdot (1 - p)}{(N - 1) \cdot e^2 + Z^2 \cdot p \cdot (1 - p)}$$

em que:

- **n** = tamanho da amostra que desejamos calcular;
- **N** = tamanho do universo (por exemplo, 15 milhões de estudantes universitários brasileiros entre 17 e 30 anos);
- **Z** = desvio do valor médio que aceitamos para alcançar o nível de confiança desejado.

Em função do nível de confiança que buscamos, usaremos um valor determinado, dado pela forma da distribuição de Gauss. Os valores mais frequentes são:

- nível de confiança 90% -> Z=1,645;
- nível de confiança 95% -> Z=1,96;
- nível de confiança 99% -> Z=2,575;
- **e** = margem de erro máximo que eu quero admitir (por exemplo, 5%);
- **p** = proporção que esperamos encontrar.

Esse parâmetro tende a confundir bastante à primeira vista. Como vou saber qual proporção espero, se justamente estamos fazendo uma pesquisa para conhecer essa proporção?

A razão pela qual essa proporção **p** aparece na fórmula é que, quando uma população é muito uniforme, a convergência para uma população normal é mais precisa, permitindo reduzir o tamanho da amostra. Se, no nosso exemplo, esperamos que, no máximo, a proporção de estudantes que têm casa própria seja de 5%, poderíamos usar esse valor como **p** e o tamanho da amostra reduziria. Se, no entanto, não temos ideia do que esperar, a opção mais prudente seria usar o pior cenário, ou seja, a população se distribui em partes iguais entre proprietários e não proprietários, logo **p**=50%.

Como regra geral, usaremos **p**=50% se não temos nenhuma informação sobre o valor que esperamos encontrar. Se temos alguma informação, usaremos o valor aproximado que esperamos, ajustando para 50% por via das dúvidas.

A fórmula a seguir é utilizada quando a população é considera infinita, ou seja, quando não conseguimos identificar o número exato do tamanho da sua população.

$$n= \frac{Z^2 .p . (1 - p)}{e^2}$$

Torna-se relevante falarmos sobre as amostragens intencionais. Nesse caso, o pesquisador escolhe certos critérios para definir quem deve pertencer à amostra, por julgar tais critérios bem representativos da população. Normalmente, o risco desse tipo de amostragem é obviamente grande, pois o pesquisador pode facilmente se equivocar nesse pré-julgamento. Apesar disso, o uso de amostragens intencionais é bastante frequente, ocorrendo em vários tipos de situações reais que poderíamos tentar identificar e classificar.

8.8 QUAIS CUIDADOS DEVO TER COM A PESQUISA DE LEVANTAMENTO?

A pesquisa de levantamento possui objetivo descritivo e alguns cuidados devem ser observados. Relacionamos no Quadro 8.1 os principais deles, descrevendo cada um e dando exemplos.

166 **PARTE III** Métodos de pesquisa

QUADRO 8.1 Cuidados ao se realizar uma pesquisa de levantamento

Cuidados	Descrição	Exemplo
Subabrangência da amostra	Quando alguns grupos da população são deixados fora do processo de escolha da amostra	Escolha de amostra não aleatória e tendenciosidade
Não resposta	Não há meios de se obter a observação da característica de interesse. Quando o indivíduo escolhido para integrar a amostra não pode ser contatado ou se recusa a cooperar	Utilização de instrumentos de mensuração defeituosa (por exemplo, envio de *e-mails* sem resposta, contatos repetidos e respondente não retorna)
Questões malformuladas	Questões confusas ou dirigidas podem introduzir viés (tendência) aos resultados; até mesmo pequenas modificações na construção das frases podem afetar os resultados da pesquisa	Questão formulada de modo tendencioso.
Erro amostral	Diferença entre o resultado amostral e o verdadeiro resultado populacional. Tais erros resultam de flutuações amostrais aleatórias. Os erros amostrais ocorrem única e exclusivamente em função do número de elementos da amostra e do processo de seleção desses elementos	Não respostas em número suficiente ou por apenas uma parte da amostra
Erros não amostrais	São os cometidos durante o processo de pesquisa que não sejam oriundos do tamanho e do processo de seleção da amostra. Não são mensuráveis e tendem a crescer com o aumento do tamanho da amostra	Definição errada do problema de pesquisa; entrevistadores com nível inadequado para a pesquisa; definição errada da população de pesquisa

Fonte: elaborado pela autora.

É importante ressaltar que o levantamento tem o objetivo de descrever um grupo de indivíduos conforme a proposta do estudo. Assim, não tem como propósito identificar relações causais, ou seja, explicar qual a relação entre as variáveis. Pode, por outro lado, indicar associações interessantes para serem exploradas em pesquisas futuras.

9 Análise de documentos

Marli Auxiliadora da Silva

Chegamos ao momento de planejarmos não apenas a coleta de dados, mas também as técnicas a serem usadas para a análise das informações e evidências coletadas.

Diversas são as formas de coleta de dados que um pesquisador pode utilizar. Evidentemente, sua decisão dependerá da abordagem metodológica definida para a resolução do problema que está sendo investigado. Por exemplo, se queremos entender e discutir com profundidade os motivos de determinada situação, a pesquisa terá uma abordagem qualitativa; se o que nos interessa é medir ou mensurar os efeitos verificando a relação ou a associação entre as variáveis relacionadas ao problema, a abordagem será quantitativa. Portanto, é a definição da abordagem que determinará como serão planejados os procedimentos a serem adotados para a coleta e análise de dados.

Existem diversas formas para a coleta e análise de dados. Neste capítulo, trataremos, de forma específica, da pesquisa e análise documental que são frequentes nos estudos orientados por estratégias participativas, como o estudo de caso, a pesquisa-ação, a pesquisa participante e assemelhadas ou, ainda, em investigações cujo delineamento é exclusivamente documental, como a pesquisa histórica, abordada no Capítulo 5. É importante ressaltar que a análise de documentos pode ser restrita à pesquisa documental. Contudo, a pesquisa documental pode igualmente ser empregada de forma auxiliar nas demais modalidades de pesquisa, como exemplificamos anteriormente.

O pesquisador deve ter em mente, sempre, que utilizar documentos não significa desenvolver uma pesquisa mais rápida ou mais fácil, pois recolher documentos pode ser um processo prolongado e custoso, no sentido de dificuldades de acesso ao documento e, até mesmo, de custo financeiro para sua obtenção, quando esse documento precisa ser reproduzido de alguma forma. É preciso destacar, ainda, as exigências da habilidade interpretativa dos pesquisadores para examinar o significado dos materiais, a fim de minimizar a subjetividade intrínseca a qualquer

168 PARTE III Métodos de pesquisa

processo de interpretação. Entre as habilidades interpretativas cita-se, por exemplo, o domínio da língua em que o documento está escrito e de suas variantes, no caso de documentos históricos, para compreender as sequências linguísticas gramaticais, fonéticas e argumentativas de quem produziu o documento.

Mas, afinal, o que é uma pesquisa documental? E o que é análise documental? É tudo a mesma coisa ou são diferentes?

Se analisarmos livros de metodologia científica, encontraremos diversas classificações quanto aos tipos de pesquisa. Com frequência, a pesquisa documental é denominada de procedimento, método, estratégia ou técnica. Independentemente do nome atribuído, quando a coleta de dados é feita em documentos, o procedimento adotado é a pesquisa documental. Após a coleta, é preciso que os dados sejam interpretados. Logo, a técnica de análise documental será empregada. Os nomes das técnicas mais comuns usadas na análise documental, bem como suas características, serão apresentados adiante. Aguente firme que já chegamos lá!

É preciso termos em mente que pesquisas científicas exigem rigor quanto à escolha e aplicação dos procedimentos metodológicos. Por isso, muitas vezes, a definição dos procedimentos se torna um desafio, principalmente quando a pesquisa envolve coleta e análise de dados na forma de documentos. É muito comum observamos certa confusão quanto à pesquisa documental e bibliográfica. Lembre-se: pesquisa documental e pesquisa bibliográfica são diferentes. Vamos entender quais as diferenças entre ambas?

A **pesquisa bibliográfica** é usada para construção do referencial teórico que dará suporte ao recorte do problema de pesquisa, à construção da pesquisa e às discussões dos resultados, no sentido de apontar as semelhanças ou diferenças com aqueles apresentados nos estudos referenciados. As fontes utilizadas na pesquisa bibliográfica são constituídas por material já elaborado e/ou editado, como é o caso dos livros, capítulos de livros, teses e dissertações e artigos científicos, publicados em revistas acadêmicas ou apresentados em eventos científicos. É com base na pesquisa bibliográfica que você elabora a fundamentação teórica de seu projeto ou de seu TCC, justificando o recorte que deu ao seu problema de pesquisa, a metodologia que escolheu e, finalmente, confrontando os seus resultados com os resultados obtidos em estudos anteriores. A pesquisa bibliográfica é, portanto, fundamental para que possamos empreender uma pesquisa e ela ocorre de maneira continuada, apoiando o processo de pesquisa do início ao final. Quer dizer que eu estarei

Capítulo 9 Análise de documentos 169

terminando o meu TCC e ainda terei que continuar a pesquisar outros trabalhos sobre meu tema? É, quer dizer isso mesmo!

A **pesquisa documental**, por sua vez, é elaborada com base em documentos que ainda serão interpretados por você. Com base nesses documentos, você poderá efetuar a análise e obter os resultados do estudo. Esses documentos constituem fontes diversificadas e dispersas, públicas ou particulares, que não receberam tratamento analítico ou que podem ser reelaboradas de acordo com os objetivos da sua pesquisa.[1] Normalmente, as fontes são documentos contemporâneos, ou seja, produzidos na atualidade, mas podem também ser documentos retrospectivos, ou seja, relativos a momentos históricos ou a um contexto mais antigo. Abrangem não apenas materiais escritos, como também elementos iconográficos, cinematográficos, folclóricos ou qualquer outro tipo de testemunho registrado.

Quais são os documentos comumente usados por pesquisadores? O Quadro 9.1 mostra detalhes de fontes documentais que podem ser utilizadas por pesquisadores.

QUADRO 9.1 Detalhamento das fontes documentais

Classificação	Fontes
Materiais escritos	Jornais, revistas, anotações e diários, materiais didáticos* e obras literárias, científicas e técnicas, cartas, atas, pareceres, memorandos e relatórios, projetos de lei, ofícios, discursos, mapas, testamentos, inventários, informativos, depoimentos orais e escritos, certidões, correspondência pessoal ou comercial, documentos informativos arquivados em repartições públicas, associações, igrejas, hospitais, sindicatos etc. Outros documentos comuns às pesquisas em Contabilidade são as demonstrações contábeis, notas explicativas, pareceres de auditoria e relatórios da administração
Elementos iconográficos	Sinais, grafismos, imagens, pintura, escultura, desenho, fotografias, filmes, músicas (sons) etc.

* Materiais didáticos e obras literárias e científicas (como livros) podem ser usados como fontes documentais se algum aspecto específico destes estiver sendo objeto de análise.
Fonte: adaptado de GIL, 2007.

Só para reforçar, Chizzotti explica que documento é qualquer informação apresentada sob a forma de textos, imagens, sons e sinais, por exemplo, contida em um suporte material (papel, madeira, tecido, pedra), fixada por técnicas especiais

---

[1] GIL, A. C. *Como elaborar projetos de pesquisa*. 4. ed. São Paulo: Atlas, 2007.

170 **PARTE III** Métodos de pesquisa

como impressão, gravação, pintura, incrustação etc.[2] Assim, quaisquer informações orais, como diálogos, exposições, aulas, reportagens faladas e entrevistas, tornam-se documentos quando transcritas em suporte material. Tanto os materiais escritos como os iconográficos podem estar disponíveis em fontes públicas ou privadas: associações científicas, escolas e universidades, bibliotecas públicas, jornais, igrejas, sindicatos, partidos políticos, empresas ou em acervos pessoais. Homero Junior, por exemplo, utilizou em sua dissertação, como documento de análise, os folhetos ou jornais emitidos por sindicatos para concluir sobre a utilidade das demonstrações financeiras publicadas pelos bancos para o movimento sindical dos bancários.[3]

É preciso destacar a existência de materiais estatísticos, que são classificados dados de arquivo, normalmente tratados e disponibilizados por órgãos como o Instituto Brasileiro de Geografia e Estatística (IBGE) ou o Serviço de Processamento de Dados (Serpro). Devemos considerar também órgãos específicos que mantêm bancos de dados especializados, como a Bolsa de Valores (B3), Economatica, Juntas Comerciais e os Conselhos Federal e Regionais de Contabilidade, entre outros. Mas isso é outra história, contada no Capítulo 7, que trata de pesquisa de arquivo ou *archival research*.

Considerando a diversidade de fontes documentais, o pesquisador pode se questionar: Quando usar a pesquisa documental e com qual objetivo? Veja bem: pesquisas documentais são consideradas pertinentes nas mais variadas situações de investigação, pois permitem o estudo de pessoas às quais não se tem acesso físico, porque estas podem não estar mais vivas. Propiciam, ainda, acessibilidade a dados e evidências que problemas de distância poderiam inviabilizar. Possibilitam, também, manter o estudo por longos períodos após a coleta dos dados, pois as informações contidas nos documentos permanecerão as mesmas; além disso, o documento não reagirá à presença e manuseio do pesquisador – isso, é claro, se o documento for tratado com o devido cuidado! Outra questão muito importante é que documentos são considerados uma fonte natural de informação do contexto histórico, econômico e social no qual se originaram e, por isso, retratam e fornecem dados sobre esse mesmo contexto.[4]

---

[2] CHIZZOTTI, A. *Pesquisa em ciências humanas e sociais*. São Paulo: Cortez, 2005.

[3] HOMERO JUNIOR, P. F. *Utilidade das demonstrações financeiras publicadas pelos bancos brasileiros para o movimento sindical dos bancários*. 2013. Dissertação (Mestrado em Controladoria e Contabilidade: Contabilidade) – Faculdade de Economia, Administração e Contabilidade, Universidade de São Paulo, São Paulo, 2013. Disponível em: http://www.teses.usp.br/teses/disponiveis/12/12136/tde-22102013-161447/pt-br.php. Acesso em: 11 jul. 2019.

[4] BAILEY, K. D. *Methods of social research*. 2. ed. New York: Free Press, 1982.

Outra classificação comum atribuída a fontes documentais é que estas são primárias ou secundárias. Quando o documento ainda não passou por tratamento ou interpretações, como dados de anotações e diários, cartas, memorandos, relatórios e discursos, pareceres de auditoria, por exemplo, ele é chamado primário. Quando os dados já foram tratados, como informações constantes em demonstrações contábeis, relatórios de empresas e tabelas estatísticas, disponibilizadas em banco de dados, dizemos que são secundários.

No **estudo de caso**, os documentos gerados pela organização (atas de reunião, relatório da administração, missão, declarações, definições de trabalho, demonstrações contábeis) são vistos como representações da realidade da organização. Esses documentos poderão ser utilizados na coleta e interpretação de dados.

Todos os dados, sejam primários ou secundários, receberão tratamento de forma que o pesquisador extraia deles as informações que responderão à sua questão de pesquisa. O que realmente interessa é que esses documentos sejam autênticos e representem, de fato, o fenômeno que se procura investigar. Um dos grandes desafios da pesquisa documental é o grau de confiança sobre a veracidade dos documentos. No entanto, esse desafio pode ser atenuado durante a análise documental, quando possível, por meio de análises cruzadas e triangulações com resultados de outras fontes.[5]

Independentemente de uma discussão em profundidade sobre os paradigmas de pesquisas – quantitativas e qualitativas – há um entendimento fundamentado no senso comum de que, nas abordagens quantitativas, os padrões de mensuração com base em testes estatísticos resultantes do uso de *softwares* são aceitos porque pressupõem maior objetividade. Por outro lado, pesquisas com abordagem exclusiva ou predominantemente qualitativa estão sujeitas a maior grau de subjetividade em relação aos procedimentos, formas de coleta e organização dos dados. Para alguns pesquisadores, essa dita subjetividade aumentaria os riscos de interpretações enviesadas. Para contrapor essas críticas, é preciso adotar procedimentos de análise

---

[5] MARTINS, G. A.; THEÓPHILO, C. R. *Metodologia da investigação científica para ciências sociais aplicadas*. São Paulo: Atlas, 2007.

172 **PARTE III** Métodos de pesquisa

aprofundada e fazer um registro cuidadoso dos passos seguidos nessa análise. Por isso, considerando a complexidade que pode se revelar no momento do exame de fontes documentais, vamos conhecer sobre as técnicas de análise documental?

9.1 ANALISANDO OS DADOS DOCUMENTAIS

Quando a abordagem da pesquisa é de natureza qualitativa, o pesquisador pode, e normalmente utiliza, mais de uma técnica para coleta de dados. Imagine que determinada investigação busque reconstruir a história das primeiras indústrias de uma determinada região geográfica e, para tanto, o pesquisador estabeleça contato com seus fundadores, se estes forem vivos, ou com seus descendentes, para entender quais foram as facilidades e dificuldades desde a abertura (gênese) até a consolidação do negócio. A principal técnica para a busca de informações provavelmente será a entrevista. No entanto, a fala dos entrevistados pode e deve ser confrontada e complementada com documentos.

A **análise documental** constitui uma técnica importante na pesquisa qualitativa, usada também para triangulação ou complementação de informações obtidas por outras técnicas, como a entrevista e a observação, a fim de desvelar aspectos novos de um tema ou problema.[6] Mas, como analisar os documentos usados a fim de obter, complementar ou triangular as informações? Diferentes abordagens interpretativas podem ser utilizadas, destacando-se, nos estudos em Ciências Contábeis, a **análise de conteúdo**.

Embora menos comum que a análise de conteúdo, entendemos que a **análise do discurso** também pode ser usada em pesquisas em nossa área de conhecimento. Outra abordagem, menos usual, é a chamada de **semiótica**. A semiótica nada mais é que a análise de símbolos nas fontes documentais. Embora os nomes das técnicas as façam parecer complicadas, entender seu conceito e estabelecer os critérios de análise, como faremos com a análise de conteúdo e do discurso, esclarecerão muitos pontos e mostrarão que seu uso é muito comum, mesmo exigindo rigor.

9.1.1 Análise de contéudo

A análise de conteúdo é uma técnica usada desde as primeiras décadas do século XX em pesquisas que estudam o comportamento humano. Ao usar a análise de conteúdo, o pesquisador busca a compreensão de temas implícitos ou que estejam

---

[6] GIL, 2007.

Capítulo 9 Análise de documentos 173

ocultos ou disfarçados nos materiais analisados. É uma análise que pode ser aplicada a fontes escritas, estatísticas e iconográficas a fim de que se interprete a essência contida nos detalhes das informações, dados e evidências disponíveis.

Parece fácil, não é mesmo? De fato, é simples. Contudo, a análise de conteúdo requer que o pesquisador tenha conhecimento do contexto social e histórico que caracteriza as causas e antecedentes da produção do material analisado. Bardin chama esse conhecimento de **hermenêutica**, para que, ao expor suas inferências, o pesquisador contemple essas dimensões.[7]

A análise de conteúdo pode ser usada para identificar as intenções, características e apelos dos comunicadores, aqueles que produziram a fonte escrita, estatística ou iconográfica, e desvendar as ideologias veladas ou disfarçadas no documento. Na área contábil, destacamos outras possibilidades de usos da análise de conteúdo:

- **em Contabilidade Gerencial:** pode ser usada na análise de memorandos, relatórios, instruções e outros documentos, para descrever tendências ou identificar padrões de comunicação de gestores, mediante a comparação das mensagens produzidas ao longo do tempo, a fim de verificar estilos de liderança, por exemplo;

- **em Contabilidade Financeira:** pode ser usada para auditar conteúdos de comunicações e compará-los com padrões ou objetivos legais. Por exemplo, para comparar o *disclosure* e *accountability* de informações contábeis publicadas em notas explicativas, relatórios da administração e pareceres de auditoria mediante *check-list* construído a partir de leis e orientações de órgãos reguladores;

- **em Educação Contábil:** pode ser usada para analisar livros didáticos ou publicações de jornais ou teses, dissertações, artigos, e discutir a representação da imagem do profissional em contabilidade, se masculina ou feminina; ou analisar relatórios financeiros para verificar se as mulheres e homens são igualmente representados e, se não, quais as diferenças.

E como extrair as informações necessárias dos documentos e realizar as inferências sobre seu conteúdo? Apresentamos as etapas sequenciais fundamentais do processo de análise de conteúdo, conforme propostas por Martins e Theóphilo, na Figura 9.1.

---

[7] BARDIN, L. *Análise de conteúdo*. Lisboa: Edições 70, 1997.

FIGURA 9.1 Etapas da análise de conteúdo

Fonte: MARTINS; THEÓPHILO, 2007.

Vamos ver em que consiste cada uma dessas etapas? Fique tranquilo! É mais fácil do que parece.

A **pré-análise** compreende a coleta e organização do material a ser analisado. Se é um estudo longitudinal – que analisa o *disclosure* de empresas de determinado segmento empresarial ao longo do tempo, por exemplo – os documentos serão organizados de acordo com as datas em que foram produzidos porque, possivelmente, atendiam à época a algum aspecto específico de uma lei ou orientação.

A **descrição analítica** é o estudo aprofundado do material, orientado pelas hipóteses (ou proposições, no caso de estudos qualitativos) e pelo referencial teórico construído. Veja aqui a pesquisa bibliográfica contribuindo para a análise de conteúdo! Para realizar a descrição analítica, deve-se determinar a unidade de análise, que pode ser uma palavra, ou o tema investigado, uma frase ou símbolo, a critério do pesquisador e conforme os estudos correlatos. Essas unidades de análise definirão as categorias, que devem ser exaustivas e mutuamente excludentes. Cada categoria englobará as variáveis relacionadas a todos os aspectos de um assunto específico.

Entre os *softwares* que podem ser usados para categorização de trechos ou para identificar a frequência de palavras – seja para a descrição analítica ou para a interpretação do conteúdo –, há aqueles com acesso livre (e gratuito) e outros com acesso restrito, cuja licença de uso tem que ser adquirida.

Acesso livre:

IRAMUTEQ, desenvolvido em 2009. Trata-se de um programa informático gratuito, que se ancora no *software* R e permite diferentes formas de análises estatísticas sobre *corpus* textuais e sobre tabelas de indivíduos por palavras.

Acesso restrito:

NVivo, produzido pela QSR International, é um *software* para análise de informações em dados não estruturados ou qualitativos, como entrevistas, respostas abertas de pesquisa, artigos, mídia social e conteúdo *web*:

A terceira etapa é a própria **interpretação do conteúdo,** explícito e implícito. É importante destacar que, no momento em que o pesquisador determina as categorias de análise, já foram definidas as variáveis ou constructos que compõem cada categoria e que serão interpretadas: são os chamados **quadros de referência**. A interpretação e as inferências serão realizadas em função dos objetivos do estudo e das variáveis ou constructos incluídos em cada categoria.

A **categorização**, ou seja, a definição de categorias de análise, é um processo prévio de estruturação do trabalho de análise e envolve duas etapas:

- o inventário, que é o isolamento das unidades de análise (palavras, temas, frases etc.);
- a classificação das unidades, revelando as categorias comuns, que, como Martins e Theóphilo explicam, ficarão em uma 'gaveta imaginária', para análise e inferência posteriores.[8]

Nesse processo, programas de computador ou *softwares* específicos podem ser usados. Eles auxiliam na busca de frases e palavras individuais, para que seja, então, conhecida a frequência e/ou o contexto em que são empregados no texto, bem como na categorização de trechos para posterior análise e interpretação.

9.1.2 Análise do discurso

O termo **discurso** é empregado para se referir a todas as formas de fala e textos, seja quando ocorrem naturalmente nas conversas apresentadas, como material de

---

[8] MARTINS; THEÓPHILO, 2007.

entrevistas, ou em textos escritos de todo tipo,[9] proferidos ao longo da história, orais ou escritos. Quando o pesquisador se propõe a usar a análise do discurso, há que ter cuidado e atenção a aspectos como entonações, hesitações e silêncios, que subentendem um discurso implícito. Esses aspectos devem ser relacionados ao conteúdo falado ou explícito.

Outra questão importante é que o discurso, por ser uma prática social, tem que ser situado no contexto social e histórico em que foi proferido ou que tenha sido escrito, independentemente de se referir a um passado distante ou recente. Pela análise do contexto, o pesquisador estará em condições para compreender as particularidades da forma de organização e, sobretudo, de evitar interpretar o conteúdo do documento em função de valores modernos.[10]

Deve-se considerar, ainda, a posição de quem discursa ou fala em termos de sua classe social, raça, gênero e posição que ocupa em uma organização, por exemplo,[11] devido ao entendimento de que características pessoais e sociais se revelam no discurso. Ademais, também há de se considerar que existe um sentido oculto o qual pode ser captado em todo o discurso. A identidade da pessoa que se expressa, seus interesses e os motivos que resultaram no discurso permitem ao pesquisador avaliar e capturar as nuances, os "não ditos" ou o "discurso nas entrelinhas".

Ao usar a técnica de análise do discurso, o pesquisador já terá formulado todas as questões iniciais de pesquisa e escolhido ou selecionado os textos a serem analisados. Para a discussão dos temas centrais, a exemplo da análise de conteúdo, é preciso obedecer a etapas sequenciais que compreendem a transcrição, leitura cética, codificação e análise propriamente dita, como representado na Figura 9.2.

---

[9] GILL, R. Análise do discurso. In: BAUER, M. W.; GASKELL, G. (eds.). *Pesquisa qualitativa com texto*: imagem e som – um manual prático. Petrópolis: Vozes, 2002. cap. 10, p. 244-270.

[10] SÁ-SILVA, J. R.; ALMEIDA, C. D.; GUINDANI, J. F. Pesquisa documental: pistas teóricas e metodológicas. *Revista Brasileira de História & Ciências Sociais*, v. 1, n. 1, jul./2009. Disponível em: https://www.rbhcs.com/rbhcs/article/view/6. Acesso em: 20 mar. 2018.

[11] MAY, T. Pesquisa documental: escavações e evidências. In: MAY, T. *Pesquisa social*: questões, métodos e processos. 3. ed. Porto Alegre: Artmed, 2004. cap. 8, p. 205-230.

FIGURA 9.2 Etapas da análise de discurso

Fonte: elaborada pela autora.

Quando o texto analisado é de domínio público, como é o caso de anúncios e artigos de jornal ou das notas explicativas de uma determinada empresa, a primeira etapa, a **transcrição**, é eliminada. Do contrário, é exigida a transcrição. Atualmente, existem *softwares* que facilitam a transcrição de áudios para textos, mas é preciso tomar cuidado em relação ao seu uso, visto que entonações e hesitações podem ser perdidas nesse processo. A fala deve ser mantida em sua essência. Erros gramaticais ou de concordância não podem ser corrigidos. Afinal, se o pesquisador corrigi-los, perderá **informações** que revelam a posição ou características específicas de quem fala. Prepare-se: a transcrição requer tempo, sensibilidade e ouvidos atentos!

A segunda etapa é a **leitura cética**, que caracteriza os primeiros momentos da análise. Mas o que é leitura cética? É a leitura pormenorizada, atenta e exaustiva do texto transcrito, a fim de buscar sua essência. Consiste em ler e reler de forma a encontrar padrões ou desvendar o sentido implícito ou oculto do discurso. Vamos dar um exemplo: supondo que estejamos desenvolvendo uma pesquisa sobre empregabilidade na área contábil e que seja uma pesquisa documental, a partir de discursos de empresários veiculados em jornais sobre os postos de trabalho em organizações contábeis. O que poderia nos revelar a leitura cética? Ora, desconsiderando a etapa

178 **PARTE III** Métodos de pesquisa

de transcrição, uma vez que os textos são de domínio público e já estão escritos, a leitura cética poderia nos levar a conhecer as "qualidades" que todo profissional contábil deve ter e que foram citadas na matéria. Poderíamos encontrar, por exemplo, pressuposições ocultas sobre gênero se identificarmos que as qualidades são atribuíveis com maior frequência a um gênero específico.

A leitura minuciosa levará à **codificação** que será, é óbvio, determinada pelas questões ou objetivos da pesquisa. O discurso oculto ou implícito também poderá levar à revisão das questões iniciais da pesquisa. Gill entende que as pessoas usam várias estratégias para codificar e que cada pesquisador deve desenvolver a sua codificação.[12] Mas, essencialmente, a codificação é uma maneira de organizar as categorias de interesse e deve incluir o máximo possível de informações sobre os temas centrais.

Após a codificação do discurso, na qual os temas centrais resultantes da codificação foram definidos, a análise propriamente dita é realizada. O pesquisador deve examinar os padrões no discurso a fim de identificar variações e detectar incoerências ou inconsistências, sempre atento à função específica daquele discurso no contexto social, político e cultural em que foi produzido. Os casos desviantes, aqueles que diferem dos padrões identificados, não podem ser desprezados porque levarão a considerações interessantes sobre o discurso e a uma descrição minuciosa.

Uma variante da análise do discurso é o **discurso do sujeito coletivo** (DSC), cuja técnica consiste na apresentação dos resultados sob a forma de um ou vários discursos-síntese, escritos na primeira pessoa do singular, a fim de expressar a opinião de uma coletividade, como se esta fosse a emissora de um discurso único. Na técnica do DSC, Lefreve, Crestana e Cornetta explicam que são selecionadas as expressões-chave do discurso individual a uma questão, construindo-se discursos-síntese, na primeira pessoa do singular, que refletem o pensamento do grupo ou coletividade como se fosse um discurso individual.[13]

---

[12] GILL, 2002.

[13] LEFREVE, A. M. C.; CRESTANA, M. F.; CORNETTA, V. K. A utilização da metodologia do discurso do sujeito coletivo na avaliação qualitativa dos cursos de especialização "Capacitação e Desenvolvimento de Recursos Humanos em Saúde-CADRHU", São Paulo – 2002. *Saúde e Sociedade*, v. 12, n. 2, p. 68-75, jul./dez, 2003. Disponível em: http://www.scielo.br/scielo.php?script=sci_abstract&pid=S0104-12902003000200007&lng=pt&nrm=iso. Acesso em: 11 jul. 2019.

Capítulo 9 Análise de documentos 179

Como exemplo de análise do discurso do sujeito coletivo, Alves Filho usou essa técnica para tratamento das entrevistas realizadas, mediante o emprego do software Qualiquantisoft. Em sua tese, o autor buscou compreender o atual estágio da Cultura Organizacional Acadêmica (COA) de cursos de Ciências Contábeis em duas universidades públicas. Os procedimentos metodológicos e a discussão realizada podem ser consultados em sua tese, disponível na Biblioteca Digital de Teses e Dissertações da USP.
Veja só:

10 Entrevistas individuais

Sandra Maria Cerqueira da Silva[1]

E, quando você pensa que está ficando livre... é a hora de entregar a atividade considerada mais importante de todo o percurso: o Trabalho de Conclusão de Curso. Você só pensa em "se livrar". Mas eu convoco você a encarar essa maratona como algo que irá criar, uma oportunidade de escrever um artigo, quiçá um livro. Pense em todas as possibilidades de contribuição que o estudo poderá proporcionar. Também convido você a refletir sobre a sensação de realização após concluir sua primeira produção própria de conhecimento. Quase posso ver seu olhar para o alto e para longe, além do sorriso de canto de boca.

Se conseguiu chegar até aqui – na etapa de condução de entrevistas –, é porque boa parte da andança já foi percorrida. A estrutura do seu trabalho já está quase pronta. Já pensou na questão de pesquisa e na justificativa. Já andou lendo bastante sobre o tema. Agora é definir procedimentos, uma vez que precisa responder ao problema que suscitou sua pesquisa. Esses procedimentos são parte do caminho para se chegar à ciência, ao conhecimento. Você dispõe de diferentes técnicas possíveis para chegar à resposta da problemática que levantou. Aqui, no entanto, também precisará fazer escolhas. Nesse caso, da técnica que melhor se adéqua ao estudo que propôs.

Escolhas, escolhas... É verdade, não é fácil. Mas você vai dar conta!

No capítulo anterior, você se apropriou de como tratar documentos, reconhecendo desde o percurso em que as decisões foram tomadas até as técnicas de manuseio. Este capítulo continua a tratar do planejamento da coleta e da construção de dados. Será dedicado, principalmente, a um relato de experiência em Contabilidade, a título de demonstração de uma forma para conduzir entrevistas individuais e pensar aspectos relacionados ao processo do *corpus* da pesquisa, quando da elaboração do TCC de graduação. Para tanto, considera o contexto do

---

[1] Deixo aqui meu registro de gratidão para minha amiga Ana Débora Carneiro, pela leitura cuidadosa e por me ajudar a ver o que uma vista cansada já não consegue enxergar.

ensino superior nas áreas de negócios, quais sejam Contabilidade, Atuária, Administração e Economia. Aqui você encontrará uma descrição e registros de pontos listados como vantagens e limitações quando da utilização da entrevista.

Os estudos qualitativos têm sido uma opção considerada quando o objetivo é compreender os processos de significação e as interações simbólicas entre os indivíduos, tornando premente ao pesquisador selecionar dados representativos desses processos. Nessa opção, os materiais e dados apurados podem ser nomeados *corpus* de pesquisa.

Atenção: a maneira como você construirá seu *corpus* de pesquisa será extremamente importante, pois terá reflexos nos aspectos de confiabilidade e validação do estudo.

O verbete *corpus* é de origem latina e significa corpo. Em pesquisas de abordagem qualitativa, no contexto acadêmico, conforme mencionado, *corpus* é o conjunto de documentos sobre determinado tema. O *corpus* de um tema, de acordo com Bauer e Aarts,[2] é composto pelos materiais identificados como fontes importantes para que o aluno/pesquisador possa fundamentar seu texto, adequado ao caráter científico necessário à sua monografia.

Chegou o momento de fazer o TCC. Calma! Essa é uma ótima oportunidade para consolidar o que aprendeu.

10.1 CONCEITOS E HISTÓRICO

Nas ciências sociais, entrevistas e questionários são técnicas de coleta de dados, de levantamento de *corpus* bastante utilizadas. Quando se trata de pesquisa qualitativa, as entrevistas, enquanto recursos metodológicos típicos dessa abordagem, são uma das técnicas privilegiadas para acesso às informações. Avalio, ainda, como um dos mais eficientes meios de se chegar ao objetivo de uma pesquisa, qual seja, a resposta à questão-problema.

---

[2] BAUER, M. W.; AARTS, B. A construção do corpus: um princípio para a coleta de dados qualitativos. In: BAUER, M.; GASKELL, G. (org.). *Pesquisa qualitativa com texto, imagem e som*. Petrópolis: Vozes, 2002.

10.1.1 No que consiste uma entrevista?

Em linhas gerais, é possível dizer que **entrevista** significa um diálogo objetivado, uma interação comunicativa entre duas ou mais pessoas. Digo diálogo objetivado porque, enquanto técnica, diz do momento em que a pessoa investigadora, de posse de um roteiro de questões, elabora perguntas a outra pessoa ou a um grupo de pessoas.

Uma vez que tem uma intencionalidade e funciona como uma técnica para se chegar às informações, a entrevista se diferencia de uma conversa comum, quando o diálogo flui solto. As entrevistas devem proporcionar a condição de levantar informações subjetivas das pessoas entrevistadas, ou seja, motivações, satisfações ou insatisfações, percepções acerca de problemáticas específicas, aspirações, expectativas, crenças, valores e opiniões.

Observada essa característica – de ter objetivo específico – a entrevista deve se relacionar com uma demanda e estar em concordância com o caminho para a resposta da problemática. É possível que, durante o seu desenvolvimento, algumas das perguntas sejam modificadas para melhor se ajustarem à realidade ou ao contexto dos respondentes. Ademais, novas perguntas podem surgir. Isso ocorre porque, no desenrolar da entrevista, podem aparecer informações salutares, não listadas no roteiro, que impõem explorar mais algo relevante que veio à tona, ou ainda a título de esclarecimento e/ou aprofundamento. Talvez essa seja a principal diferenciação entre questionários e entrevistas. Estas últimas proporcionam mais liberdade à pessoa que entrevista, uma vez que as perguntas não são fechadas ou se encerram em si.

Esses desdobramentos e alterações que surgem durante o progresso podem ocorrer dada a estreiteza do contato entre as pessoas entrevistadas e os entrevistadores. Com o passar do tempo e a partir de sensações de conforto diante das perguntas já realizadas, o contato tende a ficar mais íntimo, possibilitando, portanto, mais abertura para relatos não previstos na elaboração do roteiro da entrevista. Esse é outro diferencial da entrevista: o foco na pessoa que é entrevistada. Uma das limitações do questionário é que o pesquisador se impõe ao informante da pesquisa e pode não antecipar experiências relevantes e incluí-las no instrumento de coleta. Já a entrevista, por permitir esse ajuste, dá maior espaço ao entrevistado e maior flexibilidade ao pesquisador.

10.1.2 Características das entrevistas

As entrevistas permitem a compreensão de pontos de vista que guardam coerência com o comportamento de grupos da sociedade, de acordo com um objetivo predeterminado de compreender uma realidade em particular.

Em uma entrevista, a neutralidade deverá ser observada, em especial diante de respostas que estejam em desalinho com sua forma de pensar, ou seja, a forma de pensar do pesquisador. Assim, por mais que uma resposta seja surpreendente, você deve manter a "cara de paisagem". Esboçar descontentamento ou desagrado pode acabar com a entrevista ou, no mínimo, promover a economia de respostas, inibir o entrevistado.

O roteiro funciona como norteador para as partes e ordenação do registro.

10.1.3 Diferentes tipos de entrevistas

Abramovay aponta para quatro tipos de entrevistas: informal, não diretiva, semidiretiva e estruturada.[3] Tratarei brevemente, a seguir, sobre cada um desses quatro tipos.

1. **Entrevista informal**: também chamada de não estruturada, tem o objetivo de permitir a livre expressão da pessoa entrevistada sobre uma ou mais temáticas. Nesse formato quase não há predeterminação das respostas, o que a aproxima da forma de uma conversa cotidiana. Há um roteiro inicial simples. Constitui uma opção importante quando não se quer apontar verdades objetivas ou testar hipóteses.

2. **Entrevista não diretiva**: por meio dessa técnica, também a pessoa entrevistada fala livremente sobre a questão que fora levantada. No entanto, uma vez que o entrevistador perceba que a resposta está se distanciando do tema, deve-se fazer uma intervenção no sentido da recondução ao foco. Em geral, essa técnica é mais utilizada quando se objetiva explorar a fundo casos de circunstâncias experimentais específicas.

3. **Entrevista semiestruturada ou semidiretiva**: nesse formato, o entrevistador segue um roteiro com pontos de interesse. Esses pontos devem estar ordenados e guardar relação entre si. Há abertura para falar livremente, desde que respeitados os temas propostos. Como na entrevista não diretiva, uma vez que se percebe desvio do tema original, quem realiza a entrevista orienta para

---

[3] ABRAMOVAY, M. *Programa de prevenção à violência nas escolas*. Documentos de Referência. Rio de Janeiro: Flacso Brasil, 2015.

a "retomada do prumo". Mas é preciso ter cuidado no momento de abordar a pessoa que está concedendo a entrevista para não comprometer o restante do processo, bem como manter a espontaneidade.

4. **Entrevista estruturada**: em geral utilizada quando se está diante de um grande número de pessoas para serem entrevistadas. Diante dessa situação, é elaborado um roteiro fixo de perguntas. Nessa forma é possível encontrar elementos comuns entre entrevistas e questionários. Como as perguntas são fixas, há ganhos em termos de rapidez na realização e tratamento do *corpus*. Embora as pautas sejam específicas, há margem para que as pessoas entrevistadas possam responder livremente, desde que mantenham atenção ao tema.

10.1.4 Como optar por um tipo específico de entrevista?

É preciso atentar para as variações ou o distanciamento em relação a uma entrevista e uma conversa livre. Dessa forma, se você deseja obter entrevistas em profundidade, deve permitir maior liberdade aos respondentes. De outro modo, se dispõe de pouco tempo e tem muitas pessoas para entrevistar, seu roteiro deve ser mais estruturado, o que limita a condição de fala da pessoa entrevistada e reduz o tempo necessário para análise das respostas.

Você não deve perder de vista os objetivos da pesquisa!

10.1.5 Quais equipamentos devem ser utilizados para a realização de uma entrevista?

Você pode utilizar gravadores, aparelhos celulares, filmadoras ou, simplesmente, registrar por escrito as informações, as percepções e as observações obtidas com a entrevista. Nos dias atuais, o recurso mais utilizado são os gravadores do aparelho celular. Lembre-se de recorrer a mais de um equipamento, para evitar a triste surpresa da perda da gravação de uma entrevista excepcional.

É importante, ainda, salientar que o registro escrito não proporciona a riqueza de detalhes da entrevista gravada. Também é importante sempre manter o seu diário de campo para tomar nota de suas impressões e pensamentos, se não durante a entrevista, logo após seu término.

10.1.6 Quais as vantagens e limites ao se optar por realizar entrevistas?

Para além da necessidade de alinhamento entre objetivo da pesquisa e meios para se chegar aos resultados, a opção por entrevistas proporciona algumas vantagens.

- Não é necessário que a pessoa entrevistada saiba ler ou escrever; portanto, você terá acesso a um grupo muito mais diverso de pessoas e de experiências.
- Em um questionário, há maior margem para questões sem respostas, sobretudo se ele não for aplicado pessoalmente; na entrevista, por outro lado, consegue-se obter maior número de respostas, até porque, no geral, é desconfortável negar-se a dar entrevistas.
- Reúne melhor condição para ajustes quando é o caso de realizar adaptações durante o processo.
- Dada sua característica de ser mais flexível, possibilita a pesquisadores esclarecerem dúvidas quanto às perguntas, bem como adaptar-se melhor às pessoas entrevistadas e condições na qual a entrevista se realiza.
- É possível captar a linguagem corporal e alterações na tonalidade da voz durante a realização da entrevista, o que, somado ao conteúdo, possibilita inferências que podem ampliar o olhar sobre a discussão. Por isso, de novo, tenha seu caderno de campo em mãos e tome notas!

Mas nem tudo são flores! Ao optar por entrevistas, você deve estar ciente de que há limitações com as quais talvez precise lidar.

- É possível que a pessoa a ser entrevistada não esteja bem física ou emocionalmente no momento agendado para a entrevista. Portanto, ela poderá estar desmotivada para responder às perguntas que lhe são dirigidas, o que resulta em respostas abreviadas ou até perguntas descartadas.
- Alguns respondentes podem encontrar dificuldade na compreensão do significado de palavras, de parte e até do todo da pergunta.
- Muitas vezes, dar a resposta verdadeira pode gerar conflitos pessoais e/ou profissionais; portanto, os participantes podem fornecer respostas falsas.
- Influência de transeuntes.
- Até a própria presença/postura do entrevistador pode gerar influência sobre respondentes. Assim, pense como quer se apresentar, que impressão quer passar e use isso como uma possibilidade de acrescentar informações à sua pesquisa. Por exemplo, como seria se apresentar de calça jeans e camiseta para uma entrevista com o sócio de uma empresa de auditoria ou com um CEO de uma multinacional? Lembre que, nesse tipo de pesquisa, você, como pesquisador, é parte ativa da pesquisa.

186 **PARTE III** Métodos de pesquisa

Em resumo, existem razões particulares que impedem os respondentes de participarem plenamente, tais como razões psicológicas que atuam no indivíduo, mas não estão no nível da consciência, ou ainda o fato de se surpreenderem com respostas que "brotam" (a ambiência ou sua habilidade de trato podem desencadear ações inesperadas), questões de vocábulo que fazem com que a pessoa pesquisada se sinta incapaz ou inábil para responder adequadamente a uma ou mais perguntas e até influências de opiniões pessoais do entrevistador acerca da resposta recebida.

Boa parte dessas limitações pode ser amenizada com o adequado delineamento de quem se quer ou deverá ser alvo da pesquisa, aliado à utilização de técnicas diferenciadas e complementares e, sobretudo, um bom planejamento das ações. Alguns autores indicam o pré-teste de entrevistas com participantes com as mesmas características do grupo de interesse como uma etapa importante na preparação para a condução de entrevistas. A adoção do pré-teste pode evitar algumas das limitações indicadas.

Há, também, alguns problemas que podemos evitar. Algumas das principais intervenções negativas ou erros durante uma entrevista são:

- roteiro insuficiente ou inadequado;
- falta de condições de pessoas entrevistadas para aprofundar-se sobre as questões que lhes são apresentadas;
- tendência a influenciar respostas;
- prejulgamentos ou elaboração de conclusões precipitadas que podem, inclusive, sugestionar erroneamente respondentes;
- escutar mal parte ou o todo da resposta;
- ambiente inadequado para realização de entrevista;
- estímulo a respostas curtas e objetivas, "cortando" a fala da pessoa entrevistada.

Esses são aspectos que entrevistadores treinados provavelmente não precisarão experimentar.

Lembre-se de que o foco é na pessoa entrevistada e pratique a arte da escutatória. Isso ajudará você a evitar alguns desses problemas.

10.1.7 Cuidando para que tudo dê certo

Faça sondagens e busque o melhor momento para realizar a entrevista. Evite situações que possam gerar ansiedade ou falta de atenção, como realizar entrevistas no ambiente de trabalho onde, além da possibilidade de estar "roubando" o tempo laboral, o processo poderá ser de tempos em tempos interrompido, para atender demandas de outras pessoas. Se entrevistadores ou respondentes estiverem com pouco tempo, tente remarcar!

A realização de entrevistas no local de trabalho ou até na residência da pessoa entrevistada pode ter ainda outros desdobramentos, como gerar sentimentos de pressão ou intimidação. Isso pode ocorrer também ao tratar de questões consideradas delicadas. Nesse sentido, os entrevistadores devem se preparar com mais zelo ou considerar fazer mais de uma entrevista, sendo a primeira apenas para construção da confiança. O tato e a gentileza na condução e a forma de colocar as perguntas podem fazer toda a diferença na resposta a ser recebida.

- Leve seu próprio material para realização da entrevista (gravador, carregador, pilhas, se for o caso, caneta, caderno de campo, entre outros).
- Busque um espaço tranquilo e arejado onde a possibilidade de intervenção seja ínfima. Evite barulhos que possam aparecer na audição posterior da gravação.
- Crie um ambiente em que a pessoa possa sentir-se relaxada e confiante.

Atente para não deixar de explorar respostas que não foram suficientemente respondidas ou para a necessidade de aprofundar pontos que foram lembrados durante o processo e são relevantes para a pesquisa. Conduza a entrevista de forma a ter todas as suas perguntas bem trabalhadas. Para tanto, pesquise sobre as diferentes técnicas para obter uma resposta mais elaborada dos entrevistados. Um exemplo dessas técnicas é posicionar a caneta como se estivesse em espera, o que demonstra uma situação de incompletude. Os respondentes tendem, então, a complementar a fala.

Também vale a pena auxiliar a memória com perguntas neutras, mas que possam somar à fala, por exemplo: Como assim? Há mais alguma coisa que queira registrar?

A forma de abordar alguns assuntos mais complexos é tão importante quanto o conteúdo que se sucede. Cabe a quem está na condição de entrevistador colocar as perguntas e aguardar que os respondentes possam utilizar as próprias palavras para responder. Portanto, evite complementar falas, fazer resumos, "atropelamentos", julgamentos e, sobretudo, o direcionamento de opiniões.

Também é importante não esboçar frases que deem a impressão de desqualificar a fala de pessoas respondentes do tipo: "Então você acha que...", "Sério, esta é sua opinião?", "Na verdade você quis dizer..." e "Você não acha que se fosse... seria...".

O silêncio de entrevistadores, por vezes, é bem-vindo. Na condição de entrevistador, você jamais deve discordar nem demonstrar contrariedade ou surpresa diante de uma resposta. É preciso preparar-se para posicionar-se de maneira neutra, ainda que diante de falas que considere absurdas, sob pena de não colher respostas verdadeiras e até ter a entrevista interrompida bruscamente.

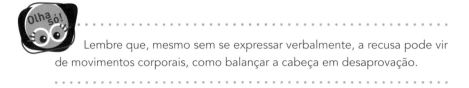

Lembre que, mesmo sem se expressar verbalmente, a recusa pode vir de movimentos corporais, como balançar a cabeça em desaprovação.

Longos silêncios durante uma resposta podem acontecer. E eles dizem muito! Em especial, quando se toca em assuntos específicos. A sua preocupação é lançar temas e saber articular-se para que a entrevista flua com tranquilidade e no ritmo das pessoas pesquisadas. Fazem parte da resposta hesitações, pausas e silêncios, como no caso de discursos orais.

Essa orientação não significa que os pesquisadores não possam intervir. No entanto, é preciso ter habilidade para fazer tais intervenções. Há situações em que o caminho é realinhar a conversa. Há momentos em que a pergunta não fica suficientemente clara ou o discurso se torna muito confuso, fugindo, inclusive, da proposta da pauta. Além disso, os respondentes podem oferecer respostas superficiais. São momentos nos quais cabem cuidadosos encaminhamentos.

10.1.8 Relatório de campo, o seu registro pessoal

Lembra que falamos de seu caderno ou diário de campo? Então, ele será a base de seu relatório de campo. E o que é isso? Qual seu objetivo?

Em seu relatório de campo, devem constar detalhes que permitam compreender ou visualizar como cada processo transcorreu:

- informações sobre início e fim de cada entrevista;
- receptividade dos respondentes;
- o lugar e as condições em que se deu a entrevista;

- se o respondente era amistoso e relaxado ou se houve tensão e timidez para algumas das partes em algum momento;
- motivação das pessoas entrevistadas para darem respostas;
- se foram solicitadas interrupções, em que momento e, se possível, a razão disso ter ocorrido;
- se foi solicitado para desligar o gravador e em que momento;
- dúvidas ou dificuldades na compreensão de questões;
- possíveis reações negativas;
- demonstrações de desconforto ou constrangimento diante de uma determinada pergunta;
- recusa em responder ou abordar determinados assuntos etc.

Anote tudo que lhe vier à mente. Às vezes, de imediato, você não entende como um determinado registro poderá compor a escrita do seu texto. Mas não subestime sua capacidade criativa.

Não espere para efetuar os registros de detalhes no seu relatório de campo; caso contrário, muitos detalhes se perderão. O ideal é fazer o registro escrito tão logo se encerre a entrevista e você esteja em um lugar adequado.

Qualquer detalhe pode fazer a diferença durante a escrita do texto, acredite!

10.2 ABORDAGEM DE PESQUISA

Bem, já foi falado neste livro sobre pesquisa qualitativa. No entanto, nunca é demais lembrar: a escolha adequada da metodologia de pesquisa pode colaborar sobremaneira para achados que, além de auxiliarem no desenvolvimento do estudo para estudantes e profissionais, podem proporcionar resultados mais condizentes com a realidade ou ser mais aplicáveis aos contextos dos diferentes tipos de organizações. Mesmo porque há uma amplitude de possibilidades de modos operacionais de pesquisa na área de negócios e, especificamente, de Contabilidade, que estão disponíveis, mas que nem sempre são exploradas e/ou conhecidas.

É preciso oportunizar diferentes leituras dos produtos contábeis, por exemplo. Para tanto, a opção pela pesquisa qualitativa pode se apresentar como uma condição mais diversificada e aprofundada de estudos na área. Nesses termos, é indispensável compreender as principais diferenças entre pesquisa qualitativa (observando os aspectos gerais e críticos) e pesquisa positivista. É necessário apropriar-se das discussões sobre os ditos "riscos" que envolvem a escolha. Além disso, deve-se ter clareza quanto à adequação na definição dessa abordagem, da metodologia e das técnicas de pesquisa qualitativa. Por fim, é preciso conhecer quais são os critérios de valor para a pesquisa com essa abordagem: rigor na coleta e análise dos dados, bem como as diferentes posturas teóricas, ou seja, orientar para percepção eficiente quanto à pesquisa qualitativa e impacto social da contabilidade.

10.3 PLANEJANDO A COLETA DE DADOS OU CONSTRUÇÃO DE EVIDÊNCIAS

A intenção com o meu relato de experiência, no tópico 10.5, a seguir, é demonstrar novas formas de viabilizar a pesquisa no Brasil, um país de imensidão singular e que, até por isso, mantém diferenças importantes entre as cinco regiões que o compõem. Assim, espero que o tópico considere as dificuldades de diferentes estudantes, que acumulam deficiências por diferentes circunstâncias, que vão desde as desigualdades econômicas, de acesso à educação, de origem de povos colonizadores, de percepção do país em que se vive, entre outras.

10.3.1 Chegou o momento para a realização da entrevista

Inicialmente, os pesquisadores devem ter clareza acerca do objetivo da entrevista, bem como do resultado que se espera obter. Só então poderão proporcionar assertividade na escolha do *corpus* a ser levantado.

10.3.2 Observe seu objetivo para encadear as ideias de forma lógica

Na condução de entrevistas individuais, alguns pontos parecem banais, mas podem interferir sobremaneira no *corpus* que será objeto de tratamento:

- o horário agendado;
- como se distribui a iluminação;

Capítulo 10 Entrevistas individuais 191

- se presencial, por telefone, por aplicativos de mensagens ou *software* de conversas de voz e vídeo, dentre outras opções eletrônicas;
- se será liberada a presença de acompanhante;
- outras questões relacionadas.

Entrevistar alguém resulta em uma relação – mesmo que momentânea – entre entrevistador e entrevistado. Essa relação pode ser marcante e/ou intensa, como registrarei a seguir. Faz com que se revivam situações, as quais podem ser tristes ou alegres. Assim, cabem alguns cuidados antecipadamente, durante e após a realização da entrevista, como ligar antes para uma conversa amistosa. Esse ato faz com que a pessoa possa se sentir um tanto mais segura e se tornar mais aberta, no momento da entrevista. Se não for possível a ligação, separe um momento inicial da entrevista para se apresentar e conversar sobre amenidades.

Também é preciso ter sensibilidade no tratamento para com as pessoas entrevistadas. Deve-se estabelecer empatia e, com isso, proporcionar condições adequadas para a realização da entrevista. Por exemplo, se você entrevistará uma mãe com filhos pequenos, algumas dificilmente conseguirão se concentrar ao redor dos pequenos, enquanto outras ficarão mais tranquilas se estiverem perto deles. Vale perguntar!

Enviar *e-mail* de apresentação, bem como transmitir informações sobre o estudo, além de dizer como chegou ao nome (se por sugestão de alguém, informações constantes no currículo Lattes, interesses de pesquisa etc.) também pode ampliar a zona de conforto ou o espaço para proximidade, o que poderá resultar em maior disponibilidade para responder a pesquisa.

No caso de enviar *e-mail* ou semelhante, assegure-se de que a correspondência enviada foi recebida. Uma boa opção é solicitar retorno confirmando ou ter à mão dados para contato e, assim, confirmar a disponibilidade.

Já precisei remarcar uma entrevista porque faltou energia no bairro. Em outro caso, o motivo foi uma reforma na casa vizinha. São situações às quais, às vezes, é possível antecipar. A falta de energia, no caso de manutenção, em geral, é comunicada com antecedência pelas operadoras locais. Contudo, lembre-se de que imprevistos poderão ocorrer e esteja preparado para eles, na medida do possível.

Desde o contato inicial, ao começar a entrevista, é preciso repassar e deixar clara a apresentação do tema e dos objetivos da pesquisa. Esclarecer sobre o processo de gravação e, também, sobre o processo de transcrição e autorização ou consentimento.

Lembre-se: o termo de consentimento deve conter informações quanto ao anonimato da fonte.

Inicialmente, a pessoa a ser entrevistada deve assinar o termo de consentimento, conforme estabelece cada instituição, programa de pós-graduação e/ou comitê de ética, esclarecendo para a cedente as condições de sua participação. Essa ação, que trata da confidencialidade e do anonimato, proporciona mais segurança e pode ampliar as condições de participação. Apenas enfatizando: essa é uma etapa importante em qualquer pesquisa que envolva pessoas. Assim, lembre-se de verificar com seu orientador se precisará submeter seu projeto ao Comitê de Ética da Universidade, por se tratar de coleta de dados com pessoas.

Sempre exercitando a audição ativa, pesquisadores devem respeitar o silêncio da pessoa entrevistada, registrando-o, se for o caso, no seu caderno de campo.

Intervenções na fala da pessoa entrevistada devem ser evitadas. Contenha sua ansiedade! No entanto, é preciso ter habilidade para retomar a problemática de maneira simples, cortês e direta.

Depois do "quebra-gelo", o passo seguinte é colocar uma questão geral. O objetivo, nesse momento inicial, é levantar informações sobre o perfil da pessoa que entrevista, como gênero, idade, escolaridade, trabalho, dados familiares, como usufrui o tempo livre etc. Evidentemente, cada tema será abordado por vez, de acordo com a problemática.

O conhecimento sobre o tema, a capacidade de boa comunicação, a habilidade de desenvolver empatia e a sensibilidade para boa condução, além da capacidade de adaptação, podem garantir entrevistas objetivas e de qualidade.

Cuidado! Nada de impor respostas! Mas vale confirmar o seu entendimento colocando a fala da pessoa em suas palavras e repetindo a ideia para que ela possa ajustar, caso necessário.

Depois de colhida a assinatura no termo de consentimento, deve-se solicitar permissão para a utilização de gravador ou semelhante. Também é preciso respeitar caso a pessoa entrevistada queira registrar algo, mas solicite que o gravador seja desligado.

Um cuidado especial deve ser dado ao encerramento do processo. Convém conduzir essa etapa de forma harmoniosa.

10.4 ANÁLISES E INTERPRETAÇÃO DE DADOS OU EVIDÊNCIAS

Essa é a sua mais efetiva contribuição. É nesse espaço que as cobranças têm um peso maior. Nesse momento, os leitores esperam encontrar ideias originais, resultantes do processo de pesquisa. Em geral, nesse espaço, os pesquisadores se limitam – o que é uma pena! – a descrever resultados ou reproduzir respostas, seja por receio de gerar desconforto com o entrevistado, por falta de base para explorar os achados ou, ainda, por receio de se expor. Diante de tantos receios, perdem a oportunidade de registrar marcas importantes de ineditismo do trabalho.

Ricas construções são desconsideradas por uma leitura inicial de "não fazer sentido". Por exemplo, se entrevistou vários homens e todos falam da necessidade de políticas afirmativas de gênero, mas não há nenhuma mulher em diretorias ou como gerentes na organização, em um contexto onde há mulheres com capacitação para tal, não seria leviano apontar o conflito entre a fala e o que é possível observar. Daí a relevância de estar totalmente concentrado na pesquisa durante o seu desenvolvimento – para evitar perder informações não ditas, mas presentes.

194 **PARTE III** Métodos de pesquisa

A seguir, relato minha experiência com entrevistas individuais que serviriam de base para a elaboração da minha tese. Uma experiência composta por algumas das técnicas de autoetnografia, de abordagem qualitativa, na perspectiva crítica na Contabilidade. É um exemplo totalmente "fora da caixinha". E por que não?

10.5 RELATO DE EXPERIÊNCIA DE PESQUISAS DA AUTORA

Para sistematizar o *corpus* da pesquisa, em minha tese, por exemplo, as narrativas foram gravadas com a autorização de cada participante, mediante o Termo de Consentimento Livre e Esclarecido (TCLE), para serem transcritas posteriormente.[4] Tendo em mãos as transcrições impressas, ouvi as gravações, enquanto examinava os escritos correspondentes, para corrigir eventuais erros. Em outro momento, e como uma segunda checagem, as transcrições foram lidas, enquanto eu escutava as gravações. Nessa última vivência, a expectativa era registrar exemplos considerados relevantes para o estudo, que demonstravam emoção, mudanças de tom ou ênfase, humor, entonação, entre outros comportamentos, aos quais seria possível atribuir significado.

Com base nas referências, foram registradas as primeiras observações sobre as experiências das pessoas entrevistadas, que foram realçadas para dar ênfase às formas como diferentes pessoas relatam suas experiências, de acordo com as circunstâncias em que se encontravam. Com esse procedimento, foi possível estabelecer diálogos entre teoria e vida prática, para dar sentido às experiências em um processo interpretativo. Essa estratégia possibilitou também sintetizar o que liga cada compreensão da experiência ao objetivo da pesquisa. Toda essa movimentação ocorre sem perder de vista a necessidade de responder à questão-problema.

Três das entrevistas foram realizadas pessoalmente. Assim, foi possível observar também o corpo físico e como ele está sempre presente, mesmo que possa mudar ao longo do tempo e em diferentes contextos. Segundo Haynes, o corpo em seu estado de desenvolvimento, a aparência e a forma como é movimentado podem ser incorporados como uma forma de dados à disposição de pesquisadores.[5] Foi o que fiz na minha pesquisa.

---

[4] SILVA, S. M. C. *Tetos de vitrais:* gênero e raça na contabilidade no Brasil. 2016. Tese (Doutorado em Controladoria e Contabilidade: Contabilidade) – Faculdade de Economia, Administração e Contabilidade, Universidade de São Paulo, São Paulo, 2016. Disponível em: https://www.teses.usp.br/teses/disponiveis/12/12136/tde-03082016-111152/pt-br.php. Acesso em: 29 set. 2019.

[5] HAYNES, K. (Re)figuring accounting and maternal bodies: the gendered embodiment of accounting professionals. *Accounting, Organizations and Society*, v. 33, n. 4-5, p. 328-348, 2008. Disponível em: http://www.sciencedirect.com/science/article/pii/S0361368207000396. Acesso em: 4 mar. 2015.

Capítulo 10 Entrevistas individuais 195

Alguns detalhes relevantes que ocorrem durante as entrevistas, por vezes, ficam omitidos, caso não sejam registrados no relatório de campo. Em geral, são atitudes comportamentais como intranquilidade (que pode demonstrar ou sinalizar desconforto para com a temática que está sendo tratada), tristeza, calma e até uma intervenção externa inesperada. Daí a recomendação do uso do chamado caderno de campo, no qual, logo em seguida à realização da entrevista, você fará anotações de impressões durante o processo e de acontecimentos que não há, por exemplo, como o gravador captar.

Esses "dados" foram pouco explorados na pesquisa aqui descrita, seja porque a concentração e a atenção na história e com a linguagem ouvida fizeram com que essa observação ficasse comprometida, seja porque se entendeu que o desenvolvimento desse aspecto poderia levar os leitores ao estranhamento do teor e até gerar confusão, vez que necessitaria de todo um embasamento anterior para tentar garantir o entendimento do exposto. Também poderia ampliar sobremaneira o volume do texto, dada a necessidade da riqueza dos detalhes teóricos, para garantir a compreensão, além de parecer fugir aos objetivos metodológicos propostos no estudo. Assim, durante as entrevistas de levantamento da história oral, os significados dos movimentos dos corpos dos participantes como símbolos sociais também foram relevantes, mas não suficientemente explorados. Isso para não perder o foco na preocupação com o *corpus* a ser elaborado e a experiência vivenciada pelas pessoas entrevistadas, bem como na forma como elas foram representadas e utilizadas de maneiras específicas no contexto cultural particular da contabilidade.

É importante destacar que essa comunicação não verbal pode ser interpretada para além da voz. A própria fisicalidade do corpo durante a entrevista, enquanto relata a história oral, informa sobre estar diretamente relacionada com as questões discutidas pelos participantes e como a mente e o corpo estão inter-relacionados, ou dissociados, e interagem. Segundo Silverman, trata-se de observar um sistema de sinais e seus significantes, os elementos de uma categoria do bom senso, a "emoção".[6] Para que se compreenda melhor, trago, como exemplo, o relato dos comportamentos vivenciados por duas pessoas entrevistadas para a pesquisa. Enquanto falavam sobre as dificuldades que haviam enfrentado, tentando combinar a carreira na contabilidade com as exigências familiares, elas foram tomadas por

---

[6] SILVERMAN, D. *Interpretação de dados qualitativos*: métodos para análise de entrevistas, texto e interações. Porto Alegre: Artmed, 2009.

196 PARTE III Métodos de pesquisa

muita emoção. Com isso, havia muito desconforto, suor e a necessidade de paradas para que pudessem se recompor.

Isso fez com que as falas sobre desigualdade tenham sido reais e vívidas, já que algumas emoções foram retomadas. Um exemplo das possibilidades de tal leitura: a assunção corpórea da identidade como mulher, negra e diferente dos ditos "padrões de beleza", por vezes, fez com que fosse alterada a voz de uma das entrevistadas.

Da mesma forma, em uma das reuniões, a pessoa entrevistada era já experimentada em entrevistas e falas de improviso, além de possuir vasta experiência na prática da contabilidade onde trabalha e em outras oportunidades extramuros do país. Com isso, apresentou-se de forma colaborativa e preocupada em oferecer elementos que pudessem contribuir para enriquecer a pesquisa, mas cuidadosa com o contexto profissional. Portanto, foi extremamente cuidadosa com as palavras e os signos que ficariam disponíveis aos pares.

Outra pessoa entrevistada, cada vez que falava de situações que envolviam emoção e desconforto, baixava o tom de voz, ficando, por vezes, inaudível. Dentro da análise dessas formas de como o corpo vivencia uma experiência, é possível estabelecer vínculos com os sistemas de representação, significado e conhecimento.

Além disso, o próprio corpo da autora figura naquela escrita, seja como mulher negra, seja como educadora na área contábil. Como Haynes registra, muitas pesquisas qualitativas discutem o papel do pesquisador na pesquisa e como o seu "eu" ou seus preconceitos, inclinações políticas, emoções ou ontologia afetam o processo de pesquisa.[7]

A resposta do pesquisador ao material empírico é provável que surja, atenuada e complexa de certa forma, a partir de sua própria autobiografia. Contudo, em vez de ver isso como um obstáculo a ser superado e fazer tentativas fúteis de evitar algo que não pode ser evitado – a completa neutralidade – devemos pensar com mais cuidado em como utilizar a nossa subjetividade como parte do processo de investigação.[8]

Como observa Haynes, a propriedade intelectual na utilização crítica da autobiografia localiza o pesquisador reflexivamente na pesquisa, o que possibilita que as experiências emocionais e físicas da autoria, de forma criativa e analiticamente, melhorem o trabalho e se reconheçam "os modos pelos quais o eu afeta tanto o processo de pesquisa, como seus resultados".[9]

---

[7] HAYNES, 2008.
[8] WALKERDINE apud HAYNES, 2008.
[9] HAYNES, 2008, p. 334.

Capítulo 10 Entrevistas individuais   197

Mesmo com toda a preparação e embasamento teórico, ao partir para as entrevistas, alguns percalços acabaram por ocorrer.

Eu acreditava que teria um resultado melhor utilizando um pequeno gravador. Minha pouca habilidade com o instrumental para gravar as primeiras entrevistas fez com que eu perdesse tempo e até a entrevista gravada. Depois disso, mantive dois meios para gravar: o gravador e o gravador do aparelho celular. Houve momentos em que, seja porque havia muita emoção mobilizada ou para atender às solicitações das pessoas entrevistadas, foi preciso desligar o gravador. No envolvimento com o processo e anotações relacionadas ao objeto, como emoções e condições das pessoas entrevistadas, ou para dar assistência à pessoa com quem dialogava, houve duas situações em que um dos gravadores permaneceu ligado.

O teor da conversa foi passado na íntegra para as pessoas entrevistadas, quando da solicitação de anuência, com a afixação da assinatura no TCLE. O teor não autorizado foi posteriormente descartado.

Conforme mencionei anteriormente, precisei refazer uma entrevista, pois o timbre de voz de um dos entrevistados ficou muito baixo, impossibilitando, inclusive, a transcrição. Somado a isso, como descrito no parágrafo anterior, houve falhas ao se operacionalizar o equipamento para a primeira gravação. Em razão disso, foi preciso marcar um novo horário para gravar uma segunda entrevista da primeira entrevistada. Ainda assim, algumas passagens ficaram inaudíveis, mas isso não comprometeu a participação e colaboração para a pesquisa. Durante a escrita do texto, porém, percebi que esses eram momentos e falas cruciais – daí por que as vozes ficavam tão baixas.

Havia o registro de duas egressas de programas de pós-graduação que se encaixavam no perfil idealizado de possíveis entrevistadas. Ocorreu que uma dessas entrevistadas se negou a contribuir com o estudo, não respondendo a nenhuma das tentativas de contato, quer por telefone, e-mail, WhatsApp ou mesmo por intervenção de terceiros. Enfim, foram muitos os recursos de sensibilização, sem sucesso.

A segunda pessoa que estava relacionada como um registro importante para os objetivos desse estudo resultou em entrevista perdida, porque a primeira entrevista ficou com pouca precisão. Houve diversas tentativas para remarcar, sem sucesso. Essa participação era relevante por se tratar da primeira pessoa com "características de pessoa negra" a cursar mestrado e doutorado em Contabilidade. No entanto, consta dessa primeira entrevista, quase que totalmente inaudível, um registro muito importante para o objeto de estudo e que, felizmente, pode ser utilizado, pois já dispunha de anuência no TCLE.

A análise das entrevistas revelou elementos suficientes para a elaboração de um esboço de resposta para a questão que norteou o estudo. Para tanto, as construções, que são representações do campo e marcam de forma recorrente a trajetória profissional das pessoas entrevistadas, foram agrupadas em dez categorias, oito das quais eram comuns às entrevistadas, sendo estas responsáveis por responderem ao problema de pesquisa do estudo, enquanto as outras duas categorias não foram relatadas em todas as narrativas de história oral dos sujeitos sociais da pesquisa. Para o estudo em questão as categorias de análise foram: "Aspectos pessoais e influência familiar"; "Rede de relações"; "Modelo"; "Formação e trajetória acadêmica"; "Desigualdades de gênero e teto de vidro"; "Efeitos do mito da democracia racial"; "Resiliência"; "Representatividade"; "Consciência negra"; e "Meritocracia".

Com o estudo, foi possível identificar que todas as pessoas participantes da pesquisa vivenciaram algum tipo de preconceito ou discriminação na vida pessoal, no ambiente de trabalho, antes ou durante a formação profissional. Dentre os achados, também foi possível inferir, a partir dos recortes, que as mulheres e, em especial, as mulheres negras, revelam que sua presença em cargos e funções de chefia no ambiente de trabalho ainda causam estranhamento entre pares e para a sociedade.

A Contabilidade, objeto da pesquisa, pode contribuir diretamente para mudar o contexto das desigualdades. Ela pode também influenciar para fazer frente ao fenômeno do "teto de vidro", a partir de ações como a reconfiguração do que se pretende dizer com discursos, como no caso da prestação de contas, e defesa de mais transparência, bem como a exposição de números relativos à violência contra mulheres – em contraste com os tantos relatos restantes tornados invisibilizados, conforme mencionado na tese. Para tanto, é preciso desafiar a "inevitabilidade" da violência, refutando causas ditas "naturais" e defendendo a responsabilização. A pesquisa foi uma proposição de fornecer oportunidades para tal transformação.

Feito esse relato, fico aqui torcendo que você encontre elementos nesse capítulo para não passar pelos dissabores que passei nem quaisquer outros. Espero que suas entrevistas sejam tranquilas e ricas. Sucesso na sua trajetória!

11 Entrevistas em grupo (*Focus Group*)

Jony Hsiao

Nesta terceira etapa, em que você deve optar por um método de pesquisa e coleta de dados, você já possui uma boa parte do seu trabalho. Eu diria que metade do caminho já foi percorrido. Você provavelmente já escolheu uma área que seja de seu interesse dentro da Contabilidade, dentre muitos outros temas que podem ser abordados com pontos de vistas ainda pouco estudados. Quem sabe não é seu Trabalho de Conclusão de Curso (TCC) que vai olhar um problema sob uma nova lente? Tudo é possível, com empenho, muita leitura e criatividade!

Bom, com o tema definido, você também já deve ter escolhido um aspecto de seu tema, um olhar mais focado ou um recorte do problema. Lembre que, em uma pesquisa, é praticamente impossível estudarmos todos os aspectos de uma área ou tema de interesse. É importante não querer abraçar o mundo, mas poder ter uma parte dele que "é de bom tamanho, nem largo nem fundo, é a parte que te cabe deste latifúndio".[1]

Um passo importante e que, às vezes, é uma tarefa árdua para muitos estudantes e jovens pesquisadores é escolher de que forma você investigará o tema escolhido. Ficar perdido nesse momento, sem saber ao certo como de fato fazer a pesquisa para seu TCC, pode dar um certo desespero no início. Contudo, lembre-se de que você não está sozinho nesse barco; você tem o seu orientador para ajudá-lo a navegar por essas águas. Assim, quando se sentir perdido ou à deriva, peça ajuda, pergunte, busque conselhos.

Uma das principais dúvidas que podem surgir no momento de escolher qual método de pesquisa ou estratégia de coleta de dados utilizar é a seguinte: É melhor uma pesquisa qualitativa ou quantitativa? Aí você pode pensar: "Bom, eu acho que tenho mais facilidade com a pesquisa qualitativa, acho que esse método pode ser adequado, não? Afinal, não sou bom em Matemática e Estatística nem entendo de nada disso!" E decidir: "É isso, vou pelo caminho da pesquisa qualitativa, que deve ser mais simples e deve responder ao meu problema de pesquisa".

---

[1] Trecho do filme *Morte e Vida Severina*, 1981, baseado no livro de João Cabral de Melo Neto de mesmo nome.

A dúvida anterior e a definição do caminho a ser trilhado é, muitas vezes, comum em pesquisadores que estão iniciando no mundo da pesquisa. O exemplo foi um anseio comum, entre muitos outros, do pesquisador e estudante que aqui vos escreve. Quando do momento de escolher qual caminho trilhar e que método utilizar em minha dissertação de mestrado, eu também fiquei perdido e cheio de dúvidas. E, assim como relatou Lara no início do livro, bateu aquele desespero de não saber como responder ao meu problema de pesquisa. Mas, como ela, tive sorte de ter uma orientadora que me ajudou a pensar e refletir (sem impor) e que me ajudou a definir qual seria o melhor caminho a seguir.

Em minha pesquisa de mestrado – ela será utilizada como exemplo para guiar nossa conversa em relação ao método que apresentarei a vocês – utilizei tanto a abordagem quantitativa quanto a qualitativa. Contarei aqui sobre um método de pesquisa e coleta de dados em relação a esta última, a pesquisa qualitativa: o grupo focal ou *focus group*.

Se tiver curiosidade, minha dissertação está disponível no repositório de teses e dissertação da USP:

11.1 GRUPO FOCAL: CONHECENDO O MÉTODO

O grupo focal, ou *focus group*, é um método de coleta de dados qualitativos por meio de entrevistas que envolvem mais de uma pessoa. Com uma rápida pesquisa em artigos e na internet sobre a história do método para entender um pouco de onde veio, verificamos que ele foi desenvolvido por Paul Lazarsfeld, Robert Merton e demais colegas da Universidade de Colúmbia, que faziam parte do Bureau of Applied Social Research. Eles utilizaram esse método como uma medida para verificar a resposta da audiência em relação à difusão do rádio e da propaganda no período da Segunda Guerra Mundial.[2]

A definição desse método é apresentada de diversas maneiras, focando em diferentes aspectos: um grupo de pessoas escolhidas pelo pesquisador para discutir

---

[2] SIM, J. Collecting and analysing qualitative data: issues raised by the focus group. *Journal of Advanced Nursing*, v. 28, n. 2, p. 345-352, 1998. GALEGO, C.; GOMES, A. A. Emancipação, ruptura e inovação: o focus group como instrumento de investigação. *Revista Lusófona de Educação*, n. 5, p. 173-184, 2005.

Capítulo 11 Entrevistas em grupo (*Focus Group*) 201

e explorar um tema pelas suas experiências pessoais,[3] uma forma de entrevista em que a ênfase se encontra na comunicação entre os participantes,[4] e definições mais rigorosas, como a apresentada por Morgan,[5] em que dá ênfase à interação de grupo para a coleta de dados, chamando a atenção para não confundir com outros métodos nos quais mais de um indivíduo participa como grupos nominais e Delphi, por exemplo. Aqui tentarei expor, de maneira mais simples e resumida, os principais aspectos do grupo focal.

Esse método de coleta de dados é realizado por meio de entrevistas com um grupo de pessoas com quem o pesquisador, você por exemplo, se reúne para discutir sobre um determinado tema, relacionado ao problema da sua pesquisa. O grande diferencial desse método em relação às entrevistas individuais é a interação que existe entre as pessoas que participam dela. Portanto, há uma ênfase na comunicação, em ouvir as experiências dos outros, compartilhar as nossas, discutir percepções e pontos de vistas sejam iguais ou divergentes.

Por exemplo, você pode querer reunir um grupo de pessoas que são responsáveis pela preparação de demonstrações contábeis – balanços das empresas – para conhecer e entender as dificuldades, vantagens e desvantagens de adotar as International Financial Reporting Standards (IFRS) para o reconhecimento de receitas.[6]

Você pode, ainda, querer saber como diferentes pessoas utilizam, se utilizam, como utilizam e quais informações contábeis utilizam para decidir onde investir o seu dinheiro. Ou, pensando na área de educação, você ainda pode querer entender quais aspectos influenciam as trajetórias profissionais de egressos, entre homens e mulheres, por exemplo. Ou, então, você pode reunir um grupo de pessoas para entender quais fatores influenciam as pessoas a escolher a carreira de ciências contábeis, como eu fiz em minha pesquisa. Aqui apresentei apenas alguns exemplos das possibilidades de se utilizar o grupo focal para coletar dados para o seu problema de pesquisa. Há uma grande gama de situações nas quais esse método pode se mostrar muito útil. Basta avaliar a sua ideia e seu problema e refletir se cabe aplicá-lo.

---

[3] POWELL, R. A.; SINGLE, H. M. Methodology matters. *International Journal for Quality in Health Care*, v. 8, n. 5, p. 499-504, 1996.

[4] KITZINGER, J. The methodology of focus groups: the importance of interaction between research participants. *Sociology of Health & Illness*, v. 16, n. 1, p. 103-121, 1994.

[5] MORGAN, D. L. Focus groups. *Annual Review of Sociology*, v. 22, n. 1, p. 129-152, 1996.

[6] No Brasil, o termo utilizado são Normas Internacionais de Contabilidade, processo que se iniciou em 2008, em que as práticas contábeis adotadas na norma brasileira (BRGAAP) deveriam convergir para o padrão internacional por meio dos pronunciamentos contábeis (CPC). Consulte: http://www.cpc.org.br/CPC.

202 **PARTE III** Métodos de pesquisa

O grupo focal pode ser o método principal – único ou não – para a obtenção (ou coleta) dos dados para sua pesquisa. Você pode utilizá-lo exclusivamente ou associá-lo a outros meios para obter dados mais concretos e completos sobre algum fenômeno que queira estudar. Outra possibilidade é a de que ele pode ser utilizado como um apoio para sua pesquisa. Por exemplo, você poderá utilizá-lo para fundamentar e elaborar um questionário que será aplicado a um determinado grupo. Para exemplificar, em minha dissertação de mestrado, realizei entrevistas em grupo focal com estudantes do Ensino Médio e estudantes do primeiro ano dos cursos da Faculdade de Economia, Administração e Contabilidade (FEA) e demais cursos da USP. O objetivo era explorar quais eram os fatores que os influenciaram a escolher seus respectivos cursos ou, no caso dos alunos do Ensino Médio, que curso pretendiam cursar. Os resultados dessas entrevistas serviram como base para que eu elaborasse um questionário que foi aplicado a outros estudantes do Ensino Médio para verificar quais fatores influenciam ou não a escolha pela carreira de Ciências Contábeis. Portanto, o grupo de foco pode ser a ferramenta principal de uma pesquisa ou pode ser um passo anterior, para auxiliar, como no meu caso, a elaboração de um questionário a ser aplicado a um outro grupo, posteriormente.

Bom, à primeira vista, pode parecer simples aplicar esse método de coleta de dados. Afinal, é só conversar com um grupo de pessoas que se encaixe no perfil para a minha pesquisa, convidá-las e marcar um dia e horário para realizar a entrevista em grupo com as que toparem participar. Simples, não? Gostaríamos que fosse. Mas, infelizmente, há muitas coisas a se considerar. Vamos falar sobre elas a partir de agora.

11.2 QUAL O TAMANHO DOS GRUPOS? QUANTOS GRUPOS DEVO FORMAR?

O primeiro passo após definir que trabalhará com esse método é decidir qual o tamanho do grupo a formar. Seriam 2, 5, 7, 10, 15 ou 20 participantes? De forma geral, pesquisas anteriores e estudos sobre o grupo focal mostram que grupos que variaram de 6 a 12 participantes mostraram-se adequados para atingir os objetivos das pesquisas dos estudos analisados. É importante pensar sobre o tamanho do grupo por duas razões principais. Por exemplo, grupos muito pequenos, de 3 ou 4 participantes, podem não ser suficientes para "saturar" o tema discutido. Depois explicaremos melhor esse conceito de saturação. De maneira simples, o conceito aqui é que, em grupos maiores, as chances de aparecerem mais ideias e pontos de vista diferentes também são maiores. Afinal, queremos que nossa sessão de discussão

Capítulo 11 Entrevistas em grupo (*Focus Group*) 203

gere a maior quantidade de dados possíveis para que a nossa pesquisa seja cada vez mais rica!

Outra razão se deve à sensação de anonimato dentro do grupo, de que as pessoas não estariam lá para ser julgadas. Um grupo com mais participantes, em geral, oferece mais segurança aos participantes, pois, em um grupo maior, a pessoa pode ter a sensação de que sua presença vai passar desapercebida entre os demais, facilitando que ela se sinta mais à vontade para expressar suas opiniões e ideias sem restrições, abertamente.

Portanto, agora já sabemos que grupos de 6 a 12 participantes ajustam-se bem a esse método. No entanto, lembre-se de que essa não é uma regra absoluta! Você deve sempre levar em consideração a sua questão de pesquisa e o grupo a ser estudado. O acesso ao grupo de interesse pode ser limitado e você pode precisar realizar as entrevistas com grupos menores.

Bom, agora você definiu o tamanho que utilizará para a formação do grupo. Perfeito. Surge então outra questão: Apenas um grupo focal é suficiente para trabalhar com meu problema de pesquisa? Depende. Como mencionado anteriormente, se o assunto for muito específico e o seu grupo de interesse for muito limitado, você poderá utilizar o grupo focal associado a outras técnicas – entrevistas individuais, análise documental, questionários etc. – para obter dados para sua pesquisa. Isso é chamado de triangulação de dados, já apresentada no Capítulo 6.

Fern realizou pesquisa em relação ao grupo focal.[7] Um dos resultados indica que grupos com 8 participantes geraram aproximadamente 46 ideias a mais em comparação com grupos com 4 participantes. Sugerimos aqui grupos de 8 a 10 participantes não apenas pela evidência apresentada neste estudo, mas também pensando na viabilidade e na organização da coleta dos dados e em sua posterior análise. Acreditamos que grupos muito grandes podem demandar um trabalho que talvez não traga benefícios significantes.

---

[7] FERN, E. F. The use of focus groups for idea generation: the effects of group size, acquaintanceship, and moderator on response quantity and quality. *Journal of Marketing Research*, p. 1-13, 1982.

204 **PARTE III** Métodos de pesquisa

Mas vamos considerar que esse não seja o caso. Quantos grupos formar, então? Não há uma regra absoluta que diga que 3 grupos são suficientes ou que 8 grupos são suficientes. De forma geral, 3 a 6 grupos serão suficientes para saturar as ideias. Cabe, também, avaliarmos e percebermos a partir de que momento as entrevistas já não estão produzindo novos dados.

11.3 COMO FORMAR OS GRUPOS?

Agora já sabemos quantos grupos formar para as entrevistas. O passo seguinte é como formá-los. Como assim? Não basta convidar as pessoas que fazem parte do meu grupo de interesse e realizar as entrevistas? Sim, basta convidar e realizar as entrevistas. Simples assim. Entretanto, lembre que, muitas vezes, no seu grupo de interesse, poderemos ter pessoas de idades, gêneros, raças e classes sociais diferentes. Tudo isso influenciará os dados que você obterá. Por exemplo, os dados que você obtiver de um grupo composto apenas por mulheres serão diferentes dos dados que obteria de um grupo composto apenas por homens. Ou, então, se considerarmos um grupo de pessoas jovens ou um grupo de pessoas idosas. A complexidade pode aumentar ainda mais; por exemplo, os dados obtidos de um grupo de mulheres negras da classe A será diferente de um grupo de mulheres brancas da classe C.

Como formar, então, meu grupo de entrevistas de foco? Primeiramente, você deve ter em mente os objetivos e o problema de sua pesquisa e lembrar que não é possível controlar totalmente todas as variáveis. Toda pesquisa carrega sempre algum viés de seu autor e sempre terá algumas limitações e delimitações. O que podemos fazer é minimizá-los e justificar nossas escolhas, conscientes das vantagens e desvantagens dos caminhos que escolhermos. O que farei aqui não é guiá-lo e decidir por você qual caminho deve seguir, ou apontar que este ou aquele caminho é o mais correto. Tentarei, sim, iluminar um pouco os caminhos possíveis para que você tome uma decisão consciente, considerando suas possibilidades e interesses.

A forma mais simples de formar um grupo é realizar um grupo misto de homens e mulheres para discutir o seu problema de pesquisa. Essa opção pode ser viável caso o tema de interesse seja de alguma forma "neutro" e não seja um assunto polêmico. Por exemplo, podemos estar interessados em saber qual a percepção pública do curso de Ciências Contábeis em determinada região. Portanto, entramos em contato com o grupo de interesse da pesquisa, que pode ser formado por estudantes de Ensino Médio de escolas públicas e privadas, e selecionamos alguns para fazerem parte da pesquisa.

Capítulo 11 Entrevistas em grupo (*Focus Group*) 205

Outra maneira de compor os grupos é separá-los entre homens e mulheres. Essa separação pode ser interessante caso achemos que a presença do sexo oposto pode influenciar na participação do outro sexo nas discussões ou nas respostas, por não se sentirem confortáveis. Por exemplo, se quisermos saber como estudantes de pós-graduação em Ciências Contábeis percebem/experienciam as relações interpessoais no ambiente acadêmico, é possível que os homens ou as mulheres não se sintam confortáveis em se abrir totalmente aos seus pares por receio de fofocas ou mesmo retaliações ou de questões que cheguem ao conhecimento de algum docente. Por outro lado, talvez um problema nas relações interpessoais para as mulheres seja que a pós-graduação em Contabilidade é fortemente composta por homens, como discentes e docentes. Assim, elas poderiam se sentir constrangidas em colocar esse problema para colegas homens por conta da reação que esperam deles. Enfim, há que se considerar possibilidades que estejam em seu radar e na revisão de literatura que fez sobre o tema e que podem inibir a participação de alguns grupos.

Outra possibilidade é formar os grupos separando-os por cor e/ou raça. A justificativa é semelhante à situação anterior. Um exemplo de situação em que seria interessante essa segregação poderia ser em uma pesquisa que tivesse como objetivo explorar a opinião de estudantes do curso de Ciências Contábeis se existe racismo entre os estudantes. Da mesma maneira que na situação anterior, é possível que algum participante não se sinta à vontade para expressar livremente sua experiência e opinião.

Em um último exemplo, os grupos poderiam ser formados por faixas etárias. Essa conformação pode ser interessante no caso de querermos obter opiniões e percepções de diferentes gerações sobre um determinado assunto. Uma questão de pesquisa poderia ser como diferentes gerações de profissionais formados em Contabilidade percebem o seu papel em nossa sociedade atualmente. Realizar as sessões de entrevistas em grupos por faixas etárias pode ser uma solução para captar essas diferentes visões e opiniões entre diferentes gerações de profissionais.

Anteriormente, foram apresentadas algumas situações possíveis para a formação dos grupos. Lembre-se de que a separação não é obrigatória entre homens e mulheres, entre classes sociais ou entre cor de pele e/ou raça. Tudo dependerá dos objetivos que você quer para a sua pesquisa.

Em toda escolha de formação de grupo haverá vantagens e desvantagens. Ao separar as pessoas e fazer grupos mais homogêneos, por exemplo, grupos apenas de homens e grupos apenas de mulheres, é possível que algumas ideias ou discussões não sejam levantadas nas sessões, pois, como vimos, uma característica desse método é a interação entre os participantes e a comunicação. Ao separá-los em grupos distintos e tentar homogeneizar os grupos, perdemos a possibilidade de entrarem em contato com outros pontos de vista que, talvez, para um grupo, não seja tão fácil perceber e sentir pelo fato de não passarem pelas mesmas experiências.

Um último comentário, que não é diretamente associado com a formação dos grupos, mas indiretamente relacionado, é que, quando se formam os grupos para as entrevistas, seria interessante fazer um rodízio entre os participantes. Por exemplo, você realiza três grupos focais com oito participantes cada, grupos A, B e C. Ao final de cada entrevista, você faria uma nova roda de grupos de entrevista, porém, agora, misturando os participantes. Assim, no grupo A, entrariam alguns participantes que antes estavam nos grupos B e C e alguns do grupo A sairiam e entrariam nos grupos B e C. É uma forma de ampliar a interação entre os participantes e de que entrem em contato com outras pessoas, ideias, opiniões e experiências, possibilitando que surjam novas ideias e opiniões a cada rodada com o acúmulo das discussões. Muitas vezes, porém, é uma opção pouco viável, considerando-se a limitação de tempo que, em geral, temos para as nossas pesquisas. Além disso, os próprios participantes teriam de disponibilizar tempo para mais um ou dois encontros para as demais rodadas de entrevistas, o que muitas vezes não é possível.

Enfim, cabe a você pensar e decidir qual o melhor caminho a tomar considerando seu problema de pesquisa, o tempo que você tem e os recursos disponíveis.

Ainda não acabou! Vamos seguir em frente e falar sobre como convidar os participantes para as entrevistas de foco.

11.4 CONVIDANDO OS PARTICIPANTES

Vimos até aqui considerações de como formar os grupos, o seu tamanho e quantos grupos formar. Agora que já temos isso em mente, vamos partir para a ação propriamente dita.

O próximo passo é convidar os participantes para a pesquisa. Essa etapa do processo é o momento em que você deve se organizar para entrar em contato com as pessoas que tem em mente para participar de sua pesquisa. Atualmente, com os diversos meios e ferramentas de comunicação, as possibilidades que podemos escolher para convidar as pessoas são diversas. Podemos ligar para as pessoas, enviar mensagens por *e-mail*, grupos de WhatsApp, divulgar em redes sociais, convidar pessoalmente, entre muitas outras. Abordarei alguns pontos que são importantes nesse momento.

Capítulo 11 Entrevistas em grupo (*Focus Group*) 207

vou te contar

Para facilitar e tornar o assunto mais palpável, vamos tomar como exemplo a minha pesquisa de mestrado. Como disse no começo do capítulo, meu interesse estava em entender quais eram os fatores que influenciavam as pessoas a escolher a carreira em Ciências Contábeis. Para isso, como parte da construção do questionário, resolvi fazer entrevistas com grupos de estudantes do Ensino Médio e estudantes ingressantes, ou seja, do primeiro ano de alguns cursos da USP e, especificamente, da FEA. Foram, portanto, três grupos focais. Eu já tinha em mente, nesse momento, quem convidar para os grupos.

O convite para os estudantes da USP foi mais fácil de ser realizado. Compareci nas turmas do primeiro ano da FEA, no início da aula de algumas disciplinas, solicitei permissão ao professor para passar um recado e, quando autorizado, expliquei às turmas a pesquisa, os objetivos, a disponibilidade de horários e deixei meu contato para aqueles que tivessem interesse e pudessem participar. Também pedi ajuda para o centro acadêmico da FEA para ajudar na divulgação do convite, pelo contato e participação que possui dentro da faculdade.

Convidar os estudantes de outras unidades da USP foi um pouco mais complicado, pois minha intenção era conseguir estudantes de diversos cursos. Como eu já sabia que seria virtualmente impossível conseguir pelo menos um representante de todos os cursos, o convite foi feito no boca a boca. Como eu conhecia muitos estudantes de outras unidades, expliquei os propósitos da pesquisa e pedi que divulgassem entre os seus colegas de turma e amigos. Essa não é a melhor maneira de recrutar, pois percebe-se aí um viés na escolha dos participantes, a qual não é aleatória. Isso deve ser considerado ao discutir os resultados e justificá-los na metodologia do trabalho. Isso é muito importante!

Agora, o convite para estudantes do Ensino Médio foi mais trabalhoso. Primeiro, tive que decidir como chegar nesses estudantes. A via escolhida foi entrar em contato direto com as escolas por meio de *e-mail* ou telefone, explicando a minha pesquisa e perguntando se seria possível que eu a apresentasse pessoalmente. Procurei tanto escolas da rede pública como da rede particular e também do ensino técnico, para que o grupo participante pudesse ser bem abrangente e diversificado. Durante o contato, tive muitas recusas, como eu esperava. Mas, felizmente, algumas das escolas aceitaram que o convite fosse enviado aos alunos para participar da pesquisa. Nas escolas particulares que aceitaram que eu fizesse o convite, este foi enviado por *e-mail* pela coordenação do colégio. Enviei um documento explicando toda a pesquisa para os responsáveis da escola e estes repassaram para os estudantes com meu contato, caso tivessem interesse em participar. Nas escolas da rede pública, foi diferente. Os responsáveis permitiram que eu realizasse o convite pessoalmente para os estudantes, nas salas de aula.

208 PARTE III Métodos de pesquisa

É preciso, aqui, fazer uma consideração importante. No caso da pesquisa com estudantes do Ensino Médio, por serem a maioria menores de idade, enviamos um documento para cada um que demonstrou interesse em participar da pesquisa explicando os objetivos, a data a ser realizada e uma carta de autorização de participação que deveria ser assinada pelos responsáveis. No documento, além de explicar o propósito da pesquisa, garantiu-se o anonimato para todos os participantes. Esse é um aspecto importante e que não deve ser esquecido, pois, caso não fique claro aos participantes, podem decorrer problemas de ordem ética e processos jurídicos. Recomendo que, caso a sua instituição possua um comitê de ética, leve o seu projeto de pesquisa para avaliação antes de iniciar a coleta dos dados, não apenas para o grupo focal, mas também para outros métodos de pesquisa, como questionário ou entrevista.

Sabemos que, muitas vezes, as pessoas que demonstram interesse em participar da pesquisa acabam não comparecendo às entrevistas por motivos diversos ou não respondem a um questionário de pesquisa. Em virtude dessas faltas, que sempre podem ocorrer e, geralmente, ocorrem, recomenda-se que convidemos sempre um número superior àquele que queremos, antecipando a possibilidade de perder sujeitos na pesquisa. Sugere-se que o número de convite aos participantes exceda em 25%.[8] Por exemplo, se quisermos montar um grupo focal com 8 participantes, vale a pena convidarmos e termos um aceite inicial de 10 ou 12 interessados, já partindo do pressuposto de que nem todos comparecerão à dinâmica. Contudo, devemos estar preparados caso apareçam todos os interessados. Nesse caso, uma alternativa é dispensar o número excedente, oferecer um lanche/café para todos que se dispuseram a comparecer e agradecer o seu interesse ou realizar a dinâmica com todos os participantes, caso avalie que seja viável interagir com um número maior de pessoas. Pode-se optar, ainda, por quebrar em duas sessões com menos participantes, o que acarretaria um grupo ter de esperar o outro terminar para que a dinâmica ocorra, caso haja apenas você como pesquisador apto a conduzir a sessão.

Em minha pesquisa por exemplo, conversei com o departamento de Contabilidade e Atuária e perguntei se seria possível preparar um café para recepcionar os participantes para a minha pesquisa.

---

[8] POWELL; SINGLE, 1996.

Capítulo 11 Entrevistas em grupo (*Focus Group*) 209

São muitas coisas a se pensar e considerar para a sua pesquisa, tanto em termos de organização da coleta de dados como no que se refere a selecionar e convocar as pessoas que participarão dela. Acima de tudo, devemos nos atentar à ética, pois estamos lidando com seres humanos que merecem o nosso respeito. Portanto, organize bem o processo, desde o momento em que optou por esse método, e tente pensar junto com seu orientador em todos os possíveis desdobramentos. Tenha planos de ação para cada situação que possa encontrar. Pode ser que ocorra uma situação não prevista? Sim, é possível. Esses desafios fazem parte do processo de formação do pesquisador e o farão crescer e alçar voos cada vez mais altos! Então, não se intimide, vamos seguir em frente! Agora falaremos sobre como conduzir as entrevistas em grupo. Vamos lá?

11.5 CONDUZINDO AS ENTREVISTAS

Agora que já fizemos o convite para as pessoas, resta-nos realizar as entrevistas propriamente ditas. Primeiro, onde realizá-las? O local escolhido fica a critério do pesquisador. Em geral, podem ser realizadas em alguma sala ou ambiente da faculdade ou da instituição onde costuma realizar suas atividades. A não ser que o ambiente seja um fator importante, que possa influenciar os participantes, não há muitas ressalvas para a escolha do local para entrevistas em grupo. Recomendamos que seja um local agradável, com o espaço adequado para comportar as pessoas confortavelmente, sem muitos ruídos ou interferências externas, como pessoas que possam interromper a sessão. Eu recomendaria, se possível, organizar um café ou um lanche para receber os participantes, a fim de tornar o ambiente ainda mais agradável e acolhedor. Afinal, eles estão disponibilizando o tempo deles para você.

Bom, uma vez que todos estejam reunidos na sala, em geral em uma roda, podemos começar a sessão. Antes disso, é necessário dar um passo atrás: precisamos de um roteiro de perguntas ou tópicos alinhados com as categorias de análise propostas para esse estudo para que a conversa não seja desorganizada, tenha foco e, posteriormente, facilite a análise das respostas. Portanto, antes de mais nada, é preciso ter um roteiro de perguntas ou tópicos a serem abordados. Você pode querer realizar perguntas diretas ou, como são chamadas no meio acadêmico, perguntas estruturadas. Ou seja, você tem uma lista de perguntas que são feitas enquanto o participante as responde. Esse tipo de roteiro não se encaixa muito nos propósitos desse método de pesquisa, uma vez que o foco da entrevista em grupo é a interação e comunicação entre os participantes e, a partir dela, surgirem questões para discussão que extrapolam a pergunta inicial. Muitas vezes, em uma entrevista individual, certas questões podem não passar na cabeça dos participantes. É aí que está a grande contribuição e vantagem desse método.

É um tipo de questionário com perguntas semiabertas em que não há uma rigidez tão grande. São perguntas disparadoras que o pesquisador realiza para iniciar as discussões. A partir delas, podem surgir outras questões de interesse do pesquisador na fala dos participantes, as quais podem ser exploradas à medida que vão surgindo. São, portanto, perguntas utilizadas para guiar e conduzir a sessão para os assuntos que o pesquisador deseja que sejam abordados e, ao surgirem questões que não foram contempladas, no roteiro de entrevista, pode-se explorá-las livremente até esgotar o assunto, depois, voltar para os demais tópicos e às perguntas do roteiro ou guia de entrevista.

Ainda, antes de dar início à sessão, um ponto importante é: Quantas pessoas, além do pesquisador, participam da sessão? Apenas ele é suficiente? É possível que conduza a sessão sozinho, mas não é recomendável e já veremos por quê.

Quando realizei as minhas sessões, convidei uma colega para ser minha assistente durante as entrevistas.

Nesse método, recomenda-se que pelo menos duas pessoas participem da coordenação do grupo, dando preferência que o coordenador da sessão seja um convidado que não esteja envolvido na pesquisa e que o pesquisador participe na condição de observador e auxiliar. É interessante que pelo menos duas pessoas estejam na sessão, pois cada uma terá um papel dentro dela. O coordenador da sessão será responsável por conduzir a entrevista, enquanto o papel do auxiliar seria apoiar o coordenador, anotando a ordem em que as pessoas estão se manifestando, observando a linguagem não verbal, alguma manifestação conjunta em relação a algum comentário ou opinião e outras considerações que achar pertinente e que ocorram durante as sessões. Ter isso em mente e saber da importância de pelo menos duas pessoas na sessão nos leva ao próximo tópico na condução das entrevistas: Como colher os dados?

Capítulo 11 Entrevistas em grupo (*Focus Group*) 211

Nas sessões conduzidas por mim, a gravação foi realizada utilizando um iPod Touch 5. Com o avanço da tecnologia, não é necessário que você compre um gravador de voz. Se tiver outros recursos disponíveis, utilize-os! Lembre que, em muitas pesquisas, os recursos – financeiros e humanos – são limitados. Então, vamos aproveitar e utilizar aquilo que temos à mão!

Já sabemos que, quando possível, teremos pelo menos duas pessoas nas sessões, uma que conduzirá a sessão e outra para apoio. Anotar os dados das discussões, as falas, torna-se tarefa praticamente impossível se não quisermos perder nada do que foi falado. Uma estratégia comum nesse método, e também na entrevista, é gravar a sessão com um gravador de voz, com o consentimento dos participantes. É interessante que, no processo de seleção, você já deixe clara a necessidade de gravação da sessão aos participantes, para evitar que, no dia, alguém desista por desconforto em não saber que seria gravado. Há também a possibilidade de filmar a sessão, o que de certa forma facilitaria identificar quem está falando na sessão. Porém, com apenas uma câmera, seria difícil posicioná-la de modo que captasse todos os participantes. Outra desvantagem é que as pessoas tendem a se intimidar e não falar livremente quando estão sendo filmadas.

Para finalizar esse tópico de condução das entrevistas, aí vão algumas dicas. Antes de iniciar a sessão propriamente dita, é interessante realizar uma atividade para deixar os participantes mais à vontade, uma atividade para "quebrar o gelo". Sabemos que muitas pessoas são mais soltas e ficam mais à vontade para falar em um grupo. No entanto, há aquelas que se sentem mais intimidadas em falar em público, mesmo que em um grupo pequeno. Pode-se fazer uma rodada de apresentações e cada pessoa contar algo sobre si. Como forma diferente de se apresentar, pode-se, por exemplo, pedir para que contem uma história que aconteceu com elas. Ou, ainda, que se apresentem, mas sem dizer seu nome, de uma outra maneira. Ao fim de cada sessão, lembre-se de agradecer aos participantes. Aos que se interessarem, dê um retorno sobre os resultados da pesquisa. É o mínimo que podemos fazer pelo tempo que disponibilizaram para contribuir com nosso trabalho.

Então, bola para frente e vamos ao passo final: como analisar os dados?

11.6 ANALISANDO OS DADOS

Há muitos caminhos possíveis para a análise dos dados obtidos nas entrevistas dos grupos focais. Pode-se utilizar técnicas de análise qualitativas, como a análise de conteúdo, ou a análise do discurso, que são exemplos de técnicas e abordagens comuns para a análise de dados qualitativos.

> Contarei como foi realizada a análise dos dados em minha pesquisa de mestrado. Como já dito anteriormente, o objetivo do grupo focal em minha pesquisa era fundamentar a elaboração de um questionário que seria aplicado, posteriormente, em estudantes do Ensino Médio e aqueles que iriam prestar concursos vestibulares das universidades e faculdades. Para a análise das sessões, optei por não comparar as perguntas individualmente entre os participantes, uma vez que não faria sentido, pois as questões não eram totalmente padronizadas para todas as pessoas dos grupos. Além disso, as questões suscitadas não necessariamente surgiram nos demais grupos. Partimos de ideias centrais e fomos afunilando para tópicos específicos das questões que eu gostaria de discutir com eles. À medida que as ideias surgiam em cada grupo, elas eram exploradas.
>
> Antes de mais nada, para a análise, realizei uma codificação de cada indivíduo de cada grupo. Fiz isso, em primeiro lugar, para manter o anonimato e, segundo, para organizar de maneira mais fácil as entrevistas. Por exemplo, havia um indivíduo codificado como G2P4, o que significava que esse era o participante 4 do grupo 2. Havia outro que era G3P1, participante 1 do grupo 3. Eles estavam associados aos nomes dos participantes de cada sessão e eu sabia exatamente quem eram.

Isso denota a importância de ter um auxiliar durante as sessões para que ele anote quem está se manifestando sequencialmente. Dessa forma, é possível comparar com o áudio, posteriormente, e identificar quem está falando. Não seria possível, se eu estivesse sozinho, realizar todas essas tarefas e conduzir as sessões. Em virtude dessas características, em vez de comparar as respostas individualmente, comparei as respostas entre os grupos e as ideias que surgiram em cada uma delas. Para isso, no entanto, foi necessário antes realizar a transcrição das entrevistas, para que eu pudesse lê-las e relê-las, a fim de familiarizar-me com o conteúdo.

Capítulo 11 Entrevistas em grupo (*Focus Group*)

Existem elementos que devemos levar em consideração para decidir como será feita a transcrição da entrevista – de forma editada ou não, por exemplo. Questiona-se na literatura o quão necessário seria realizar uma transcrição de forma *verbatim* – literal e fiel do discurso.[9] Na literatura encontramos autores que advogam que não existe a necessidade da transcrição literal, exigida apenas quando se pretende realizar a análise do discurso em que frases informais, coloquiais, repetições, vícios de linguagem, erros gramaticais etc. sejam importantes para o objeto de pesquisa. Nesse caso, seria interessante a transcrição literal da língua falada; por exemplo, se o participante diz "daí cê fica em dúvida", recomendar-se-ia a transcrição literal. Portanto, a forma como a transcrição será realizada dependerá do seu objeto e dos objetivos de pesquisa. De maneira geral, as transcrições podem ser editadas (grafadas corretamente), deixando-as padronizadas para que *softwares* de computadores consigam trabalhar em cima dos dados obtidos. Lembre, contudo, que a transcrição, seja ela *verbatim* ou não, é apenas uma das opções para análise, e existem outras formas que podem atender melhor ao seu estudo (anotações, síntese da entrevista, comentários etc.).

Após transcritas as entrevistas, a comparação pode ser realizada, por exemplo, por meio de uma exploração inicial, mais quantitativa, de contagem das palavras ou ideias que surgiram mais ou surgiram menos. Há *softwares* que fazem esse trabalho, como o Nvivo. Por meio dele, é possível montar uma nuvem de palavras e verificar, visualmente, quais palavras foram mais citadas. Quanto mais aparições a palavra tiver, maior será o tamanho dela na sua nuvem de palavras.

Diversos *sites* e *softwares on-line* realizam a contagem de palavras. Basta procurar no Google "word cloud generator" que aparecerá uma gama de opções.

Feita essa análise inicial, podemos partir para uma análise mais profunda das questões que apareceram durante as sessões. A leitura e releitura das entrevistas é fundamental para nos apropriarmos daquilo que foi dito e tentarmos buscar

---

[9] MCLELLAN, E.; MACQUEEN, K. M.; NEIDIG, J. L. Beyond the qualitative interview: data preparation and transcription. *Field Methods*, v. 15, n. 1, p. 63-84, 2003. DUARTE, R. Entrevistas em pesquisas qualitativas. *Educar em Revista*, v. 20, n. 24, p. 213-225, 2004. HALCOMB, E. J.; DAVIDSON, P. M. Is verbatim transcription of interview data always necessary? *Applied Nursing Research*, v. 19, n. 1, p. 38-42, 2006.

214 PARTE III Métodos de pesquisa

as ideias que estão contidas nelas e, muitas vezes, não são fáceis de identificar. É também nesse momento que fazemos um diálogo com o que já temos de conhecimento da revisão de literatura e de experiências anteriores, que podem concordar ou discordar do que temos de dados das entrevistas em grupos de focos. Tanto concordâncias quanto discordâncias são interessantes para a pesquisa. Lembre que uma pesquisa deve ter o potencial de surpreender!

Em minha pesquisa, não adotei um método de análise específico por conta da restrição de tempo. Utilizar as técnicas mencionadas anteriormente demandaria um tempo que não seria viável dentro do prazo que eu tinha para a conclusão da minha pesquisa.

Porém, o fato de não adotar uma análise conhecida na literatura não desmerece o seu trabalho, na medida em que você apresente e justifique cada passo de sua análise de forma coerente e com fundamento. Mais importante do que ter o nome de uma técnica por trás de seu trabalho é realizá-lo da maneira mais rigorosa possível e descrever cuidadosamente as etapas na metodologia. Por isso, mantenha um caderno e anote as decisões que teve de tomar, lembrando-se de registrar o motivo de suas escolhas.

Em minha pesquisa, iniciei a análise caracterizando os participantes. Antes de iniciar a dinâmica, solicitei que se apresentassem livremente. Seguem alguns trechos para ilustrar:

- G2P3 – Meu nome é *****, tenho 21 anos, estou no primeiro ano de... de Engenharia Mecatrônica. Bom, eu também gosto de dar bastante risada, sou tímido.... gosto muito de ouvir música, não gosto de estudar.... (pausa longa) gosto bastante das minhas amizades...

- G3P5 – Ah eu começo. *****, 19 anos, faço Atuária. Eu sou uma pessoa que pratica muito esporte, a dedicação para o tempo é mais para o esporte que qualquer outra coisa. Eu faço futsal, vôlei e ginástica olímpica. Eu falo muito e rápido. Eu sou extrovertida, direta, demais, grossa por ser direta. Que mais que eu poderia falar? Ah por enquanto é isso.

Na segunda etapa da análise, confrontei as entrevistas com o que já havia na literatura sobre o assunto – no meu caso, fatores de escolha de carreiras – e realizei a discussão do que havia encontrado em minhas entrevistas. Segue um exemplo:

A família. A influência da família, na literatura, é apontada como um dos fatores que influenciam a decisão por uma carreira. Nas sessões, foi possível observar essa influência como positiva ou negativa. Positiva no sentido de que a família, no caso os pais, ajudaram a formar uma imagem positiva de seus respectivos trabalhos ou áreas de atuação, ajudando com dicas sobre as opções dos participantes, influenciando-os de maneira a terem certeza de suas escolhas. Exemplos dessa influência podemos encontrar em falas de alguns participantes, como a de G1A5, "[...] e eu acabei optando por Economia porque é um curso que eu mais me identifico e minha família tem pessoas que fizeram, enfim..."; G2A4 faz o seguinte relato: "Eu acho que optei pela Odontologia por... porque meus pais também são dentistas. Eu estava decidido que ia ser uma área da saúde, mas também um pouco pela facilidade por meus pais serem dentistas eu, eu talvez não optei por sei lá, fisioterapia ou algum outro curso."

Outros exemplos podem ser encontrados na minha dissertação. Lembre que, para uma boa análise, é importante bastante leitura e reflexão!

11.7 FINALIZANDO

Parabéns! Você chegou ao final de mais um capítulo. Agora você já tem conhecimento para conduzir uma entrevista no formato de um grupo focal! O objetivo ao longo desta discussão não foi oferecer a você um guia ou uma receita de como fazer um grupo focal. Foi, sim, oferecer ferramentas e contar um pouco da minha experiência para que você, a partir do que foi apresentado, tenha condições de pensar quais estratégias utilizar ao escolher esse método. Lembre-se de pesquisar e aprofundar-se mais no método pelo qual optar. A seguir, você encontrará algumas referências para guiá-lo. Esperamos que este capítulo tenha ajudado você a abrir mais uma porta para novas possibilidades de pesquisa. Esperamos ansiosamente ler o seu trabalho! Mãos à obra!

12 Elaboração e aplicação de questionários

Gilberto José Miranda

Uma das formas mais comuns de coleta de dados é por meio de questionários. É um meio de buscar as informações necessárias de forma primária, junto aos próprios sujeitos pesquisados. Mas nem por isso é uma tarefa fácil.

O fragmento do relato do Jausson Monteiro Vicente, egresso do MBA em Controladoria e Finanças da Universidade Federal de Uberlândia, ilustra bem alguns dos principais aspectos abordados neste capítulo.

> **vou te contar**
>
> Partimos então para a criação da metodologia. Essa fase do trabalho também não foi das mais fáceis. O primeiro passo desenvolvido nesse momento foi a construção do questionário que utilizaríamos e a delimitação do público que participaria da nossa pesquisa.
>
> Definimos que trabalharíamos com os egressos do curso de Ciências Contábeis de uma instituição de ensino superior pública. A partir dessa premissa, desenvolvemos o questionário.
>
> No questionário, fizemos perguntas relacionadas à idade, se o egresso trabalhava na área ou não, se possuía registro no Conselho Regional de Contabilidade ou não, e a questão central do trabalho: em qual carteira o aluno se sentava para assistir às aulas. Para essa questão, utilizamos um mapa de uma sala de aula para obtermos a resposta.
>
> Pronto o questionário, era hora de verificar se o questionário estava claro para os respondentes. Fizemos um teste com algumas pessoas, ajustamos alguns pontos sobre as perguntas e partimos para campo.
>
> A etapa de coleta de dados foi a mais complexa do trabalho por termos que depender da solicitude das pessoas para as quais enviamos o questionário. Enviamos as questões para cerca de 140 pessoas e conseguimos o retorno de 102. Muitos não davam respostas, alguns retornavam dizendo que não iriam responder, pois achavam que era perda de tempo, outros respondiam de forma incorreta, invalidando o questionário etc. Foi uma das fases mais difíceis e estressantes do trabalho.

Capítulo 12 Elaboração e aplicação de questionários 217

> Passada a turbulenta fase de coleta de dados, era hora de trabalhar os dados para obtermos as informações que necessitávamos.
>
> Jausson Monteiro Vicente

Muitos aspectos abordados na trajetória de Jausson serão detalhados neste capítulo. Veremos o que é um questionário e quais são seus objetivos, como elaborar questionários, tipos de questões, classes de variáveis, escalas mais utilizadas, pré-teste, validade e confiabilidade e aplicação do questionário.

12.1 O QUE É UM QUESTIONÁRIO?

Em linhas gerais, podemos dizer que se trata de "um conjunto ordenado e consistente de perguntas a respeito de variáveis e situações que se deseja medir ou descrever".[1] Por meio do questionário, busca-se conhecer informações de um conjunto de indivíduos a respeito deles mesmos ou do seu meio, envolvendo suas opiniões, representações, crenças e informações pontuais.

12.2 COMO É O PROCESSO DE ELABORAÇÃO DE UM QUESTIONÁRIO?

A preparação do questionário depende, obviamente, das etapas anteriores da pesquisa. Assim, é preciso que o problema de pesquisa, os objetivos da pesquisa, os recursos e restrições estejam claramente definidos, pois existem diversos tipos de questionários. Você utilizará o formato que estiver mais adequado aos seus objetivos.

Do problema de pesquisa e dos objetivos decorrem, naturalmente, os métodos de coleta de dados. Nosso foco neste capítulo é a coleta de dados por meio de questionários.

Na elaboração do questionário, as perguntas deverão ser capazes de dar condições ao pesquisador de responder às indagações da pesquisa. Assim, cada objetivo da pesquisa deverá ter, no mínimo, uma pergunta.

Atenção, não invente a roda! Procure conhecer questionários já utilizados em pesquisas anteriores que tenham feito as perguntas que você pretende fazer. Quase sempre, em se falando de trabalhos de conclusão de curso, pesquisas semelhantes

---

[1] MARTINS, G. A.; THEÓPHILO, C. R. *Metodologia da investigação científica para ciências sociais*. São Paulo: Atlas, 2007. p. 90.

218 **PARTE III** Métodos de pesquisa

foram realizadas anteriormente. Portanto, relembramos, é extremamente importante que você leia o máximo possível sobre o tema que pretende pesquisar. Quando utiliza questionários de outras pesquisas já publicadas, você poderá ter questões já testadas e validadas. Além disso, terá dados para estabelecer parâmetros de comparação ao final de sua pesquisa. Por isso, leia bastante! E, se identificar um questionário já adequado ao seu problema de pesquisa e aos seus objetivos, ótimo! Lembre-se apenas de escrever aos autores do trabalho anterior e pedir autorização para utilizá-lo, da forma como está proposto ou adaptado.

As perguntas deverão ser capazes de responder às indagações relativas aos propósitos da pesquisa. Assim, os tipos de perguntas devem estar adequados aos objetivos. Não se esqueça de avaliar a necessidade de cada pergunta, se os respondentes terão informações suficientes para respondê-las e se estarão dispostos a fazê-lo. É importante também que as questões não sejam muito longas e que estejam claramente redigidas. Utilize palavras claras e compreensíveis, segundo o nível cultural dos respondentes. Além disso, a pergunta dever ser a mais específica possível, abordando apenas uma ideia ou relação lógica de cada vez. Se precisar usar termos ou expressões que podem ser interpretados de mais de uma maneira, esclareça ao respondente o significado que ele deve considerar.

Gall, Gall e Borg apresentam 21 dicas muito úteis na elaboração de questionários.[2] Reproduzimos essas dicas no Quadro 12.1.

QUADRO 12.1 Dicas para a elaboração de questionários

1. Mantenha o questionário o mais curto possível.
2. Não use termos técnicos, jargões ou termos complexos que os entrevistados não entendam. Se precisar utilizar, explique o significado.
3. Evite usar os termos questionário ou check-list no seu instrumento.
4. Torne o questionário atraente por técnicas como a impressão a laser (se impresso), cores ou imagens.
5. Organize os itens para que eles sejam fáceis de ler e responder.
6. Numere as páginas e os itens do questionário.

continua

---

[2] GALL, M. D.; GALL, J. P.; BORG, W. R. *Educational research*: an introduction. 7. ed. Boston, MA: Allyn & Bacon, 2003.

continuação

7. Coloque o nome e o endereço do indivíduo a quem o questionário deve ser retornado, caso seja enviado pelo correio; se for eletrônico, coloque o contato do pesquisador para dúvidas.
8. Inclua instruções breves e claras, impressas em negrito e em maiúsculas e minúsculas.
9. Organize o questionário em uma sequência lógica.
10. Ao mudar para um novo tópico, inclua uma sentença de transição para ajudar os respondentes a mudar sua linha de pensamento.
11. Comece com alguns itens interessantes e não ameaçadores. Evite perguntas pessoais no início.
12. Coloque os itens que possam soar constrangedores ou difíceis no final do questionário.
13. Não coloque itens importantes no final do questionário.
14. Justifique os itens.
15. Inclua exemplos de como responder a itens que podem ser confusos.
16. Evite termos genéricos, como *vários*, *maioria* e *geralmente*.
17. Indique cada item da forma mais breve possível.
18. Evite itens negativamente declarados, porque eles provavelmente serão interpretados incorretamente pelos respondentes. Evite duplos negativos.
19. Evite itens que exigem que o sujeito avalie duas ideias separadas com uma única resposta.
20. Quando uma questão geral e uma questão específica relacionadas devem ser feitas em conjunto, é preferível fazer a pergunta geral primeiro.
21. Evite perguntas tendenciosas ou enviesadas. Busque construir perguntas neutras.

Fonte: GALL; GALL; BORG, 2003.

12.3 TIPOS DE PERGUNTAS

Existem dois tipos principais de perguntas: as abertas e as fechadas. Contudo, esses dois tipos podem apresentar outras subclassificações. Trataremos de cada uma delas separadamente.

As **perguntas abertas**, geralmente utilizadas em pesquisas qualitativas, são questões que permitem aos participantes expressar suas opiniões de forma livre. Embora sejam mais representativas e fiéis à opinião dos participantes, as respostas são mais difíceis de ser organizadas e categorizadas.

A Figura 12.1 ilustra cinco possibilidades de questões abertas.

FIGURA 12.1 Tipos de perguntas abertas

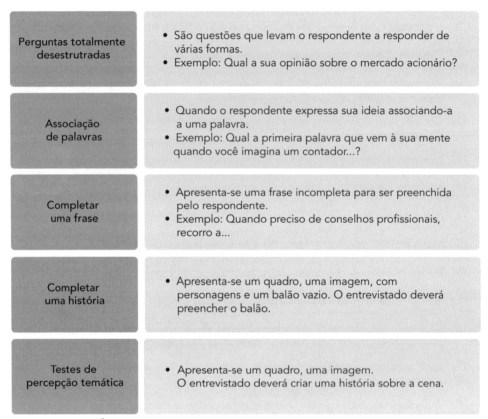

Fonte: adaptada de FÁVERO, L. P.; et al. *Análise de dados*: modelagem de dados para tomada de decisões. Rio de Janeiro: Elsevier, 2009. p. 33.

Note que as questões abertas, em razão da abrangência de resposta que poderão apresentar, são as mais difíceis para organizar e categorizar as ideias.

As **perguntas fechadas** são aquelas em que já são fornecidas as respostas possíveis aos participantes, para que escolha a que julgar mais adequada. Esse tipo de questão tem como vantagens, por um lado, a rapidez e facilidade de resposta, maior uniformidade e simplificação na análise das respostas. Por outro lado, como desvantagens, não estimula a originalidade e variedade de respostas. Também impõe as alternativas escolhidas e incluídas pelo pesquisador ao respondente.

Capítulo 12 Elaboração e aplicação de questionários 221

Veja como elaborar questionários *on-line*:

Google:

Survey Monkey®:

Muitas plataformas eletrônicas de pesquisa, ao trabalhar com questões fechadas, já apresentam estatísticas descritivas simultaneamente à coleta de dados. Todavia, quase sempre, análises mais robustas, como relações entre variáveis, não são realizadas por tais plataformas (ainda!). Assim, os dados são extraídos e levados para pacotes estatísticos para que sejam feitos os testes necessários.

As perguntas fechadas podem ser classificadas em dicotômicas e de múltipla escolha. As primeiras se referem a questões cujas respostas são do tipo "sim" ou "não". Por exemplo:

Você trabalha?

☐ Sim

☐ Não

Veja que, se o respondente estiver estagiando em uma empresa e não for funcionário contratado, ele pode ter dúvidas sobre qual resposta deve indicar. Essa é uma das limitações do questionário que, por isso, deve ser cuidadosamente planejado e testado antes da aplicação final.

As perguntas fechadas de múltipla escolha são aquelas que apresentam várias alternativas de respostas. Tendo como base a classificação dos tipos de variáveis e escalas de mensuração propostos por Stevens,[3] quatro níveis de medidas podem ser utilizados para classificar as questões fechadas,[4] conforme mostra a Figura 12.2.

---

[3] STEVENS, S. S. On the theory of scales of measurement. *Science*, v. 103, p. 677-680, 1946.
[4] AAKER, D. A.; DAY, G. S. *Marketing research*. 4. ed. Singapore: John Wiley e Sons, 1990.

FIGURA 12.2 Níveis de respostas

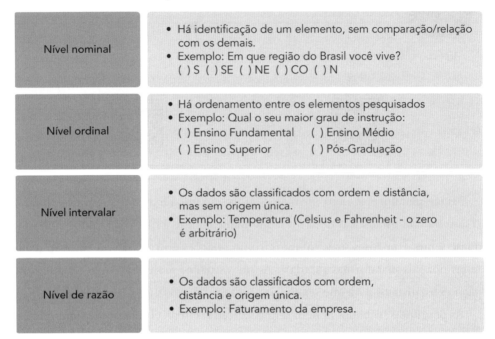

Fonte: adaptada de AAKER; DAY, 1990.

No nível nominal, composto por variáveis qualitativas, existem questões nas quais o respondente pode marcar mais de uma opção. No entanto, não existem relações entre os elementos. São questões utilizadas comumente para levantar informações como gênero, raça etc. Para a análise de respostas de questões nesse formato poderão ser utilizadas basicamente medidas de frequência (por exemplo, 56% de mulheres e 44% de homens).

No nível ordinal, como o próprio nome sugere, os elementos são ordenados. É comum oferecer um conjunto de opções e pedir aos participantes que ordenem os itens, já que também são variáveis qualitativas. São exemplos o grau de satisfação com o emprego, o nível de escolaridade, a situação socioeconômica. Para analisar as respostas a essas questões também podem ser utilizadas medidas de frequência (por exemplo, 54% dos estudantes afirmaram estar muito satisfeitos com o estágio).

No nível intervalar, por se tratar de variáveis quantitativas, além da ordenação dos elementos, eles são distribuídos em distâncias iguais ao longo da escala. Essa característica permite que algumas medidas estatísticas possam ser utilizadas, como média, mediana e desvio-padrão. São exemplos de variáveis intervalares altitude, QI e temperatura.

O nível razão se diferencia do nível intervalar, basicamente, pela presença do zero absoluto, ou seja, a ausência do fenômeno. São exemplos de variáveis nesse nível velocidade, peso, altura (diferente de altitude), idade, salário, preço, volume de vendas, distâncias.

Portanto, temos dois grupos de variáveis, qualitativas e quantitativas, conforme apresenta a Figura 12.3.

FIGURA 12.3 Tipos de variáveis e suas formas de mensuração

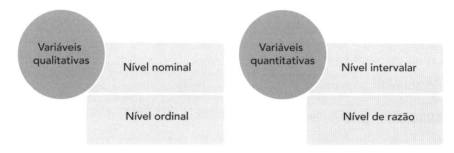

Fonte: elaborada pelo autor.

Fávero et al. lembram muito bem que algumas pessoas afirmam que as variáveis qualitativas são aquelas que não apresentam números nos dados.[5] Essa afirmação, no entanto, está equivocada. As variáveis qualitativas são aquelas coletadas nos níveis nominal e ordinal.

12.4 TIPOS DE ESCALAS

Os itens de um questionário podem ser facilmente obtidos quando você possui um fato específico, como o tempo de experiência de um docente, a idade do estudante, o faturamento da empresa. Todavia, não temos a mesma objetividade quando se pretende medir **atitudes ou percepções**. Nesse caso, será necessária uma escala para obter uma avaliação relativamente confiável da atitude.[6]

Em outras palavras, a categorização de dados ao longo de uma escala tem o objetivo de facilitar a análise de variáveis qualitativas. Isso ocorre porque, ao atribuir pesos aos enunciados, os respondentes têm maior facilidade de interpretação das questões. As escalas sociais e de atitudes cumprem esse papel.

---

[5] FÁVERO et al., 2009.
[6] GALL; GALL; BORG, 2003.

224 **PARTE III** Métodos de pesquisa

Essas escalas consistem, basicamente, em uma série graduada de itens a respeito de uma situação, na qual o respondente deverá assinalar o grau que melhor represente sua percepção a respeito do objeto investigado. As escalas mais comuns são a escala de Likert e a escala de diferencial semântico, embora existam variações diversas dessas duas. Descreveremos cada uma delas a seguir.

12.4.1 Escala de Likert

Desenvolvida nos anos 1930 por Rensis Likert, esta é uma das escalas mais comuns. Esse tipo de escala consiste em uma série de afirmações a respeito de determinado objeto. Para cada afirmação há uma escala de cinco ou sete pontos em que o sujeito externará sua atitude em termos de concordância ou discordância (Quadro 12.2).

QUADRO 12.2 Exemplo de escala de Likert

Indique o seu nível de concordância com as afirmativas apresentadas. Este capítulo me ajudou a aprimorar meus conhecimentos e me tornou mais apto para a construção e aplicação de questionários.   [ ] Discordo totalmente   [ ] Discordo parcialmente   [ ] Nem concordo, nem discordo   [ ] Concordo parcialmente   [ ] Concordo totalmente

Fonte: FÁVERO et al., 2009.

Fávero et al. chamam atenção para o fato de que o tratamento que uma variável em escala não métrica pode oferecer é uma composição de frequência.[7] Portanto, seria incorreto atribuir pesos, como: [−2] Discordo totalmente; [−1] Discordo parcialmente; [0] Nem concordo, nem discordo; [+1] Concordo parcialmente; [+2] Concordo totalmente, para calcular a média ponderada das notas. Em outras palavras, os autores entendem que essa atribuição arbitrária não reflete a percepção dos participantes. Assim, com o uso da escala Likert, temos variáveis qualitativas no nível ordinal.

---

[7] FÁVERO et al., 2009.

Capítulo 12 Elaboração e aplicação de questionários 225

12.4.2 Escala de diferencial semântico

Desenvolvida nos anos 1950 por Charles Osgood, George Suci e Percy Tannenbaum, a escala de diferencial semântico consiste em uma série de adjetivos extremos que qualificam um objeto ou atitude. Os respondentes devem qualificar o objeto dentre adjetivos bipolares.

QUADRO 12.3 Exemplo de escala de diferencial semântico

Considere o professor com quem você mais aprendeu neste semestre. Você não será solicitado a indicar o nome do professor, apenas a refletir sobre essa pessoa. Refletindo sobre esse professor, indique na escala a posição que mais se aplica à sua percepção sobre as características indicadas.

O professor com quem mais aprendi neste semestre é:

Justo	: __: __: __: __: __: __: __:	Injusto
Sério	: __: __: __: __: __: __: __:	Descontraído
Distante	: __: __: __: __: __: __: __:	Próximo
Calmo	: __: __: __: __: __: __: __:	Agitado
Seguro	: __: __: __: __: __: __: __:	Inseguro
Experiente	: __: __: __: __: __: __: __:	Inexperiente
Foco em pessoas	: __: __: __: __: __: __: __:	Foco no processo
Foco na teoria	: __: __: __: __: __: __: __:	Foco na prática

Fonte: adaptado de MARTINS; THEÓPHILO, 2007.

Da mesma forma que a escala de Likert, na escala de diferencial semântico também é comum atribuir pesos. Por exemplo, em uma escala de sete pontos, geralmente atribui-se pesos de 3 a –3 ou de 7 a 1. Todavia, as recomendações apresentadas na escala de Likert no tocante a evitar fazer soma de pontos e cálculo da média permanecem igualmente válidas para a escala de diferencial semântico.

Existem muitas adaptações das escalas de Likert e de diferencial semântico. Mas, atenção! Construir escalas não é uma tarefa fácil, pois exige conhecimento profundo do assunto que está sendo pesquisado.

Tenha em mente que uma escala só será confiável se, aplicada a amostras com as mesmas características, produzir sistematicamente resultados semelhantes.[8] Assim, permanece a recomendação para a realização de muitas leituras sobre o tema, pois você poderá identificar escalas já testadas e validadas na literatura para utilizar em sua pesquisa.

---

[8] MARTINS; THEÓPHILO, 2007.

12.5 A IMPORTÂNCIA DO PRÉ-TESTE

É muito importante que você teste o questionário antes de coletar os dados, pois é comum detalhes simples passarem "batidos". Uma vez elaborado o instrumento, envie-o para algumas pessoas que representem adequadamente a população que você pretende pesquisar, para que possam respondê-lo de forma crítica. Deixe espaço para que as pessoas possam se expressar, avaliando se há inconsistência ou complexidade nas questões, ambiguidades ou linguagem inacessível, perguntas supérfluas ou que causem embaraço ao informante, se a quantidade de questões é adequada, entre outros aspectos.

Outra estratégia interessante é pedir aos participantes do pré-teste para dizerem, com suas próprias palavras, o que acham que significa cada questão. Quase sempre, contribuições relevantes para o aprimoramento do instrumento surgem nessa etapa.

Realizado o pré-teste, faça os ajustes pertinentes no questionário para aumentar sua validade e confiabilidade. Caso seja necessário, você poderá fazer mais de um pré-teste. O importante é que o instrumento esteja devidamente ajustado antes da coleta final de dados. Imagine o que fazer se, por exemplo, você percebe que a escala utilizada para coleta de dados estava incorreta depois de coletadas as informações? Haveria sérios problemas com relação às respostas obtidas e, por consequência, com os prazos para realização da pesquisa, principalmente, para encontrar uma nova amostra. Isso poderia inviabilizar a sua pesquisa. Por isso, todo cuidado é pouco!

Se sua amostra é pequena, procure testar o questionário com populações semelhantes à investigada. Por exemplo, se você pretende pesquisar sobre educação financeira junto a alunos do curso de graduação em Administração, mas não quer comprometer parte da sua amostra, teste o questionário com alunos do curso de Ciências Contábeis.

Não se esqueça: avalie sempre a necessidade de aprovação do questionário pelo Comitê de Ética em Pesquisa (CEP) da sua instituição! Atualmente, existem duas resoluções que normatizam o processo: a Resolução n. 196 de 1996[9] e a Resolução

---

[9] BRASIL. Ministério da Saúde. Conselho Nacional de Saúde (CNS). *Resolução n. 196, de 10 de outubro de 1996.* Aprova as diretrizes e normas regulamentadoras de pesquisas envolvendo seres humanos. Brasília, Diário Oficial da União, 16 out. 1996.

n. 466 de 2012.[10] Além destas, existe a Resolução CNS n. 510 de 2016,[11] que é específica para a área de Ciências Humanas e Sociais. Certifique-se de qual é o processo em sua instituição e considere o prazo de análise em seu cronograma de pesquisa. Pode parecer apenas burocracia, mas não é. O Comitê pode dar sugestões interessantes e, em se tratando de pesquisas com pessoas, é preciso evitar qualquer possibilidade de dano ou constrangimento.

12.6 VALIDADE E CONFIABILIDADE

Quando falamos na **validade** de uma escala, queremos saber até que ponto essa escala de fato mede aquilo que se propõe a medir, ou seja, o quão próxima está a sua medida em relação à variável que, em realidade, se pretende medir. Três aspectos principais da validade são apresentados, como mostra a Figura 12.4.

FIGURA 12.4 Tipos de validade

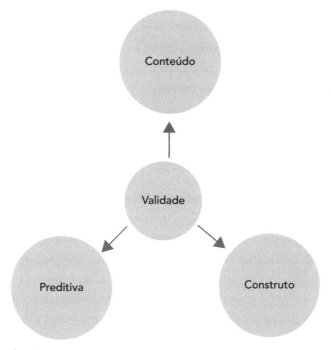

Fonte: elaborada pelo autor.

---

[10] BRASIL. MINISTÉRIO DA SAÚDE/CONSELHO NACIONAL DE SAÚDE (CNS). *Resolução n. 466, de 12 de dezembro de 2012*. Aprova diretrizes e normas regulamentadoras de pesquisas envolvendo seres humanos. Brasília, Diário Oficial da União, 12 dez. 2012.

[11] BRASIL. MINISTÉRIO DA SAÚDE/CONSELHO NACIONAL DE SAÚDE (CNS). *Resolução n. 510, de 7 de abril de 2016*. Disponível em: http://bvsms.saude.gov.br/bvs/saudelegis/cns/2016/res0510_07_04_2016.html. Acesso em: 12 jul. 2019.

228 **PARTE III** Métodos de pesquisa

A validade do conteúdo, também chamada de validade de face, evidencia o quanto as dimensões, facetas ou aspectos das variáveis estão sendo medidos pela escala, ou seja, até que ponto a escala contém características relevantes da variável investigada.

Já a validade do construto demonstra se a escala é representativa da natureza da variável que está sendo medida, isto é, o quão representativa é a medida teórica daquela variável no mundo "real". Essa dimensão da validade pode ser avaliada por meio da correlação dos resultados obtidos por essa escala com os resultados de outras escalas que se propuseram a medir a mesma variável.

Por fim, a validade preditiva está relacionada com o quão bem a medida de atitude fornecida pela escala prevê a característica de outra variável que ela supostamente deveria influenciar.

Como já mencionamos, a **confiabilidade** tem a ver com a consistência e estabilidade dos valores gerados pela escala. Dentre as formas de avaliação da confiabilidade, destacamos duas. A primeira é o teste de confiabilidade "teste-reteste", que avalia a estabilidade da escala por meio da correlação entre os resultados de diversas aplicações da escala ao longo do tempo. A segunda forma é o teste de confiabilidade de igual particionamento, o qual avalia a consistência interna da escala, que consiste na divisão dos itens da escala em dois conjuntos de igual quantidade, os quais deverão estar correlacionados entre si.

Por fim, vale reafirmar que um instrumento de pesquisa deverá apresentar atributos de validade e confiabilidade para que a pesquisa possa ser adequadamente realizada.

12.7 APLICANDO QUESTIONÁRIOS

Os questionários podem ser aplicados por telefone, por trabalho de campo (coleta presencial), por correspondência ou pela internet (autoaplicados). A coleta de dados pela internet tem se tornado bastante comum, pois tem muitas vantagens: reduz gastos com impressão, custos de postagem, a possibilidade de questões sem respostas é reduzida, elimina a necessidade de digitação de dados coletados manualmente, além de possíveis erros de digitação. Sem falar que hoje existem plataformas gratuitas para elaboração e postagem dos formulários, como os formulários do Google.

Entre as fragilidades dos questionários autoaplicados, destaca-se a fidedignidade das respostas – uma pessoa poderia responder mais de uma vez a mesma pesquisa e, além disso, pode haver a incerteza sobre quem realmente respondeu a pesquisa. A representatividade amostral também é mais difícil de ser controlada. Por outro lado, a sua maior vantagem é a conveniência e o fato de poder ser facilmente disseminada por redes sociais, atingindo um maior número de pessoas dentro da população.

Capítulo 12 Elaboração e aplicação de questionários 229

A coleta dos dados por meio de questionários é uma etapa que gera muita ansiedade aos pesquisadores. O medo de não atingir uma taxa de respostas suficiente está, quase sempre, presente. Contudo, existem algumas estratégias que podem auxiliar bastante, como as indicadas no Quadro 12.4.

QUADRO 12.4 Estratégias de coleta de dados

- Estabelecer contato com os respondentes antes do envio do questionário. Nesse contato inicial, os pesquisadores podem se apresentar, falar sobre os propósitos da pesquisa fazer o convite aos participantes. Isso pode ser feito por diversos canais, *e-mail*, telefone, carta, redes sociais etc.
- É importante que o encaminhamento do questionário seja precedido por uma carta de apresentação bem-elaborada, com informações sobre os objetivos da pesquisa, a importância do estudo, a importância dos respondentes, seus patrocinadores (agências de fomento, por exemplo), vínculo com instituição de ensino, promessa com retorno da resposta (que deve ser cumprida) e garantia de confidencialidade, de modo a evidenciar aos participantes a relevância da pesquisa.
- É importante que o instrumento seja reenviado aos não respondentes em intervalos de uma semana, de duas a três vezes. Em cada um dos reenvios, pode-se utilizar diferentes apelos para cooperação: se você utilizou um apelo pessoal no primeiro envio, utilize um apelo profissional no segundo, e assim por diante. Nesse sentido, é importante que as informações sobre a pesquisa sejam mantidas, mas você pode mudar a linguagem a fim de tentar convencer os não respondentes a participarem.

Fonte: adaptado de GALL; GALL; BORG, 2003.

Segue-se o depoimento do discente Lucas Rocha sobre a aplicação do questionário de seu TCC.

vou te contar

A aplicação do questionário foi a fase mais difícil da minha pesquisa. O primeiro passo foi enviar *e-mails* para cada uma das empresas (população do estudo) explicando a finalidade da pesquisa, fazendo o convite para participar e o envio do questionário. Passou uma semana e apenas cinco empresas responderam ao *e-mail*. Passou mais uma semana, só mais dois respondentes. Comecei a ficar preocupado, pois temos prazo para coletar esses dados. Na terceira semana, reenviei o *e-mail* fazendo um apelo aos participantes, porém continuei sem nenhum retorno. Parti para o contato telefônico, tentando localizar os responsáveis pelas empresas e verificando se eles haviam recebido a pesquisa e se poderiam responder ao meu questionário. Não desisti, fiz até visitas pessoalmente... mas consegui minha amostra.

Lucas Rocha

13 Base de dados

Verônica de Fátima Santana

Neste capítulo será mostrado um passo a passo sobre como coletar dados em algumas bases. Primeiro, falaremos da Economatica,[1] por ser uma das bases de dados mais usadas por pesquisadores brasileiros. Em seguida, discutiremos também as bases do Banco Mundial, por serem gratuitas e de escopo mundial. Outras ferramentas gratuitas, como a GetDFPData e o Yahoo! Finanças, também podem ser muito úteis e têm uso bastante intuitivo, sendo fáceis de ser exploradas. Por isso, focaremos na Economatica e no Banco Mundial.

Conheça essas ferramentas gratuitas!

GetDFPData:

Yahoo! Finanças:

13.1 ECONOMATICA

A Economatica é um sistema de análise de investimentos sobre os mercados de capitais da América Latina e dos Estados Unidos. Em sua base de dados encontramos informações de demonstrações financeiras das companhias listadas nesses países, tanto locais quanto estrangeiras, além de suas cotações, proventos, composição acionária, entre outras, assim como informações de indicadores econômicos, índices de mercado (Ibovespa e Dow Jones, por exemplo), taxas de juros e índices de inflação.

---

[1] Agradecemos à Economatica a autorização para uso das imagens nesta obra.

Capítulo 13 Base de dados 231

Ao acessar a base de dados da Economatica, você vai se deparar com opções para utilizar diversas ferramentas. Dentro do conjunto de ferramentas básicas, você tem as opções de *screening* e *matrixx*, por exemplo. Dentro do conjunto de ferramentas avançadas, você terá a opção de trabalhar com avaliação de empresas pelo método do fluxo de caixa descontado, com otimização de carteiras e estratégias de *long--short*, nas quais você compra e vende ações ao mesmo tempo.

Vamos supor que você esteja coletando dados para uma pesquisa que tem como objetivo analisar a relevância do valor de livro (*book-value* ou valor contábil) da empresa (patrimônio líquido) e do resultado do período (lucro líquido) para explicar o valor da ação de cada empresa. Esse é um exemplo clássico de pesquisa em Contabilidade Financeira.[2]

Como método de análise, suponha que você use uma análise de regressão com dados em painel para as empresas brasileiras, no período de 2010 a 2016. Para essa coleta de dados, definimos:

- sujeitos – empresas brasileiras listadas na Bolsa de Valores brasileira, a B3;
- período – de 2010 a 2016;
- frequência dos dados – anual;
- variáveis:
  ‣ preço da ação (preço de fechamento ajustado por proventos quatro meses após o ano fiscal);
  ‣ lucro líquido por ação (LPA);
  ‣ patrimônio líquido por ação.

Para coletar dados de um grupo de empresas por vários períodos, usaremos as ferramentas *screening* e *matrixx* da Economatica. Na *screening*, selecionaremos o conjunto de empresas que serão usadas e, então, usaremos a *matrixx* para baixar as variáveis para as empresas da *screening* e para os períodos definidos.[3]

---

[2] Para entender um pouco mais sobre o assunto, você pode ler: BEZERRA, F. A., LOPES, A. B. Lucro e preços das ações. In: IUDÍCIBUS, S., LOPES, A. B. *Teoria avançada da contabilidade*. São Paulo: Atlas, 2004. BROWN, P.; KENNELLY, J. W. The informational content of quarterly earnings: an extension and some further evidence. *The Journal of Business*, v. 45, n. 3, p. 403-415, 1972. COLLINS, D. W.; MAYDEW, E. L.; WEISS, I. S. Changes in the value-relevance of earnings and book values over the past forty years. *Journal of Accounting and Economics*, v. 24, n. 1, p. 39-67, 1997.

[3] Esse procedimento de selecionar o conjunto de empresas em uma *screening* e, em seguida, usar outra ferramenta para baixar os dados para esse conjunto é uma lógica comum em diversas outras bases de dados comerciais, como a S&P Capital IQ, Bloomberg e Thomson Reuters Datastream.

13.1.1 Screening

Escolhendo uma *screening* sem filtros, definiremos os nossos próprios filtros. Assim, nos deparamos com a tela apresentada na Figura 13.1.

FIGURA 13.1 Primeira tela de *screening*[4]

Fonte: ECONOMATICA.

Na primeira coluna, são listados todos os ativos da Economatica, incluindo ações de empresas de todos os países que a base contempla, fundos de renda fixa e variável, índices de ações, taxas de juros, etc. Em "Criar coluna" podemos incluir informações de cadastro que são úteis para delimitarmos os sujeitos para os quais coletaremos os dados. Vamos, por exemplo, incluir uma coluna especificando o país sede do ativo e a bolsa na qual ele está listado, como vemos na Figura 13.2.

---

[4] Esta é a versão *web* da Economatica acessada em outubro de 2018. Versões diferentes poderão ter *layouts* diferentes, mas a lógica do funcionamento da ferramenta será a mesma.

FIGURA 13.2 Tela *screening* com colunas de informações de cadastro

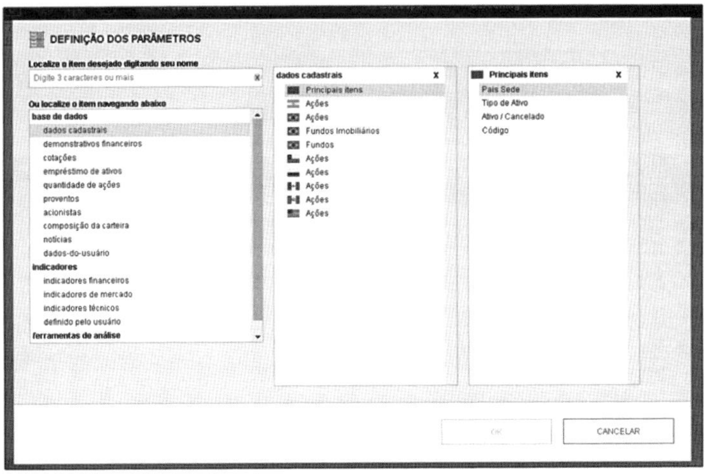

Fonte: ECONOMATICA.

Após clicar em "País sede" e em "OK", teremos uma coluna a mais na tela de *screening*. Na janela "Dados cadastrais", se você clicar em "Ações" na janela de "Principais itens", aparecem diversas outras variáveis, como mostramos na Figura 13.3.

FIGURA 13.3 Selecionando opções

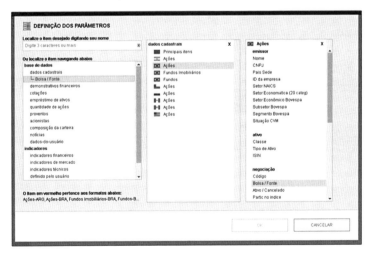

Fonte: ECONOMATICA.

Com o mesmo procedimento, incluiremos as seguintes colunas: "Bolsa/Fonte", "Código", "Ativo/Cancelado" e "Setor Econômico Bovespa", como aparecerá na Figura 13.4.

FIGURA 13.4 Tela com todas as seleções efetuadas

Fonte: ECONOMATICA

Veja que temos mais de 65 mil ativos nessa janela. No entanto, queremos apenas as ações de empresas brasileiras listadas na Bolsa de Valores brasileira, a B3. Para isso, incluiremos os filtros. Temos a opção de inserir filtros no canto superior direito, como mostra a Figura 13.5.

FIGURA 13.5 Utilizando filtros

Fonte: ECONOMATICA.

Clicando no primeiro ícone, abrirá uma janela para escolhermos o filtro que queremos aplicar, como mostrado na Figura 13.6.

FIGURA 13.6 Tela com opções de filtros

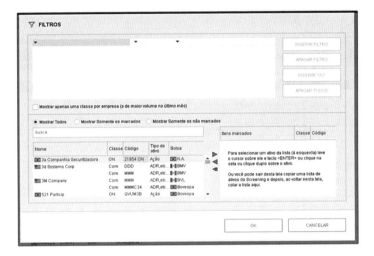

Fonte: ECONOMATICA.

Podemos incluir os seguintes filtros, conforme a Figura 13.7:

- país sede – Brasil;
- bolsa/fonte – Bovespa;
- setor econômico Bovespa – não nulo;
- mostrar apenas uma classe por empresa – a de maior negociação.

FIGURA 13.7 Tela com os filtros aplicados

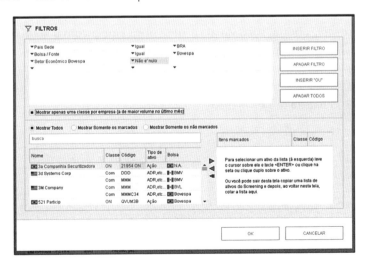

Fonte: ECONOMATICA.

Com esses filtros, clicando em "OK" e aguardando um pouco, pois o sistema demorará para processar, temos como resultado um quadro semelhante ao mostrado na Figura 13.8.

FIGURA 13.8 Tela mostrando o resultado da aplicação de filtros

Fonte: ECONOMATICA.

Temos agora pouco mais de 400 ativos na *screening*. Essa tela pode ser salva como um arquivo no formato .GLW, que pode ser reaberto em qualquer computador no qual o sistema esteja disponível. Aliás, esse é um procedimento importante para evitar a perda do trabalho.

Falaremos agora da ferramenta *matrixx*.

13.1.2 Matrixx

Com a *screening* aberta, você vai abrir uma nova janela com a *matrixx*. Para isso, clique no ícone com um sinal de adição no canto superior esquerdo e escolha a *matrixx*. Será aberta uma tela em branco como a mostrada na Figura 13.9.

FIGURA 13.9 Primeira tela da *Matrixx*

Fonte: ECONOMATICA.

A primeira coisa que você deve fazer é definir o período e a frequência dos dados. Isso é importante porque, como *default*, os dados virão durante todo o período disponível e com frequência diária, o que pode sobrecarregar desnecessariamente o sistema. Para isso, clique no terceiro ícone no canto superior direito da *matrixx* e escolha o item "Vários parâmetros". Como parâmetros, conforme a Figura 13.10, definimos:

- data final – 31/12/2016;
- data inicial – 31/12/2009;
- escala de datas – anos;
- moeda – em moeda original;
- mostrar no cabeçalho da coluna – Código.

FIGURA 13.10 Selecionando as opções no *Matrixx*

Fonte: ECONOMATICA.

Clicando em "OK", voltamos à *matrixx*. Selecionaremos "Criar coluna" para escolher nossas variáveis. Para coletarmos o lucro por ação, vamos em "Criar coluna",

"Indicadores financeiros" e escolhemos o item "LPA Lucro por Ação $". Chegamos ao que mostra a Figura 13.11.

FIGURA 13.11 Escolhendo as variáveis

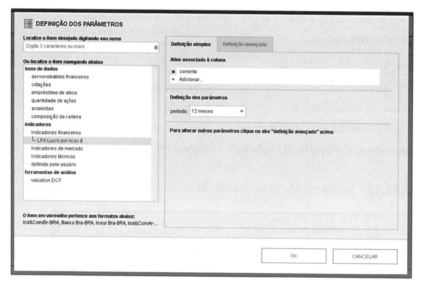

Fonte: ECONOMATICA.

Veja que o padrão é baixar o LPA para a empresa corrente, aquela que aparece na janela no alto da tela, como mostra o detalhe da Figura 13.12.

FIGURA 13.12 Detalhe da tela de seleção de variáveis

Fonte: ECONOMATICA.

Mas nós queremos o LPA para as empresas selecionadas na *screening*. Para isso, desmarcamos a janela "Corrente" e clicamos em "Adicionar". Será aberta a janela "Ativo associado à coluna", na qual selecionamos a opção "Mostrar itens do *screening*". Se clicarmos na setinha dupla, conforme mostra a Figura 13.13, as empresas da *screening* são selecionadas.

Capítulo 13 Base de dados 239

FIGURA 13.13 Seleção de empresas

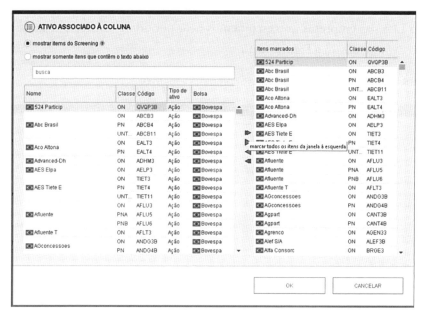

Fonte: ECONOMATICA.

Em seguida, clicamos em "OK", como mostra a Figura 13.14.

FIGURA 13.14 Conclusão da seleção de empresas

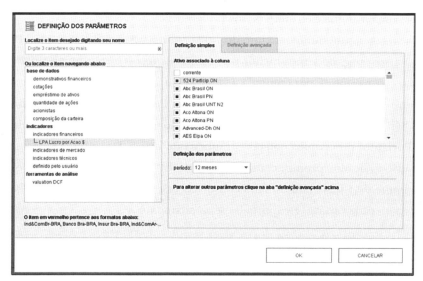

Fonte: ECONOMATICA.

240 **PARTE III** Métodos de pesquisa

Na aba "Definição avançada", podemos escolher, por exemplo, se queremos dados consolidados ou não. Definidos esses parâmetros, a *matrixx* será preenchida com o LPA das empresas que escolhemos pelo período e na frequência que escolhemos, como mostra a Figura 13.15.

FIGURA 13.15 Seleção de empresas completa - *matrixx*

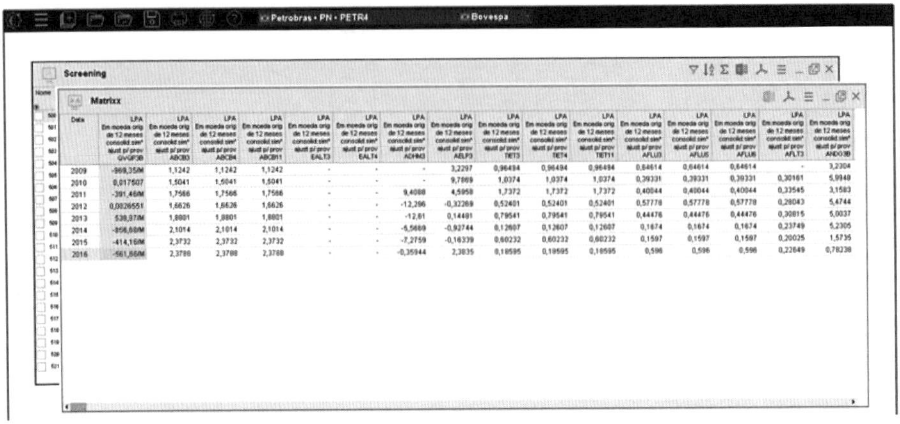

Fonte: ECONOMATICA.

Finalmente, você pode exportar a *matrixx* para o formato .xlsx (clicando no ícone que lembra um arquivo do Excel – formato XLSX – no canto direito superior da *matrixx*) ou simplesmente copiar (clicando no canto superior esquerdo da tabela) e colar em uma planilha eletrônica de sua preferência.

A *matrixx* tem um limite máximo de 1.024 colunas. Assim, como temos 423 empresas na *screening*, podemos incluir na mesma *matrixx* (clicando mais uma vez no final das colunas em "Criar coluna") a variável patrimônio líquido ("Criar coluna", "Demonstrativos financeiros", "Principais itens", "Patrimônio líquido") e, então, teremos 846 colunas. Mas repare que precisamos do valor do patrimônio líquido por ação. Portanto, precisamos coletar o número de ações das empresas, já que não temos esse indicador pronto, como é o caso do LPA. Com três variáveis já excedemos o limite de 1.024 colunas. Para contornar esse problema, podemos criar uma *matrixx* para cada variável e exportá-las separadamente.

Você pode usar o recurso "Duplicar esta janela" para não precisar definir os parâmetros de cada *matrixx* nova.

Observe mais um detalhe: queremos o preço da ação no final de abril de cada ano, após o fechamento do ano fiscal. Assim, o preço da ação referente ao ano de 2010 é a cotação de fechamento do último dia de abril de 2011. Se você pedir os dados anuais na *matrixx*, terá a cotação do último dia do ano de 2011 (dezembro) e não do mês de abril. Então, você precisa pedir dados mensais e, depois de exportar, selecionar apenas os meses de abril de cada ano, como mostramos na Figura 13.16.

FIGURA 13.16 Tela para exportação da informação mensal

Fonte: ECONOMATICA.

Para criar a coluna com os preços, selecione "Criar coluna", "Cotações", "Ações e outros", "Fechamento". Depois exporte e salve os novos dados coletados.

Pronto! Você já tem todos os dados de que precisa para começar a sua análise! Divirta-se! Explore os dados e as relações, ganhe familiaridade com a sua amostra. Para isso, recomendamos que inicie por uma análise descritiva detalhada e invista em gráficos.

13.2 BANCO MUNDIAL

O *DataBank* do Banco Mundial é uma ferramenta de visualização e análise de dados que contém um conjunto de séries de tempo de uma grande variedade de temas.

O *DataBank* do Banco Mundial está disponível. Veja:

Vejamos, por exemplo, a base *World Development Indicators* (WDI), que contém indicadores de desenvolvimento como o Produto Interno Bruto (PIB), taxas de juros e inflação, entre um total de 1.574 séries diferentes, que estão disponíveis para um total de 264 países. A *World Development Indicators* é apenas uma dentre as 69 bases disponíveis.

Outros exemplos de bases são a *Doing Business*, que contém medidas como o custo de fazer cumprir um contrato, o custo de importar e o tempo gasto para abrir um negócio.

Em outra vertente, temos a *Gender Statistics*, que contém uma grande variedade de indicadores divididos por gênero, como níveis de educação, acesso a cartão de crédito e a decisão sobre o cuidado de saúde da mulher, de um total de 631 séries. Observe que uma mesma série pode fazer parte de diversas bases de dados diferentes. Mas a variedade é, ainda assim, enorme.

A própria instituição fornece um tutorial sobre o *DataBank*, como mostra a Figura 13.17.[5] Mas aqui nesta seção trataremos, como na seção anterior, de um exemplo de pesquisa específico para a nossa área.

---

[5] THE WORLD BANK. *Databank tutorial*. Disponível em: https://databank.worldbank.org/data/FAQ/Video/databank-tutorial-overview.html. Acesso em: 19 jun. 2019.

Capítulo 13 Base de dados 243

FIGURA 13.17 Tela inicial do vídeo tutorial do *Databank* do Banco Mundial

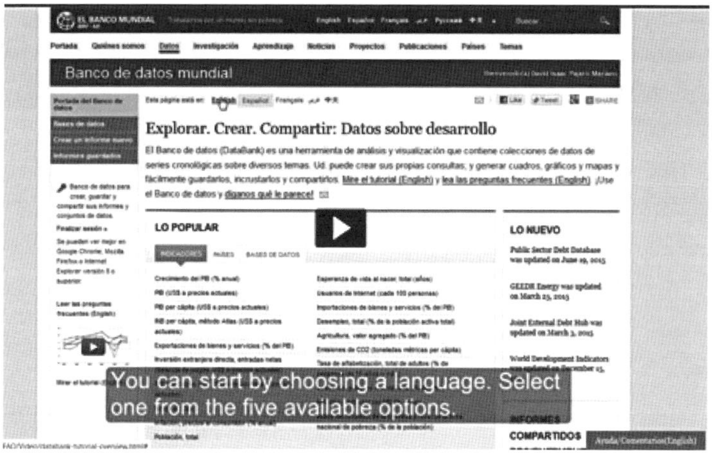

Fonte: BANCO MUNDIAL.

Suponha que você queira estudar o papel do mercado de crédito e do mercado de ações para o crescimento econômico do conjunto de países que formam os BRICS (Brasil, Rússia, Índia, China e África do Sul). Esse é um exemplo de tema muito pesquisado em economia e finanças.[6]

Suponha que você definiu a análise de regressão com dados em painel como o método de análise e o período de análise de 1985 a 2015. Assim, como informações de nossa amostra de estudo, teremos:

- sujeitos – Brasil, Rússia, Índia, China e África do Sul;
- período – 1985 a 2015;
- frequência dos dados – anual.
- variáveis:
  - crescimento econômico, medido como o crescimento percentual do PIB;
  - tamanho do mercado de crédito, medido como o total de crédito em relação ao PIB;
  - tamanho do mercado de ações, medido como o total de valor de mercado da bolsa de cada país em relação ao PIB.

Como todas essas variáveis podem ser encontradas em *World Development Indicators*, escolhemos essa base de dados. Chegamos na janela mostrada na Figura 13.18.

---

[6] Uma revisão muito abrangente sobre o tema pode ser vista em LEVINE, 2005. LEVINE, R. Finance and growth: theory and evidence. *Handbook of Economic Growth*, v. 1, p. 865-934, 2005.

244 PARTE III Métodos de pesquisa

FIGURA 13.18 Tela da base de dados WDI

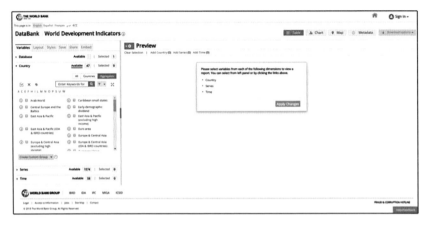

Fonte: BANCO MUNDIAL.

Do lado esquerdo, vemos que a base WDI está selecionada. Agora, precisamos selecionar os países, as séries e o período, e clicar em "*Apply changes*" para processar. Ao concluir a seleção, chegaremos na tela mostrada na Figura 13.19.

FIGURA 13.19 Tela após seleção das informações por países

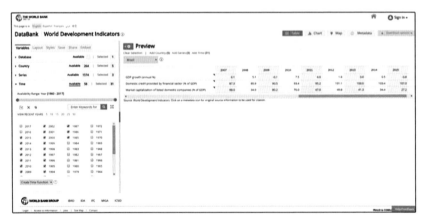

Fonte: BANCO MUNDIAL.

No canto superior direito você tem as opções de *download*. Basta escolher o formato e o arquivo é baixado no computador. Pronto! Seus novos dados já estão prontos para começar a análise! De novo, recomendamos que explore ao máximo similaridades e diferenças e que compreenda os dados e informações coletadas. Isso permitirá que você desenvolva novas relações entre as variáveis, enriquecendo o seu estudo.

14 Colocando o projeto em prática

Daniel Ramos Nogueira

Agora que você já definiu com seu orientador a questão de pesquisa, escolheu o método e planejou a coleta de dados mais adequada de acordo com seus objetivos, é hora de colocar o projeto em prática!

14.1 PLANO A, PLANO B, PLANO C...

Naturalmente, no desenvolvimento do seu projeto de pesquisa (principalmente na parte metodológica e no cronograma), você já deixou claro como será realizada sua pesquisa, especificando o procedimento para a coleta de dados, qual população pesquisará, prazos para execução de cada etapa etc.

Uma vez que já tem um plano A definido, siga o que foi planejado e comece os contatos para coletar os dados (se utilizar questionário ou entrevista) ou a fazer a busca pelas informações (se for uma coleta documental, histórica, *archival* etc.). Lembre que uma coleta de dados bem-planejada passa também pela qualidade dos tópicos anteriores construídos (introdução, referencial teórico e metodologia). Assim, veja no próximo capítulo como escrever sua introdução, referencial teórico e metodologia de forma a deixá-los robustos para sua versão final do Trabalho de Conclusão de Curso (TCC).

Durante o desenvolvimento do TCC, as coisas podem não acontecer como planejado. Podem ocorrer dificuldades para marcar entrevistas, por exemplo, ou ainda responsáveis ou superiores hierárquicos podem negar a autorização para coleta dos dados na empresa/instituição. Pode ser que, depois da aplicação do questionário, você tenha um baixo número de respondentes. E, no caso da pesquisa documental, você pode encontrar problemas no acesso aos documentos necessários. Enfim, pode acontecer todo tipo de problema. Isso é comum, infelizmente. A vida se impõe à pesquisa.

Nesse momento, é importante manter contato com o orientador para que consigam pensar em planos B, C, D... Z. Esses planos alternativos servem de recursos caso o plano A não funcione conforme planejado. Isso não significa que você deve escrever vários projetos: você escreverá apenas um e começará a executá-lo. No entanto, deixará sua mente aberta, pois pode ser necessário proceder a algumas mudanças no percurso da pesquisa.

Em alguns casos, pode ser necessário mudar a abordagem teórica, o instrumento de coleta de dados, a população pesquisada e, até mesmo, o enfoque do trabalho. Se isso ocorrer, não fique desapontado, pois faz parte do processo de construção do conhecimento. Veja o relato da Taís Duarte Silva, bacharel em Ciências Contábeis no ano de 2015, mestre em Ciências Contábeis em 2017 e doutoranda do Programa de Pós-graduação em Ciências Contábeis da Universidade Federal de Uberlândia (PPGCC-UFU), que precisou fazer ajustes importantes no seu TCC, mudando os planos iniciais.

> **vou te contar**
>
> No semestre seguinte, começava a disciplina de TCC 2. Não havia aulas; era um período para desenvolver o trabalho. O contato era direto com a orientadora, que marcava reuniões periodicamente. Na primeira reunião do semestre, a professora avaliou meu projeto e indicou algumas referências para eu ler, incluindo um livro que apresentava a teoria que eu deveria utilizar na minha pesquisa. Após as leituras e outras reuniões, concluímos que seria necessário fazer algumas mudanças em relação ao que estava no projeto. A teoria que iríamos adotar era pouco explorada na área e, de certa forma, também era uma novidade para minha orientadora. Com o decorrer dos estudos, percebemos que ela não era a mais adequada para o nosso contexto. Precisávamos pensar em outros caminhos.
>
> A mudança do trabalho inicialmente foi assustadora. Mas minha orientadora me tranquilizou, explicando que isso poderia acontecer, não tinha nada de mais. Naquele momento entendi que mudanças faziam parte do processo e que o pesquisador deve estar preparado para lidar com essas situações. Começamos, então, a conversar sobre o que seria necessário fazer. Adotamos outra teoria e mudamos o objeto do estudo, para pesquisar alunos da pós-graduação. Mas a ideia geral da pesquisa era similar e contemplava a área de ensino e pesquisa na Contabilidade.
>
> Taís Duarte Silva

Outro tipo de alteração comum se dá no momento da coleta de dados. Por exemplo, fazemos planos de coletar os dados via questionário e, quando começamos a receber o retorno, a taxa de resposta fica aquém da desejada. É comum, na área de

Capítulo 14 Colocando o projeto em prática 247

negócios, quando enviamos questionários eletrônicos para companhias, os retornos apresentarem uma taxa de 10%, ou até menos, em relação aos enviados. Em algumas pesquisas, os retornos reduzidos impossibilitam o uso de ferramentais estatísticos e prejudicam o processo de análise e generalização das conclusões. Com isso, é necessário repensar o processo de coleta de dados, tentando aumentar o número de respondentes ou modificando a estratégia (questionários impressos, *on-line*, fazer contato por telefone para convidar a participar, pedir apoio das entidades de classe ligadas, associações etc.). Viu só? É preciso ter um plano B! É disso que estamos falando.

Importante destacar que alguns autores, considerando o baixo retorno de respostas com a aplicação do questionário, poderão sugerir a inclusão, na coleta de dados, de entrevistas que serão realizadas com um grupo de participantes para complementar a análise de resultados. Ou seja, o que se perde em abrangência, em número de respondentes, se ganha em profundidade, na possibilidade de aprofundar a análise com um grupo menor de pessoas.

Ainda dentro do processo de coleta de dados, pode ser necessário fazer adaptações, pois nem sempre o instrumento selecionado funciona como o planejado. Veja o relato retirado do artigo de Favato e Nogueira sobre como tiveram que modificar o processo de coleta de dados em razão das características da população e do campo pesquisado.[1] Como foi realizado um pré-teste, este favoreceu detectar a inadequação do questionário como instrumento para coletar os dados, permitindo, então, a modificação para formulário e adaptação dos termos utilizados.

> O procedimento de coleta de dados inicialmente estabelecido foi o questionário e as questões utilizadas foram baseadas na literatura já existente [...] Assim, objetivando adequar as questões de forma que o respondente tenha compreensão e clareza do que se indagava, optou-se por realizar um pré-teste com feirantes (produtores familiares) com as mesmas características da posterior amostra, porém de um município vizinho.
>
> No pré-teste foi possível observar algumas dificuldades, tais como: o respondente relacionar o contexto da contabilidade de custos ao cotidiano da plantação, nesse ponto foi perceptível o pouco conhecimento com terminologias de gestão de negócio e a dificuldade de assimilar individualmente na leitura o contexto devido à baixa escolaridade.

---

[1] FAVATO, K. J.; NOGUEIRA, D. R. Produtor familiar: um estudo sobre a adesão aos controles de custos na cidade de Londrina-PR. *Revista Extensão Rural – UFSM*, v. 24, n. 4, 2017. p. 108.

248 **PARTE III** Métodos de pesquisa

> Outro aspecto levantado no pré-teste está no produtor familiar manter atenção e concentração para responder, pois o questionário foi preenchido concomitantemente com o atendimento aos clientes na feira e realizar em outro período inviabilizaria a pesquisa diante a dificuldade de localizar esses produtores.
>
> Mediante essas percepções no pré-teste, o questionário foi adaptado para formulário objetivando otimizar o procedimento de coleta de dados e adequar terminologias mais acessíveis para o produtor. As perguntas readequadas permaneceram com base nas pesquisas existentes [...]

Essas situações ocorrem com alguma frequência em pesquisas e acontecerão também no TCC. Por isso, é sempre bom pensar em um plano alternativo caso algo não aconteça como o planejado. Procure, se possível, deixar uma folga no cronograma para esses contratempos. Afinal, o tempo, sempre o tempo, é um dos limitadores da pesquisa.

14.2 DE VOLTA À LITERATURA, AO CAMPO, À LITERATURA, E AO CAMPO NOVAMENTE...

Finalizado seu projeto de pesquisa, é comum, antes de ir a campo, você fazer uma revisão dos seus instrumentos de coleta de dados e realizar um pré-teste. Em algumas situações, pode ser necessário voltar à literatura para reler os artigos que fundamentam o instrumento, revisar o questionário ou roteiro de entrevista que utilizou como referência para sua pesquisa, confirmar quais informações precisará coletar nos documentos etc.

O pré-teste pode ser realizado com colegas que estejam no mesmo barco, ou seja, outros pesquisadores, seu orientador, pessoas que possam verificar a clareza, dar sugestões sobre a melhor forma de abordar algumas questões, analisar a ordem das perguntas, o tempo necessário para respostas. Registre essas análises, bem como todos os ajustes que precise fazer ao instrumento. Depois do pré-teste, considere realizar um piloto: aplicar o questionário a um grupo de respondentes que tenha características próximas ao seu grupo de interesse. Novamente, avalie o resultado do piloto, discuta com o orientador, faça os ajustes necessários, lembrando-se de registrar tudo para depois poder descrever com detalhes na seção de metodologia do seu TCC.

Uma vez confirmado qual o procedimento de coleta e quais informações recolherá, é hora de ir a campo! Vamos em busca dos dados que precisamos para atingir

Capítulo 14 Colocando o projeto em prática 249

o objetivo que prometemos na introdução do projeto de pesquisa. Nos capítulos anteriores, foram apresentados os cuidados na realização do trabalho de campo para cada uma das metodologias de pesquisa. Lembre-se de revisar o capítulo referente à metodologia que adotará e de se assegurar que tomou todos os cuidados necessários.

Após a coleta dos dados, é chegado o momento de organizá-los e proceder à análise. Essa etapa da pesquisa é extremamente relevante: é o coração da pesquisa! É aqui que você construirá sua contribuição para a literatura na sua área de formação. Sendo assim, reserve um tempo para poder analisar cuidadosamente os dados coletados.

Durante a análise, os seus resultados podem ser semelhantes à literatura já encontrada ou ir em direção diferente, complementar ou mesmo contraditória. Veja o relato do Eder Aparecido Barbante Júnior, bacharel em Ciências Contábeis no ano de 2017 pela Universidade Estadual de Londrina (UEL), sobre como foi a parte de análise dos dados no artigo dele.

> **vou te contar**
>
> Apesar de sempre ter ouvido falar que a última parte, a análise dos dados, seria a parte mais fácil, ela na realidade mostrou-se bastante complicada pois, às vezes, mostra resultados que você não esperava, ou alguns resultados que você consegue entender, mas tem dificuldades em expressar de forma escrita e coesa para quem lê seu trabalho. Então, senti que a análise, apesar de fácil, é uma parte que exige bastante de nós para ser feita. Afinal, ali é a parte mais importante do seu trabalho.
>
> Eder Aparecido Barbante Júnior

No momento da análise, depois da verificação dos dados e resultados, você deverá voltar à literatura para poder comparar seus resultados com os já conhecidos sobre o seu tema. Conforme os resultados obtidos, poderá ter de expandir a sua revisão de literatura. Lembre-se de que é aqui que colocamos a nossa pesquisa para conversar com as outras pesquisas!

Caso seus resultados sejam coerentes com os da literatura já existente, você deixará descrito na análise em quais pontos seus resultados foram semelhantes aos de outras pesquisas já publicadas e citará essas pesquisas. Isso ajuda a fortalecer seus achados e demonstra a relação dos seus resultados com a teoria já existente. Veja a seguir os trechos extraídos de dois artigos sobre a comparação dos achados com a literatura.

250 **PARTE III** Métodos de pesquisa

> Verificou-se que as ferramentas gerenciais apontadas como mais utilizadas pelos gestores foram o fluxo de caixa, complementado com o controle de contas a pagar e a receber [...][2]

> Como pode ser notado, a maioria dos que voltaram a cursar Ciências Contábeis foi para o noturno (87%) [...] por necessidade, o aluno tende a ter carga dupla: trabalho e estudos, precisando assim conciliar seus horários para cumprir com seus compromissos. Dessa forma, pode-se inferir que as dificuldades financeiras estão entre as principais causas do abandono escolar [...][3]

Caso seus resultados sejam divergentes, é interessante voltar à literatura e procurar possíveis explicações para o fenômeno encontrado. Você certamente encontrará outros artigos que podem ter resultados que auxiliem em sua análise ou que, de fato, comprovem que seus resultados divergem do já conhecido. Veja o relato da Ana Laura Gomes de Sousa, graduada em Ciências Contábeis pela UFU em 2017, sobre a etapa de análise dos dados na pesquisa.

> **vou te contar**
>
> Em grande parte da graduação, aprendemos que devemos nos remeter a algo que já foi encontrado e apenas reproduzi-lo. Mas, no meu TCC, precisei, ao analisar meus resultados, estabelecer o meu ponto de vista em relação aos resultados encontrados e conectá-los às pesquisas do meu referencial teórico.
>
> Ana Laura Gomes de Sousa

Em algumas situações, as primeiras análises podem trazer *insights* para novas pesquisas ou, até mesmo, o aprofundamento da pesquisa que está em andamento. Por vezes, será necessário, após a primeira coleta de dados, voltar à literatura, entender os primeiros resultados e, depois, voltar a campo novamente para complementar os resultados.

---

[2] BORGES, L. F. M.; LEAL, E. A. Utilidade da informação contábil gerencial na gestão das micro e pequenas empresas: um estudo com empresas do Programa Empreender de Uberlândia – MG. *Revista de Empreendedorismo e Gestão de Pequenas Empresas*, v. 4, n. 3, 2015. p. 141.

[3] VIEIRA, D. B.; MIRANDA, G. J. O perfil da evasão no curso de Ciências Contábeis da Universidade Federal de Uberlândia: ingressantes entre 1994 e 2003. *In*: CONGRESSO UFSC DE INICIAÇÃO CIENTÍFICA EM CONTABILIDADE, 6, 2015, Florianópolis. *Anais* [...]. Florianópolis, 2015. p. 13.

Capítulo 14 Colocando o projeto em prática 251

Essa volta ao campo ocorre quando você nota que está faltando algo para conseguir alcançar seu objetivo de pesquisa como inicialmente proposto ou quando percebe que há uma oportunidade para avançar sua pesquisa e trazer resultados inovadores para a área.

Muitas vezes, durante o processo de coleta de dados, começam a surgir informações que você não havia previsto e estas demonstram-se relevantes para a sua pesquisa. Nesse ponto, é hora de conversar com o orientador e definir se vale a pena esse esforço concentrado visando ampliar a profundidade do estudo.

Enfim, a construção de um bom relatório de pesquisa é como uma obra de arte. São necessárias diversas idas e vindas a fim de melhor delinear o fenômeno e apresentar as relações pretendidas. No próximo capítulo, aprofundaremos como colocar tudo isso no papel.

PARTE IV

COMO COLOCAR TUDO NO PAPEL?

15 Estrutura do TCC

Gilberto José Miranda

Um trecho do depoimento da Deborah Borges Vieira ilustra com clareza a complexidade da redação acadêmica (científica) para quem tem contato com esse gênero pela primeira vez. Todavia, tenha sempre em mente que essa tarefa é importantíssima! De nada adianta fazer uma pesquisa rigorosa e não apresentá-la adequadamente. Portanto, todo empenho na redação do seu trabalho é importante.

> **vou te contar**
>
> Os desafios foram muitos na hora de escrever o artigo [TCC]: interpretação de texto, gramática, gráficos, tabelas, normas da ABNT, falta de criatividade, entre outros. Não conseguia fazer com que os autores diversos conversassem entre si de maneira coerente e justificando os resultados. Escrever a introdução e a metodologia foram grandes desafios, pois há regras e normas de como e o que escrever. Incontáveis vezes não obtive progresso ao escrever meu artigo – isso era desesperador – mas o meu orientador intervinha com suas ideias e me ensinava meios de como iniciar minhas escritas, quais autores poderiam me auxiliar na metodologia e me explicava de maneira compreensível o que seria cobrado de mim na introdução e na metodologia. Estruturamos juntos a ordem da descrição do trabalho, dando um norte para a dissertação. Essa parte também foi árdua, porém mais empolgante, porque era o momento de mostrar minha pesquisa, explicar as coisas que aprendi, embasadas em outros autores.
>
> **Deborah Borges Vieira**

A redação científica tem o propósito de comunicar os resultados de uma pesquisa de forma objetiva, clara e concisa. O principal resultado da pesquisa, por exemplo, deve ser enunciado logo no título ou no resumo da pesquisa. Não há espaço para surpresas: vá direto ao ponto! Contudo, não perca a clareza da mensagem que pretende passar ao leitor. É um desafio encontrar esse equilíbrio de evidenciar claramente a mensagem com o menor número de palavras.

Capítulo 15 Estrutura do TCC   255

Lembre-se de que os leitores do seu trabalho – professores, pesquisadores e estudantes, quiçá profissionais da área – em geral já conhecem a estrutura de um trabalho científico. Dessa forma, não é necessário explicar a estrutura na qual o trabalho foi desenvolvido.

As bases utilizadas para a construção do seu texto devem ser adequadamente referenciadas, conforme discutido no Capítulo 3. As ideias e fragmentos de textos de outros autores que serviram de suporte para o desenvolvimento do seu texto devem ser adequadamente referenciados. O uso de trechos ou ideias de outros autores sem o devido crédito é **plágio** e constitui crime. Muito cuidado! Atenção, também, com a reutilização de seus próprios textos. Nesse caso, pode ocorrer o que se chama de **autoplágio**. Se tiver dúvidas, não corra riscos: recorra ao conselho de pesquisadores mais experientes ou de bibliotecários. Eles podem ajudar!

Abordaremos, a seguir, a redação de cada uma das partes de um trabalho científico, a começar pelo título, que é muito importante! Afinal, depois do trabalho pronto, temos que dar um título adequado e chamativo. Vamos lá?

15.1 TÍTULO

O título deve ser o menor resumo do trabalho. Deve ser curto, conciso e trazer palavras que representem os resultados da pesquisa. O ideal é que, com base no título, se tenha uma ideia do problema de pesquisa e dos principais resultados alcançados.

Veja o exemplo a seguir, extraído de Lima et al.: "O choque com a realidade: dormi contador e acordei professor...".[1] Pode-se notar que esse título cumpre a missão de dizer que o trabalho trata do ingresso de profissionais contadores na docência, além de contar como se dá esse ingresso, com um choque de realidade, de forma concisa e criativa.

Ao término de sua pesquisa, de posse dos achados, avalie se, de fato, o título representa o menor resumo da sua pesquisa. Faça um "toró" de palpites e deixe fluir sua criatividade até chegar em um título atraente e criativo. No entanto, não venda gato por lebre e não prometa o que não vai entregar!

---

[1] LIMA, F. D. C.; et al. O choque com a realidade: dormi contador e acordei professor.... *Revista Electrónica Ibero-americana Sobre Calidad, Eficacia y Cambio en Educación*, v. 13, p. 49-67, 2015.

15.2 RESUMO

O resumo é a parte mais importante da divulgação de uma pesquisa. É considerado o cartão de visita da publicação. Ele traz a síntese das ideias e concepções trabalhadas na investigação.

Geralmente, é traduzido para a língua inglesa, para ser mais facilmente difundido: é o chamado *Abstract*. Muitas plataformas de dados disponibilizam apenas o título e o resumo dos artigos. Por isso, o resumo é uma das partes mais padronizadas do relatório de uma pesquisa. Geralmente, é dividido em: contexto, lacuna, objetivo, metodologia, resultados e conclusões, como mostrado na Figura 15.1. Cada uma dessas partes deve ter uma ou duas sentenças.

FIGURA 15.1 Partes do resumo

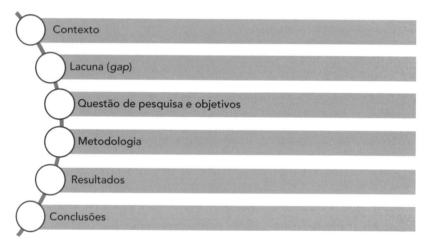

Fonte: elaborada pelo autor.

No **contexto** são apresentadas informações sobre a grande área na qual se situa a pesquisa, particularizando-se a investigação em questão. Na sequência são apontadas as limitações e restrições da área, de modo a identificar a **lacuna** na qual se insere a pesquisa. Os **objetivos** ou propósitos da pesquisa, portanto, se consubstanciam em preencher essa lacuna. Os objetivos e propósitos são evidenciados por meio da questão-problema e dos próprios objetivos, geral e específicos. Os meios necessários para o alcance desse intento são descritos na **metodologia**, que poderá incluir diversos procedimentos de coleta e análise de dados, conforme discutido na Parte III. Os principais achados e discussões da pesquisa são apresentados no componente **resultados**. Por fim, são apresentadas as **conclusões** ou considerações finais, que trazem também as contribuições e implicações dos achados para a academia e para a prática. Nessa etapa são explicitadas as principais contribuições da pesquisa no contexto mais amplo e possíveis implicações.

Veja o resumo a seguir, extraído da pesquisa de Cunha, Nascimento e Durso.[2]

Contexto: A evasão universitária é um problema que cerca as Instituições de Ensino Superior, tanto públicas quanto privadas. O abandono do curso gera desperdícios financeiros, sociais e acadêmicos.

Lacuna: Nesse contexto, verifica-se uma intensificação dos estudos sobre evasão no ensino superior nas últimas décadas, apesar de poucos na área contábil, o que evidencia a necessidade de se estudar esse contexto.

Objetivo: Assim, o objetivo desta pesquisa é buscar evidências que permitam identificar as razões que poderiam influenciar na evasão de estudantes do curso de Ciências Contábeis em IES públicas no seu primeiro ano de graduação. Adicionalmente, buscou-se analisar as características socioeconômicas desses estudantes e as possíveis influências que os fizeram optar pelo curso.

Metodologia: Aplicou-se um questionário a 348 estudantes, ingressantes no ano de 2013, em 6 universidades federais da Região Sudeste do Brasil.

Resultados: Percebeu-se que, de modo geral, os estudantes não parecem estar propensos a abandonar o curso, pois dos 20 fatores apresentados como capazes de influenciá-los na decisão de abandono do curso nenhum obteve média maior que 3,3 (as notas poderiam variar entre 0 e 10). Esse resultado pode indicar que os estudantes ingressaram significativamente entusiasmados com o curso, apesar de haver indícios de que a escolha do curso não foi um processo bem orientado. Exatamente por essa razão, a frustração que o estudante poderia ter ao perceber suas expectativas frustradas o faria se sentir desmotivado, o que poderia influenciá-lo a abandonar o curso no futuro.

Conclusões: Portanto, a convicção de uma escolha, e o entusiasmo resultante, não significa que o indivíduo mostrará as atitudes e habilidades que concretizarão suas pretensões profissionais e, diante dos obstáculos que colocarão à prova esta certeza e a força do seu comprometimento, poderão ruir e resultar em evasão.

---

[2] CUNHA, J. V. A.; NASCIMENTO, E. M.; DURSO, S. O. Razões e influências para a evasão universitária: um estudo com estudantes ingressantes nos cursos de Ciências Contábeis de instituições públicas federais da Região Sudeste. *Advances in Scientific and Applied Accounting*, v. 9, n. 2, p. 141-161, 2016.

É bastante comum que algumas dessas informações não apareçam em alguns resumos, o que não invalida o trabalho. Aliás, é comum que isso ocorra na área de negócios, pois muitas publicações não apresentam contextualização nem lacuna. No entanto, algumas revistas no Brasil já começam a pedir os resumos estruturados com essas divisões. A *Revista de Contabilidade & Finanças* (RC&F), por exemplo, estabelece que o resumo deve conter:

- resultados e contribuições do artigo;
- objetivo do trabalho;
- lacuna;
- relevância do tema escolhido;
- impacto na área;
- metodologia.

Já a *Revista de Educação e Pesquisa em Contabilidade* (REPEC) exige os tópicos:

- objetivo;
- método;
- resultados;
- contribuições.

Sugerimos aos leitores iniciantes que se acostumem a elaborar resumos mais completos. Assim, com o decorrer do tempo e as especificidades de periódicos, podem fazer as adequações necessárias.

O resumo só deve ser elaborado após o término da redação das demais partes, notadamente as considerações finais, para evidenciar os pontos mais relevantes da pesquisa. Embora seja a última parte do trabalho, é uma das etapas mais importantes! Por isso, separe tempo e guarde forças para se dedicar a ele.

15.3 INTRODUÇÃO

O objetivo da introdução é situar o leitor no contexto em que se insere a pesquisa, oferecendo uma visão geral dos estudos anteriores sobre o tema, o que falta ser estudado e os propósitos da pesquisa. É nesse momento que o autor deve motivar o leitor a prosseguir na leitura do texto. Imagine que as pessoas têm acesso a milhões de artigos o tempo todo. Portanto, gastarão seu tempo com trabalhos que julguem interessantes e que tenham o potencial de contribuir com a construção do conhecimento. Essa decisão, muitas vezes, se dá pela leitura do resumo e da introdução. Por isso, capriche!

Zucolotto sugere cinco questões que devem ser respondidas para que se tenha uma boa introdução.[3] São elas:

- Por que essa área de pesquisa é importante?
- O que já tem sido feito até agora nessa área?
- O que ainda não foi feito nessa área (lacuna)?
- Por que esse estudo é relevante?
- O que está sendo apresentado nesse artigo?

Diante dessas questões, o autor apresenta as seguintes classes de informações a constarem na introdução:

- contextualização;
- estado da arte;
- lacuna (*gap*);
- propósito.

Além desses elementos, na área de negócios, é comum apresentar as justificativas para a realização do estudo. Note que a construção do texto faz um movimento do geral para o específico, conforme mostramos na Figura 15.2.

FIGURA 15.2 Partes da introdução

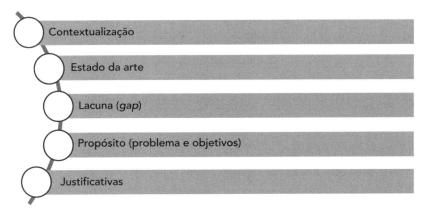

Fonte: elaborada pelo autor.

---

[3] ZUCOLOTTO, V. *Escrita científica*: produção de artigos de alto impacto. Material de curso. ZucoEscrita, 2018.

260 **PARTE IV** Como colocar tudo no papel?

Na **contextualização**, o autor deve esclarecer para o público leitor qual é a grande área da pesquisa e a importância dessa grande área. Essa informação já apareceu no resumo; porém, aqui, ela deve ser mais detalhada e fundamentada. Como ilustração, veja o trecho a seguir, extraído da pesquisa de Gonzaga et al.[4]

> A gestão pública por resultados foi um dos principais elementos contidos no receituário da New Public Management, ou Nova Gestão Pública (doravante, NPM). A mesma se fundamenta na utilização de ferramentas gerenciais, como planejamento estratégico e indicadores para a avaliação de desempenho [...] e pode ser definida como o ciclo que se inicia com o estabelecimento das metas e dos resultados desejados, prossegue com a definição das medidas utilizadas para o monitoramento e a avaliação de desempenho, e finaliza com a retroalimentação do sistema com os resultados das avaliações [...].

> Em Minas Gerais, a partir da transição da gestão do Estado entre os governadores Itamar Franco e Aécio Neves, em 2002, implantou-se, na gestão pública estadual, o Choque de Gestão, contendo uma série de medidas para solucionar os problemas relacionados aos quadros econômico, fiscal e administrativo-institucional [...]. O Estado apresentava grave situação financeira, com déficits fiscais, endividamento crescente e ausência de recursos para cobrir as despesas orçamentárias [...]. Para a implementação do Choque de Gestão, foi utilizado um instrumento de avaliação de desempenho contendo indicadores denominado Acordo de Resultados, definido como um instrumento de pactuação de resultados entre o Poder Executivo e os servidores [...], com o intuito de aumentar a eficiência.

> O monitoramento e a avaliação do desempenho apoiaram-se em indicadores a serem alcançados pelos órgãos estaduais, estabelecendo-se como incentivo para seu alcance a possibilidade de recebimento de bonificação financeira [...]. O Acordo de Resultados começou a ser implementado pela Secretaria de Planejamento e Gestão (Seplag). Posteriormente, com a ajuda de uma consultoria externa, criaram-se os indicadores, que foram negociados caso a caso com as demais secretarias [...]. Contudo, alguns deles evoluíram e foram alterados com o decorrer do tempo.

---

[4] GONZAGA, R. P.; et al. Avaliação de desempenho no governo mineiro: alterações dos indicadores e metas. *Revista de Administração Contemporânea*, v. 21, n. Edição Especial FCG, p. 1-21, 2017.

Capítulo 15 Estrutura do TCC 261

O **estado da arte** se refere à apresentação do que tem sido estudado sobre o tema até o momento. Evidencia o estágio em que se encontra o conhecimento, a fronteira desse conhecimento, para o tópico abordado. Apresenta os achados de duas ou três publicações recentes sobre o tema, consideradas relevantes. Trata-se de uma abordagem sucinta, uma vez que na seção Revisão da Literatura o autor aprofundará a apresentação do estado da arte. Para que seja possível delinear adequadamente o estado da arte, o autor precisa fazer muitas leituras, pois esse é um dos aspectos mais importantes de uma investigação.

Essa parte deve ser construída a partir da análise de artigos recentes, dos últimos cinco anos, que tenham sido publicados em periódicos relevantes, e também de textos clássicos ou seminais, escolhidos com muito cuidado e critério. É restrito o espaço para uso de trabalhos de congressos, dissertações de mestrado e teses de doutorado. Até mesmo os livros devem ser utilizados com parcimônia nas citações que embasam a motivação da pesquisa.[5]

Ainda no trabalho de Gonzaga et al., temos:[6]

> Nesse aspecto da mudança de indicadores, autores como Jackson e Lapsley (2003), Bjørnenak, (1997) e Malmi (1999) têm-se dedicado a discussões envolvendo o processo de inovação e alternância na utilização de ferramentas gerenciais e indicadores de desempenho no setor privado e, sobretudo, no setor público, emergindo daí questionamentos quanto aos fatores que influenciam essas alterações. Bjørnenak (1997) identificou que variáveis relacionadas à estrutura organizacional, como tamanho, influenciam as mudanças realizadas em metas e indicadores utilizados para avaliar o desempenho das empresas que atuam no setor privado, e ressaltou a importância da influência de fatores institucionais sobre essas alterações.
>
> No setor público, Jackson e Lapsley (2003) constataram que, além da influência do setor privado, fatores como regulação, recomendação de autoridades locais e agências governamentais influenciam as alterações da estrutura gerencial das organizações. Lapsley e Wright (2004) pesquisaram os possíveis motivos que conduzem ao abandono das ferramentas contábeis utilizadas na gestão pública, o que os autores consideraram inovações contábeis nesse setor, apresentando os seguintes

---

[5] PAGLIARUSSI, M. S. Estrutura e redação de artigos em contabilidade e organizações. *Revista de Contabilidade e Organizações*, São Paulo, v. 11, n. 31, p. 4-10, jan. 2018.

[6] GONZAGA et al., 2017.

262 **PARTE IV** Como colocar tudo no papel?

fatores: novas técnicas, custo na obtenção de informação, falhas das técnicas e perda de utilidade, e fatores não identificados ou sem resposta. Os autores argumentam, ainda, que as alterações na estrutura contábil no setor público ocorrem, em grande parte, por influência governamental (Lapsley & Wright, 2004).

Uma vez delineado o estado da arte, o autor deve evidenciar o que ainda não foi feito nessa área, ou seja, as **lacunas** existentes, o que ainda precisa ser investigado. Novamente, destacamos a importância de muita leitura para que você consiga perceber os gaps existentes e ter boas ideias para preenchê-los. Não é fácil conhecer a fronteira do conhecimento de uma área sem muitas leituras!

Seguindo o mesmo exemplo, encontramos:[7]

> No que se refere aos indicadores utilizados para mensurar o desempenho, problemas no conteúdo ou nas dimensões dos indicadores formulados podem ser alguns dos fatores que levem às mudanças dos indicadores e fazem com que os agentes tomem ações diferentes daquelas requeridas pela instituição, como manipulação dos resultados, redução de esforços após o alcance do nível de resultado pactuado e foco em um conjunto restrito de atividades ligadas aos indicadores, desconsiderando as demais. Ainda nesse sentido, a alteração ou variabilidade dos indicadores utilizados para garantir o alcance das metas pode dificultar a comparabilidade entre indicadores capazes de oferecer algum subsídio para a avaliação da qualidade de determinada gestão.

Identificadas as possíveis lacunas daquela área de conhecimento, são apresentados os propósitos do estudo, evidenciados na **questão-problema e nos objetivos**, que devem ser elaborados conforme apresentado no Capítulo 2. É importante que esses elementos estejam explícitos no texto.

Continuando a apresentação da pesquisa de Gonzaga et al., vamos encontrar o seguinte trecho:[8]

> Assim, com base na literatura sobre indicadores de desempenho, na teoria da contingência e na teoria de agência, este trabalho se propõe a responder a seguinte questão de pesquisa: **Quais são os fatores organizacionais ou ambientais que estão associados às alterações das metas e dos indicadores utilizados na avaliação de**

---

[7] GONZAGA et al., 2017.

[8] GONZAGA et al., 2017.

Capítulo 15 Estrutura do TCC 263

desempenho na estrutura gerencial do governo do Estado de Minas Gerais, na percepção dos servidores públicos?

O objetivo principal consiste em **identificar os fatores organizacionais e ambientais que, na percepção dos servidores públicos, levam às alterações dos indicadores na estrutura gerencial do governo do Estado de Minas Gerais**, com base em um estudo de caso. (Grifos nossos)

As **justificativas** para a realização da pesquisa se referem à contribuição do recorte (propósito) estabelecido a fim de preencher a lacuna anteriormente identificada ou parte dela. Em algumas áreas, não é comum a existência de justificativas após o estabelecimento do problema; na área de negócios, contudo, esse procedimento é frequente, pois reforça a relevância da pesquisa.

Para finalizar a introdução de Gonzaga et al., temos suas justificativas:[9]

> Este estudo busca contribuir com a literatura sobre indicadores de desempenho, ao analisar, na estrutura gerencial do governo do Estado de Minas Gerais, os fatores ligados às mudanças das metas e dos indicadores utilizados, uma vez que informações sobre a existência e a evidenciação de indicadores utilizados para a avaliação de desempenho auxiliam no controle social e podem tornar mais simplificadas as análises de informações sobre o desempenho estatal em complemento a peças técnicas, como demonstrações contábeis e relatórios do setor público brasileiro.
>
> Ainda, as metas e os indicadores, por meio da vinculação entre as estratégias estabelecidas e o planejamento e execução delas, cumprem o papel de fornecer informações para a avaliação sobre a economia, eficiência, eficácia e efetividade do gasto público [...]. Assim, entender como ocorrem os processos de escolha e evolução dessas metas e indicadores pode influenciar a qualidade dos serviços e das informações reportados para a população e tais dados podem ser utilizados na formulação de novas políticas públicas, além de auxiliar órgãos de controle, tais como Controladorias, Auditorias e Tribunais de Contas, nos processos de avaliações da execução de políticas públicas.

Normalmente, a introdução apresenta o "projeto" da pesquisa. Assim, é muito importante a construção de esboço inicial, que deve ser retomado ao término da

---

[9] GONZAGA et al., 2017.

264 **PARTE IV** Como colocar tudo no papel?

pesquisa, após a escrita das considerações finais, para ser ajustado às demais partes do artigo, assegurando que se tenha entregue o que foi prometido!

15.4 REVISÃO DA LITERATURA

Considerando que um dos propósitos de toda pesquisa científica seja contribuir com a construção do conhecimento, o autor precisa saber em que ponto se encontra o "estado da arte" para não correr o risco de "reinventar a roda". Para tanto, ele precisa de muita leitura, notadamente se aborda um tema que ainda lhe é desconhecido. A revisão da literatura tem vários propósitos:[10]

- delimitar o problema de pesquisa;
- encontrar novas linhas de pesquisa;
- evitar abordagens infrutíferas;
- obter *insights* metodológicos;
- identificar recomendações para pesquisas futuras;
- buscar suporte para a teoria fundamentada.

Segundo Gall, Gall e Borg, quatro passos principais caracterizam uma adequada revisão da literatura.[11]

- **Pesquisa preliminar:** nessa primeira etapa, você deve partir do problema de pesquisa para identificar publicações diversas (livros, teses, dissertações, artigos) que possam contribuir com sua investigação. Para tanto, existem bases de dados disponíveis que são muito úteis: Google Acadêmico, Spell (específico da área de negócios), Scielo, bancos de teses de instituições de ensino superior, portal de periódicos da CAPES, entre outros. Nessa busca inicial, leia as palavras-chave e os resumos das publicações que localizar para avaliar a adequação à sua pesquisa. Apenas identifique os trabalhos alinhados à sua temática nessa fase.

- **Comece pelas fontes secundárias:** nessa etapa, separe os estudos secundários. São exemplos de fontes secundárias: livros didáticos, dicionários especializados, enciclopédias, revistas especializadas em revisão de literatura, *handbooks*, entre outros. Comece a leitura por eles, pois, em geral, são mais claros e fáceis de entender. Esses materiais têm o propósito de organizar o que é conhecido sobre determinada temática em uma estrutura significativa. Eles mostram

---

[10] GALL, M. D.; GALL, J. P.; BORG, W. R. *Educational research*: an introduction. 8. ed. Boston, MA: Pearson/Allyn and Bacon, 2007.

[11] GALL; GALL; BORG, 2007.

Capítulo 15 Estrutura do TCC 265

como os achados de várias pesquisas estão conectados uns aos outros. Além de mostrar o que se sabe sobre determinado tema, as fontes secundárias também podem ser úteis no estabelecimento de uma estrutura lógica do conhecimento para posicionar sua pesquisa.

- **Leia fontes primárias**: as fontes primárias são documentos (por exemplo, artigos, teses) que foram escritos pelas próprias pessoas que conduziram as pesquisas ou formularam as teorias ou opiniões descritas no documento. Essas fontes são as mais importantes para a construção do seu texto. Comece por classificá-las de acordo com os subtemas da sua pesquisa. Esse procedimento ajuda a selecionar o que é mais relevante em cada subtema. Lembre-se de que estudos muito bons são publicados, mas estudos medíocres ou mesmo ruins também são. Assim, seja crítico para selecionar estudos de qualidade. No Brasil, a classificação feita pela Coordenação de Aperfeiçoamento de Pessoal de Nível Superior (CAPES), chamada de Qualis, pode ser um importante indicativo de qualidade das revistas em que são publicados os artigos. Outra forma de verificar a qualidade de uma referência é verificar o número de citações que ela tem. O Google Acadêmico e a Web of Science trazem essa informação. Finalmente, se um texto é muito presente em várias fontes que consultar, isso indica que é importante. Aproveite para identificar autores que sejam referência no tema. E, claro, busque mais informações sobre eles.

- **Por fim, sintetize a literatura:** uma vez que você fez a leitura dos estudos mais relevantes sobre o tema investigado, você poderá iniciar a redação da revisão da literatura. Registre as informações que julgar relevantes das obras lidas. Faça fichamentos do resumo, das ideias mais importantes e das críticas que tiver sobre o texto. Esse material será fundamental para a construção de citações (diretas e paráfrases).

O propósito desta seção é informar ao leitor o que já é conhecido e o que não é conhecido sobre a temática pesquisada, além de informar como esses tópicos se relacionam com seu propósito de pesquisa. Deve-se começar pelos estudos seminais, que deverão ser seguidos dos contemporâneos, inclusive os mais recentes, finalizando com a interpretação dos resultados desses estudos. Lembre-se, nesse caminho, de apontar concordâncias (o que já se sabe), discordâncias (o que ainda está sendo discutido) e lacunas (o que ainda não foi abordado). Sua pesquisa pode se apoiar em qualquer um desses pontos, mas a mina de ouro são as discordâncias e as lacunas.

266 **PARTE IV** Como colocar tudo no papel?

Note que essa estrutura facilita a organização do trabalho, mas ela não é rígida. Talvez você encontre, ao longo de todas as etapas, estudos relevantes (novos ou não) que possam compor sua revisão.

Considerando que, nessa seção, o propósito é apresentar o "estado da arte" sobre o tema, os autores geralmente evidenciam a teoria e suas lacunas, discutem sua adequação ao fenômeno, as variáveis ou categorias investigadas, mesclando os estudos anteriores no texto (quando for o caso). No entanto, o quadro teórico dos estudos quantitativos é relativamente diferente dos estudos qualitativos.

Em **estudos quantitativos**, que tenham o propósito de avaliar possíveis relações entre variáveis para desvendar as causas de determinado fenômeno, espera-se que o autor apresente a teoria[12] escolhida para fundamentar o estudo, bem como as variáveis e/ou construtos[13] investigados. Nesses estudos, é bastante comum o estabelecimento de hipóteses[14] para guiar a coleta e análise de dados.

Nesse sentido, pode-se começar com um breve contexto histórico, no qual são evidenciados os trabalhos teóricos seminais que definiram as premissas, os principais conceitos e as conexões causais entre eles. Na sequência, trabalhos recentes envolvendo extensões da teoria, que sejam interessantes à pesquisa, podem ser incluídos na argumentação.[15]

Agora, em **estudos qualitativos**, é comum a apresentação do quadro teórico com estudos anteriores e as lacunas existentes. Uma característica importante, todavia, é que as teorias usadas em tais estudos sejam abrangentes e flexíveis o suficiente para orientar a investigação, e não determinar o seu curso.[16]

Por apresentar objetivos mais flexíveis e mais amplos, nesse tipo de estudo é comum, por exemplo, que as categorias de investigação possam emergir da análise dos dados. Também é comum a triangulação de achados de diferentes fontes para se chegar à conclusão sobre o fenômeno em análise.

---

[12] "Todas as teorias oferecem conhecimentos – explicações e predições sobre a realidade – a partir de diferentes perspectivas, portanto, algumas se encontram mais desenvolvidas que outras, e assim cumprem melhor suas funções". MARTINS, G. A.; THEÓPHILO, C. R. *Metodologia da investigação científica para ciências sociais aplicadas*. São Paulo: Atlas, 2007. p. 28.

[13] "Construto possui um significado construído intencionalmente a partir de um determinado marco teórico, devendo ser definido de tal forma que permita ser delimitado, traduzido em proporções particulares observáveis e mensuráveis. [...] Construtos podem ser entendidos como operacionalizações de abstrações que os cientistas sociais consideram nas suas teorias, tais como: produtividade, valor de uma empresa, *status* social, custo social, inteligência, risco etc." (MARTINS; THEÓPHILO, 2007, p. 35).

[14] "[...] proposição, com o sentido de conjectura, de suposição, de antecipação da resposta para um problema, que pode ser aceita ou rejeitada pelos resultados da pesquisa." (MARTINS; THEÓPHILO, 2007, p. 30).

[15] PAGLIARUSSI, 2018.

[16] LAUGHLIN apud PAGLIARUSSI, 2018.

Veja este vídeo interessante sobre a construção do referencial teórico:

15.5 MÉTODOS

Nesta seção, os autores apresentam os métodos utilizados para a realização da pesquisa, evidenciando "como" realizaram a investigação. O texto deve proporcionar ao leitor a capacidade de enxergar com clareza o desenho completo da investigação, com todos os procedimentos utilizados no curso da pesquisa.

Na área de negócios, é muito comum os pesquisadores iniciarem esta seção com o uso de classificações e taxonomias relativas aos fins e procedimentos. No entanto, tais classificações em nada esclarecem a respeito do que realmente importa, que "é a descrição dos procedimentos de amostragem, das técnicas de coleta de dados e as técnicas de análises empregadas".[17]

Em geral, na seção de métodos, é importante constar informações sobre:

- estratégia de pesquisa adotada;
- técnicas de coletas de informações,
- dados e evidências;
- análise de informações, dados e evidências.

Lembre que aqui é importante ser detalhista, pois o objetivo é que outro pesquisador, caso queira, possa replicar o seu estudo.

FIGURA 15.3 Seção de métodos

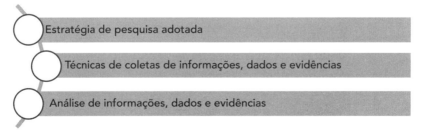

Fonte: elaborada pelo autor.

---

[17] PAGLIARUSSI, 2018, p. 7.

PARTE IV   Como colocar tudo no papel?

É importante evidenciar a **estratégia** utilizada para a realização da pesquisa, bem como as informações necessárias para tal abordagem. Na Parte III deste livro são apresentadas algumas estratégias bastante comuns na área de negócios: pesquisa qualitativa básica, pesquisa histórica, pesquisa de arquivo e levantamento de dados. É importante salientar a adequação da estratégia escolhida aos propósitos da pesquisa.

Atreladas às estratégias de pesquisa estão as **técnicas de coleta de informações, dados e evidências** que, como já enfatizamos antes, devem ser apresentadas de forma detalhada, de modo a permitir que possíveis replicações do estudo sejam realizadas. É nesse momento que são apresentados os sujeitos investigados, composição da amostra e da população (no caso de estudos quantitativos) ou grupos de informantes e critérios de recrutamento e seleção (no caso de estudos qualitativos), dados utilizados, documentos analisados ou outros elementos, conforme a técnica utilizada.

Martins e Theóphilo apresentam quatro passos para a construção de um instrumento de coleta de dados.[18] Vale lembrar que os autores se referem a pesquisas positivistas e pós-positivistas, com enfoque quantitativo, em geral, que é a abordagem de pesquisa mais comum em nossa área.

- Listar as variáveis que se pretende medir ou descrever.
- Revisar o significado e a definição conceitual de cada variável listada.
- Revisar como, operacionalmente, cada variável foi definida, isto é, como será medida ou descrita.
- Escolher uma técnica e iniciar a construção do instrumento de coleta.

> Na Parte III deste livro também são apresentadas algumas técnicas bastante comuns na área de negócios: análise de documentos, entrevistas individuais, entrevistas em grupo, questionários e bases de dados. Salientamos que a combinação de técnicas é perfeitamente possível, a depender da investigação.

---

[18]   MARTINS; THEÓPHILO, 2017.

Capítulo 15 Estrutura do TCC 269

De forma geral, espera-se que, nos estudos qualitativos, os autores sejam mais claros e detalhistas na explicação dos métodos utilizados. Em outras palavras, os autores precisam esclarecer como a estratégia de pesquisa foi executada, como os temas foram identificados e as categorias de análise foram definidas.[19]

A forma de se fazer a **análise das informações, dos dados e evidências** dependerá, em grande parte, da estratégia escolhida e das técnicas de coleta. Estratégias que trabalham com variáveis quantitativas permitirão que você possa organizar, sumarizar, caracterizar e interpretar os resultados de diferentes testes estatísticos, cuja análise se pautará na significância dos achados. Os testes utilizados, seus pressupostos e a forma de análise dos resultados devem ficar claramente evidenciados nessa seção, mas sem ocupar o espaço das interpretações e da resposta à questão de pesquisa. Ou seja, os testes são instrumentais e não centrais.

De acordo com Martins e Theóphilo,[20] as estratégias que trabalham com evidências qualitativas normalmente pedem descrições, compreensões e interpretações, bem como análise de informações, fatos, ocorrências e evidências que naturalmente não são expressas por dados e números e, por isso, devem ser minunciosamente apresentadas. Já a análise dos dados qualitativos consiste em três atividades interativas e contínuas:

1. **redução de dados**: processo contínuo de seleção, simplificação, abstração e transformação dos dados originais provenientes das observações de campo;

2. **apresentação de dados**: organização dos dados de tal forma que o pesquisador consiga tomar decisões e tirar conclusões (textos narrativos, matrizes, gráficos, esquemas etc.);

3. **delineamento e busca das conclusões**: identificação de padrões, possíveis explicações, configurações e fluxos de causa e efeito, seguida de verificação, retomando às anotações de campo e à literatura, ou ainda replicando o achado em outro conjunto de dados.

Em síntese, os passos utilizados pelo autor na análise dos dados devem ser claramente expressos na seção Métodos.

---

[19] REAY, T. Publishing qualitative research. *Family Business Review*, v. 27, n. 2, p. 95-102, 2014.

[20] MARTINS; THEÓPHILO, 2017, p. 135.

15.6 ANÁLISE DE RESULTADOS E DISCUSSÃO

Como pode ser visto retomando o relato da Ana Laura, a seção de resultados é uma das mais importantes da pesquisa. Por isso, deve ser muito bem elaborada. Como nas outras partes do texto, a simplicidade e clareza das ideias deve ser a tônica da redação, pois nos resultados é bastante comum o uso de grande quantidade de ilustrações (gráficos, tabelas, imagens, quadros...) além do próprio texto. Assim, títulos e legendas devem ser completos, de modo a caracterizar as informações que estão sendo apresentadas. Não são necessárias repetições textuais do que já está no corpo da ilustração.

> **vou te contar**
>
> A etapa na qual encontrei maior dificuldade em realizar foi a análise dos resultados, principalmente em dois aspectos: o primeiro foi em relação a estabelecer uma conexão com a literatura já publicada, já que em alguns aspectos, meus resultados colidiram com eles; e o segundo aspecto foi de compreender como eu analisaria, no meu ponto de vista, esses confrontos e semelhanças. [...]
>
> Apesar dessa maior dificuldade, foi nesse momento que consegui ligar os objetivos propostos com os resultados apontados pela minha pesquisa e percebi, efetivamente, a contribuição da pesquisa sendo construída. Foi um passo de crescimento no meu senso crítico e o momento que fiz uma leitura mais madura em relação ao meu trabalho e aos demais, para conseguir confrontar os achados.
>
> Ana Laura Gomes de Sousa

É nessa seção que será respondida a questão-problema que norteou a pesquisa. Assim, é necessário que fique clara a ligação entre a seção de introdução e a de resultados. Embora não existam modelos específicos para a elaboração dessa seção, alguns tópicos importantes são destacados: importância (*background*), descrição dos resultados, interpretação e comparação, como detalhamos na Figura 15.4.

FIGURA 15.4 Seção de resultados

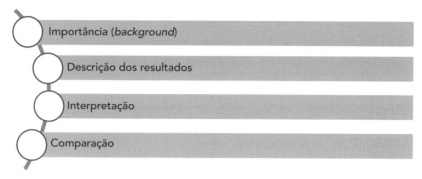

Fonte: ZUCOLOTTO, 2018.

Inicialmente, o autor retoma a importância do tema, pois os resultados (ou achados) são o "coração" do artigo. Deve-se destacar a relevância da análise mediante o objetivo proposto na investigação.

Na sequência, devem ser descritos os resultados da pesquisa. Em investigações quantitativas, são apresentados os resultados dos testes estatísticos, testes de robustez, tabelas, gráficos e quadros com sínteses dos achados. Já em pesquisas qualitativas, predomina uma descrição detalhada do fenômeno em estudo. São evidenciados trechos de entrevistas, informações extraídas de documentos, notas de observações etc.

Uma vez descritos os resultados, o autor deve interpretar esses achados à luz da teoria que utiliza como suporte para a investigação, estejam eles corroborando ou não o que propõe a teoria. Em estudos quantitativos, é necessário discutir a significância dos achados e a rejeição, ou não, de hipóteses. Ao passo que nos estudos qualitativos é preciso "oferecer ao leitor uma interpretação a respeito do fenômeno, articulando descrição e elaboração teórica".[21] É na discussão dos achados que se pode evidenciar a contribuição teórica da pesquisa, como tais resultados podem preencher lacunas evidenciadas na introdução.

Por fim, deve-se comparar os achados com os resultados de pesquisas anteriores, apresentadas na revisão da literatura, destacando diferenças e similaridades encontradas. Essa comparação é bastante útil para situar no que se diferenciam os achados de outros estudos.

---

[21] PAGLIARUSSI, 2018, p. 8.

15.7 CONSIDERAÇÕES FINAIS

O propósito desta seção é mostrar aos leitores como os resultados ou os achados de sua pesquisa contribuem para o avanço dessa área do conhecimento. O fluxo das ideias parte do específico para o geral. Inicialmente, deve ser apresentada uma síntese dos achados, a interpretação dos resultados e as contribuições para o avanço da área de conhecimento, conforme sintetizado na Figura 15.5.

FIGURA 15.5 Seção de considerações finais

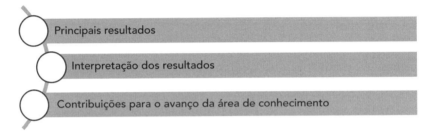

Fonte: elaborada pelo autor.

O autor deve apresentar uma síntese dos principais resultados de modo que fique clara a resposta à questão-problema ou o alcance do objetivo geral da pesquisa. Se preferir, pode resgatar os objetivos antes de apresentar os resultados.

Na sequência, vem a interpretação desses achados, em uma perspectiva mais ampla, bem como as possíveis implicações na área investigada. Essa é uma parte muito importante, mas pouco realizada nas publicações na área de negócios.

Em seguida, são apresentadas as contribuições dos achados da pesquisa. É importante destacar contribuições teóricas e contribuições práticas (quem pode se beneficiar dos resultados da pesquisa?). Depois, devem ser apresentadas as limitações e as sugestões para estudos futuros. Agora, atenção: não basta sugerir a ampliação da amostra ou do período de análise! É importante destacar as lacunas que puderam ser visualizadas e que poderão ser objeto de pesquisas futuras.

> Por fim, deixamos algumas sugestões em termos de linguagem. Começamos por enfatizar que o tempo verbal no qual o trabalho deve ser escrito é o passado. Devem ser evitadas expressões informais, que carreguem juízo de valor, além de expressões genéricas e

imprecisas (muito, grande, vários, amplamente). Em se tratando de redação científica, precisamos ter a máxima objetividade nas palavras.

Use o seu estilo de escrita e dê o seu toque pessoal, mas lembre-se de seguir as regras de formatação e de incluir citações das ideias de outras pessoas. Terminou de escrever a primeira versão? Relaxe um pouco e coloque o texto "para descansar". Vá ao cinema, assista a alguns episódios da sua série favorita ou passeie pelo parque.

Depois de um tempo, quem sabe até alguns dias, retome o seu texto e releia. Revise-o cuidadosamente. Fez a primeira revisão, agora acabou? Não, o texto cresce com leituras de outras pessoas. Portanto, ofereça o seu trabalho para outras pessoas lerem e peça sugestões sobre como melhorar.

Finalmente, chegou em uma versão testada e aprovada? Procure congressos de iniciação científica e envie seu trabalho para ser avaliado. Já pensou concluir o TCC e ainda conseguir aprová-lo para ser apresentado e discutido em um congresso?! Boa sorte! Espero que nos encontremos em algum congresso em um futuro próximo.

Quer dicas de como ter sucesso nessa empreitada? Leia o **Capítulo 16**!

16 Onde e como divulgar e publicar

Edvalda Araújo Leal

No decorrer deste livro foi apresentada a oportunidade de conhecer as diversas etapas que podemos escolher e seguir para a construção de uma pesquisa científica. São vários os desafios!

Agora chegou o momento de nos prepararmos para a divulgação do trabalho à comunidade acadêmica e, também, aos profissionais interessados no tema. É quando você terá a oportunidade de submeter o seu trabalho para avaliação de outros especialistas capacitados. É quando você, finalmente, botará a boca no mundo!

Foi isso que Izaqueline Jhusmicele Alcântara da Silva, graduanda em Ciências Contábeis pela Universidade Federal de Uberlândia, fez e conta em seu depoimento que abre este capítulo final. É isso que ela diz que a gente nunca esquece! Vamos lá?

> **vou te contar**
>
> Terminado o artigo científico, após a submissão ao evento e espera de sua aprovação, veio a etapa de apresentação. A minha experiência com eventos científicos era zero, seria a minha primeira participação, assim como apresentação de um artigo em um evento do tipo. Inicialmente, além do nervosismo natural sobre "o que falar e o que abordar nos *slides*", somava--se a responsabilidade de mostrar o trabalho para a comunidade científica e, ainda, de se preparar para as críticas e sugestões. Fiz muitos treinos e ensaios para amigos, colegas e, principalmente, ensaiei junto com meus orientadores. Após a apresentação de fato, recebi relevantes críticas e considerações que contribuíram para o aprimoramento da pesquisa. [...] Contemplar o artigo finalizado foi uma sensação de realização e superação de todas as etapas e desafios enfrentados. O primeiro artigo a gente nunca esquece!
>
> **Izaqueline Jhusmicele Alcântara da Silva**

A divulgação da pesquisa científica é tão importante quanto o seu planejamento, a sua realização e a escrita do relatório final. É a partir da conversão de seu Trabalho

Capítulo 16 Onde e como divulgar e publicar 275

de Conclusão de Curso (TCC) em um artigo, de sua apresentação e discussão em congressos, e de sua publicação em revistas acadêmicas, que você poderá tornar visíveis os resultados de sua pesquisa para outros pesquisadores e/ou para pessoas que tenham interesse pelo tema. Para aqueles que tiveram o privilégio de estudar em universidades públicas, é uma forma de retribuir o investimento feito pela sociedade em sua formação.

Os trabalhos científicos podem ser divulgados em anais de eventos científicos, publicados em periódicos acadêmicos, também chamados de revistas científicas, e em livros.

O artigo científico é o formato mais comum para divulgação em anais de eventos e periódicos científicos. Ele possui um estilo específico, que é empregado pelos pesquisadores, para divulgar o resultado de seus estudos e pesquisas. Normalmente, o texto científico relata, descreve, analisa e discute um estudo de natureza acadêmica, feito em universidades ou contextos profissionais.

Os eventos científicos fazem parte da vida acadêmica. Eles têm como objetivo debater temas específicos em determinada área do conhecimento, abrangendo diversos eixos temáticos complementares. Os encontros científicos são uma fonte essencial para quem busca novos conhecimentos. Eles permitem o desenvolvimento da ciência, pois reúnem profissionais, especialistas, estudantes e vários grupos com interesses em comum. Portanto, esses eventos também são importantes para conhecer pessoas com os mesmos interesses e estabelecer contatos e parcerias.

Os eventos científicos são organizados por instituições de ensino, entidades, associações ou sociedades consolidadas e reconhecidas por sua contribuição ao estudo de um tema ou de uma área de conhecimento. A sua abrangência poderá ser regional, nacional ou internacional. O intervalo entre o oferecimento de uma edição e outra do evento é proposto pelos organizadores, que costumam manter uma periodicidade de realização.

A duração do evento costuma ser de 2 a 5 dias, sendo pautado por uma temática-base, com o objetivo de promover o debate em diversos formatos como mesas-redondas, simpósios, palestras, sessões de apresentação dos trabalhos, painéis e até mesmo minicursos, entre outras atividades. Podem existir diversas atividades acontecendo ao mesmo tempo em um evento científico e, assim, os participantes podem ter de escolher entre essas atividades consultando a programação. Às vezes, é preciso fazer escolhas difíceis entre atividades concorrentes e fica um gosto amargo na boca. Mas, é a vida!

Os trabalhos apresentados em eventos científicos também permitem que os debates continuem por meio da publicação dos anais, que possibilitam o acesso *on-line*

276 **PARTE IV** Como colocar tudo no papel?

ou impresso aos trabalhos discutidos. Dessa forma, mesmo pessoas que não participaram do evento têm a oportunidade de acessar os trabalhos apresentados para estudo e análise. Os anais são uma coletânea de trabalhos científicos sobre determinada área de conhecimento. Tais trabalhos geralmente passam por avaliação de pares, ou seja, pesquisadores da área, e reúnem as submissões aprovadas e apresentadas durante a edição de um encontro científico. Constituem importantes fontes de referência para trabalhos que se consolidam nas discussões mais atuais em uma área.

Em geral, depois de uma sequência de apresentações e discussões de uma proposta em eventos da área, com a incorporação de sugestões e aperfeiçoamentos, seu trabalho estará pronto para a fase seguinte: submissão para avaliação para publicação em uma revista científica. É como um jogo eletrônico: existem fases que precisam ser superadas para "zerar o *game*".

Para a publicação em revistas científicas, novamente, exige-se um formato específico. Vale escolher com cuidado a revista e consultar as regras e recomendações que tenha para submissão de artigos. Tenha em mente que, em geral, a linguagem utilizada em textos acadêmicos e científicos é formal e técnica. Ao mesmo tempo, um artigo conta uma história e tem uma mensagem central, que é o principal resultado e a reflexão do que se aprendeu com a pesquisa. Portanto, tente coordenar os esforços de ser formal e técnico, respeitando as normas da revista, mas também transmita a sua mensagem, deixando clara a sua contribuição. Assim, você alcançará o maior número possível de pessoas que possam ser positivamente impactadas por sua pesquisa.

Tenha em mente que o objetivo de um autor é alcançar o maior número possível de leitores com as suas informações e achados. Por sua vez, o objetivo do leitor é encontrar informações atuais sobre temas de interesse para subsidiar as pesquisas em andamento e/ou a aplicação prática dos conhecimentos teóricos em sua área de atuação. Todos na academia precisamos assegurar que esse "encontro" aconteça!

Outra forma de publicação de artigos científicos são os livros, que podem ser elaborados tanto no formato virtual quanto impresso. Você poderá publicar um livro ou um capítulo de livro. Neste último caso, são produzidas coletâneas de trabalhos sobre determinadas temáticas de pesquisa. Trata-se de um formato editorial que tem se tornado cada vez mais comum. É esperar aparecer uma proposta, o que pode acontecer nos eventos e congressos acadêmicos.

Viu quantas oportunidades você pode encontrar quando "bota a boca no mundo"?

16.1 QUAIS AS MODALIDADES DE APRESENTAÇÃO ORAL NOS EVENTOS CIENTÍFICOS?

As modalidades mais comuns de apresentações de trabalhos nos eventos científicos são comunicações orais ou em pôsteres. Esse tipo de apresentação e/ou discussão é importante para os pesquisadores receberem um *feedback*, uma retroalimentação, com contribuições e sugestões de aperfeiçoamento ou, ainda, verificar dúvidas que seus pares tenham sobre o trabalho e que devam ser esclarecidas em uma segunda versão.

A comunicação oral é a exposição de uma temática técnica ou científica representada por um artigo. A apresentação é realizada por um expositor formalmente posicionado à frente de uma plateia, com o objetivo de apresentar sua pesquisa. Essa modalidade é especialmente utilizada para apresentação de trabalhos completos, com fundamentação teórica bem-estruturada e resultados sólidos, com duração média em 20 minutos de apresentação e 10 minutos para debate e questionamentos.

Normalmente, nas sessões de comunicação oral, é designado um mediador para acompanhar a apresentação e orientar o debate. O mediador é escolhido pelos organizadores do evento. Tal função é exercida por pesquisadores com experiência na área do trabalho e que poderão contribuir para as discussões propostas pela pesquisa apresentada.

Para muitos estudantes, a exposição diante de uma plateia se constitui em um grande desafio, principalmente pelo receio de receber críticas ao trabalho. Contudo, lembre-se: a habilidade de comunicação é muito importante para a formação profissional! Portanto, aceite o desafio! Prepare-se bem e vá discutir seu trabalho, buscar entender a opinião das pessoas sobre sua proposta e colher sugestões sobre o que pode ser melhorado. Saber dar e receber críticas é uma competência importante! Tenha em mente que as críticas são ao trabalho e não a você. Portanto, não são críticas pessoais. Pergunte, explore as possibilidades, aprofunde questionamentos, estabeleça um diálogo.

A apresentação na forma de pôster se refere à exposição de um *banner* impresso com o resumo da pesquisa acadêmica. O apresentador (expositor) deve estar presente ao lado do trabalho, no horário proposto pela organização, para apresentar e tirar dúvidas dos participantes do evento. Em alguns casos, os expositores também passam por uma arguição de avaliadores (pesquisadores) da área que visitam os locais de exposição dos pôsteres.

278 **PARTE IV** Como colocar tudo no papel?

Alguns eventos científicos recebem a submissão de resumos expandidos sobre pesquisas em andamento, além dos trabalhos completos. A modalidade de apresentação em pôsteres é comum para a exposição desses resumos expandidos, o que privilegia a metodologia e a análise de resultados parciais de uma pesquisa em andamento. É quando o apresentador busca interagir com o público participante para receber questionamentos que contribuam com o avanço (ou conclusão) da pesquisa.

O modelo do pôster normalmente segue métricas físicas e textuais padronizadas, em acordo com a normativa do próprio evento. A apresentação tem duração média de cinco a dez minutos. O apresentador dessa modalidade deve ficar atento ao formato escolhido. Ele deve ser criativo, podendo utilizar figuras, tabelas, quadros, gráficos, entre outros. O objetivo é chamar a atenção do expectador para conhecer a pesquisa. Lembre-se de levar cartões com seus contatos. Afinal, você está ali também para estabelecer parcerias futuras!

16.2 POR QUE PARTICIPAR DE CONGRESSOS CIENTÍFICOS? COMO ESCOLHÊ-LOS?

Como dissemos anteriormente, o pesquisador, com a apresentação, divulgação e publicação de seu trabalho, busca atender ao objetivo de alcançar o maior número possível de pessoas que possam ter interesse nos achados de sua pesquisa. Para isso, a pesquisa científica detalha e descreve a inserção dos achados no contexto dos conhecimentos sobre a área, os métodos aplicados, os resultados, sua discussão e análise e a bibliografia correspondente. Os estudos científicos que não são publicados limitam o seu reconhecimento por possíveis interessados, ou seja, as pessoas não se inteiram dos achados fora do âmbito do local onde foram realizados. Ficarão ali, limitados a uma prateleira de biblioteca ou a uma estante virtual, sem que as pessoas saibam de sua existência e, portanto, de seu valor.

Vamos tentar ajudar fazendo uma lista dos principais congressos no Brasil e no exterior.

Quer começar pelo Brasil? Em Contabilidade, busque os seguintes congressos:

- Universidade de São Paulo (USP) International Conference in Accounting e Congresso USP de Iniciação Científica em Contabilidade.

- Congresso Universidade de Brasília (UnB) de Contabilidade e Governança.
- Congresso Universidade Federal de Uberlândia (UFU) de Contabilidade.
- Congresso Associação Nacional de Programas de Pós-Graduação em Ciências Contábeis (ANPCONT).
- Encontro Nacional da Associação Nacional de Programas de Pós-Graduação e Pesquisa em Administração (ANPAD).
- Seminários em Administração da USP (SemeAd).

Pensando na América Latina?

- Congreso Global em Contabilidad y Finanzas (NTERGES).

Querendo ir ainda mais longe?

- Annual Congress of the European Accounting Association.
- American Accounting Association Annual Meeting.

Eventos científicos, congressos, seminários, encontros e simpósios são ótimos espaços para interação, crescimento da rede de contatos, troca de experiências e compartilhamento de conteúdo entre pesquisadores e estudantes nacionais e internacionais. Tais eventos constituem o *locus* natural do amadurecimento das pesquisas, por meio dos debates, que auxiliam a determinar ações para melhorar os relatórios das pesquisas e torná-los aptos para buscar a publicação definitiva em periódicos científicos.

A pesquisa realizada apenas no ambiente acadêmico, em salas de aula ou em um laboratório, sem discussões com pessoas que não possuem experiência ou vivenciam as discussões sobre o tema estudado, não está completamente concluída por não ter passado pela análise dos pares, como ocorre nos debates de eventos e no processo de avaliação para publicação em revistas científicas.

Interesse em pesquisa em outras abordagens?

A Asia-Pacific Interdisciplinary Research in Accounting (APIRA) é uma das principais conferências interdisciplinares em pesquisa contábil e rotaciona em ciclos de três anos com a Interdisciplinary Perspectives on Accounting Conference (IPA) e com a Critical Perspectives on Accounting Conference (CPA).

O Qualitative Research and Critical Accounting: a South American Workshop (QRCA) foi oferecido com patrocínio da CPA no Brasil pela primeira vez em 2018 e será anual.

280 PARTE IV Como colocar tudo no papel?

A escolha do evento científico normalmente é realizada por eixo temático compatível com sua pesquisa. Alguns encontros científicos oferecem a modalidade de iniciação científica, cujo objetivo é motivar os pesquisadores iniciantes, em geral estudantes de graduação, a apresentarem e receberem contribuições para suas pesquisas.

Veja o relato da estudante Layne Vitória Ferreira, bacharel em Ciências Contábeis e mestranda do Programa de Pós-Graduação em Ciências Contábeis na Universidade Federal de Uberlândia (PPGCC-UFU), referente à sua experiência em participar e apresentar um trabalho de iniciação científica em um evento.

> **vou te contar**
>
> Embora o processo de pesquisa não tenha sido fácil, acredito que a minha curiosidade e o meu interesse pela leitura tenham me ajudado muito. Ainda assim, por vezes, me questionei se conseguiria cumprir com os prazos para a entrega dos relatórios de pesquisa e mesmo sobre a qualidade do trabalho que estava construindo. Durante esse período, o sentimento que tinha era de insegurança. Quando os colegas comentavam que apresentariam um trabalho em um congresso, por exemplo, aquela realidade parecia muito distante de mim. Afinal, essa era a minha primeira experiência com a pesquisa. Que garantia eu tinha de que aquele trabalho estava bom o suficiente para ser divulgado?!
>
> Logo veio o teste de qualidade: a submissão do artigo para o evento SemeAd da USP.[1] Para minha surpresa, o trabalho foi aprovado e, com isso, veio uma grande responsabilidade! Eu teria que ir para São Paulo apresentar na USP a minha pesquisa. Algo que eu jamais imaginava que poderia acontecer! Embora eu tenha ficado muito feliz com essa conquista, afinal o meu primeiro artigo tinha sido aceito num congresso importante da área, fiquei também apreensiva, já que não contaria com o apoio da minha orientadora na apresentação.
>
> O frio na barriga já me consumia só de pensar em como seria apresentar sozinha um trabalho na USP. Soma-se a isso o fato de que assistiriam à minha apresentação pessoas que, com certeza, teriam mais experiência na área e, possivelmente, com o assunto, do que eu. Realmente, apresentar um trabalho em um congresso não é tarefa fácil. O nervosismo, a insegurança, o medo de falar algo errado... Pessoas estranhas estavam lá, curiosas para ver o que eu diria sobre um tema que lhes interessava. Com a minha apresentação, percebi que a possibilidade de o seu ouvinte estar, inclusive, citado entre as referências bibliográficas do seu trabalho é grande. Como é possível se manter tranquila diante disso?!

---

[1] SemeAd é a sigla para o Seminários em Administração, um evento anual organizado pelo Departamento de Administração da Faculdade de Economia, Administração e Contabilidade, da Universidade de São Paulo (USP).

> Ainda assim, a experiência de apresentar um trabalho em um evento como esse me fez perceber que existe um mundo a ser descoberto, que ultrapassa os limites da sala de aula. Aquela era uma excelente oportunidade não só de me expor, mas principalmente de aprender e crescer a partir das críticas e sugestões dos ouvintes em relação ao meu trabalho. Além disso, aquele era apenas o começo do que estava por vir.
>
> Após o SemeAd, fui convidada para apresentar meu trabalho no IV Encontro de Iniciação Científica e Tecnológica promovido pela IES onde estudava. Nesse encontro, fui premiada como melhor trabalho na área de Ciências Sociais Aplicadas. Isto me deu a chance de apresentar o mesmo estudo, posteriormente, na 67ª Reunião da Sociedade Brasileira para o Progresso da Ciência, realizada na Universidade Federal de São Carlos (UFSCAR), no estado de São Paulo. Meses depois, outra conquista: o mesmo trabalho havia sido aceito para publicação numa conceituada revista da área contábil. Para uma primeira vez, aquele trabalho parecia ter dado muito certo!
>
> Layne Vitória Ferreira

16.3 QUAIS CUIDADOS TOMAR AO FAZER UMA COMUNICAÇÃO CIENTÍFICA ORAL?

Conforme mencionado, as pessoas interessadas em participar dos eventos científicos submetem seus trabalhos para avaliação, seguindo as normas e prazos estabelecidos pela organização dos respectivos eventos. Após concluído o processo de avaliação por comissões científicas, sendo aprovados, os trabalhos são apresentados em uma das modalidades básicas de apresentação explicadas anteriormente. Geralmente, a apresentação se dá em uma comunicação oral.

A comunicação oral possibilita aos participantes divulgar seu trabalho, receber sugestões e críticas, além de ampliar a interação entre pesquisadores e estudantes. As apresentações em eventos científicos são feitas com ou sem auxílio de recursos multimídia, com uma duração que é estipulada pelas comissões organizadoras dos eventos científicos, seguida de breve debate e pedidos de esclarecimento. A organização do evento normalmente disponibiliza as normas de apresentação e o modelo padrão para a organização do arquivo eletrônico de apresentação ou, como é comumente conhecido, o PowerPoint.

O expositor precisa levar em conta o conhecimento e as expectativas dos participantes do evento que terão interesse em conhecer sua pesquisa. Com isso em mente, deve tentar manter a atenção do público.

282 **PARTE IV** Como colocar tudo no papel?

O planejamento para a comunicação oral implica a escolha das principais informações e argumentos que evidenciam a ideia principal da pesquisa científica, pois a apresentação oral tem a finalidade de relatar sucintamente uma pesquisa, indicando os aspectos mais relevantes. A apresentação do resultado de sua pesquisa deve, em geral, passar pelos pontos descritos a seguir.

- **Contextualização** sobre o tema, partindo da problemática do estudo e das questões norteadoras para se chegar aos objetivos da pesquisa.
- Descrição do **percurso metodológico** adotado no estudo de forma clara e direta, sem necessidade de detalhar as etapas da coleta de dados, a não ser que determinados detalhes sejam indispensáveis à compreensão e análise dos dados.
- Apresentação da **revisão da literatura**, detalhando os principais resultados de estudos anteriores, principalmente daqueles que influenciaram fortemente o seu estudo.
- Discussão dos **principais achados** do estudo, com sua interpretação, retomando os objetivos do estudo e comparando esses achados com a literatura sobre o tema pesquisado.
- Na **conclusão**, é importante destacar a contribuição da pesquisa, dando indicações quanto à continuidade do estudo a partir das lacunas que não foram preenchidas, fazendo assim as considerações finais do estudo.

Após a exposição, haverá um breve espaço de tempo para debate e esclarecimento de dúvidas sobre o estudo. Nesse momento, o expositor poderá apresentar informações complementares ao que foi exposto e, preferencialmente, anotar sugestões, críticas e contribuições para a complementação da pesquisa e posterior submissão a um periódico.

16.4 QUAIS OS PRÉ-REQUISITOS PARA A SUBMISSÃO DE ARTIGOS A UM PERIÓDICO CIENTÍFICO?

Primeiro, na fase de escolha do periódico, considere as revistas que tenham publicado estudos sobre seu tema ou sobre temáticas relacionadas. Esses artigos deveriam fazer parte de sua revisão de literatura. Assim, a escolha do periódico para submissão passa por um processo de análise de referências – sim, de suas referências! Achou os periódicos que publicam na área que pesquisa? Calma, ainda não é hora de submeter.

Capítulo 16 Onde e como divulgar e publicar 283

> **Olha só!**
>
> A *Revista de Contabilidade & Finanças* é uma das mais respeitadas revistas da área de Contabilidade. No link de informações para os autores, faz um convite: "Deseja enviar contribuições à revista? Convidamos todos a conferir a seção "Sobre" da revista e ler as políticas das seções disponíveis, bem como as Diretrizes para autores. É necessário que os autores se cadastrem no sistema antes de submeter um artigo.
>
> Caso já tenha se cadastrado, basta acessar o sistema e iniciar o processo de cinco passos de submissão. Ou seja, para enviar para a RC&F, é preciso atender a esse convite!

Antes de enviar um artigo para avaliação de uma revista científica (periódico), observe atentamente o formato exigido. As revistas, em sua maioria, têm normas específicas que devem ser seguidas, incluindo padronização de estilo, quantidade de caracteres e outras referências. São as "diretrizes para autores" que normalmente estão em uma aba denominada "Sobre" no site da revista. Leia essas diretrizes e todas as demais orientações que a revista tenha para os seus autores.

Em geral, o artigo científico segue uma estrutura padrão. Essa estrutura está detalhada no Capítulo 15, em que contamos tudo que é preciso para colocar seu trabalho no papel. Além do título, devem estar presentes as seções de introdução, com os objetivos e justificativa, referencial teórico, metodologia, resultados, conclusões e referências. Normalmente, as revistas solicitam a inclusão de um resumo e palavras-chave (em português e língua estrangeira). As palavras-chave são termos que facilitam a busca e recuperação eletrônica do texto, por isso, capriche! Evite repetir palavras que já estejam no título e no resumo e recorra aos termos que ajudaram a encontrar as suas referências.

Dificuldades em escrever no formato de um artigo? Isso é normal. Acontece porque a escrita científica tem características próprias que você precisa primeiro dominar para depois sentir segurança.

Quer uma dica? Tem um curso *on-line* muito legal, organizado pelo professor Valtencir Zucolotto da USP de São Carlos. E é gratuito, no formato de vídeos. Veja só:

Plataformas como o *Coursera*® e o *EdX*® também oferecem cursos de Academic Writing para quem está pronto para o desafio de escrever em inglês.

Lembre-se dos objetivos que você tinha quanto iniciou a pesquisa e do público que quer atingir. É importante conhecer o escopo da revista, os tipos de artigo que publica e os requisitos de preparação do manuscrito, entre outras características. Isso demonstra atenção, cuidado e interesse dos autores e é valorizado pelos avaliadores e editores. Se não quer ficar esperando, consulte o tempo de resposta. Se não quer criar expectativas, veja a taxa de rejeição das revistas às quais deseja submeter. Em geral, para as revistas mais conhecidas, é alta. Mas que isso não faça você desistir, pois, afinal, não custa nada tentar, o não você já tem!

As revistas contam com uma comissão científica, formada por pesquisadores científicos da área, que avalia os artigos submetidos quanto ao seu mérito. Após essa apreciação, o artigo pode ser diretamente aceito para publicação, o que é bastante incomum; devolvido aos autores para ajustes e nova avaliação, o resultado mais comemorado; ou recusado.

Listamos a seguir algumas dicas importantes que devem ser seguidas para a submissão de um artigo a uma revista científica. Essas orientações aumentarão as chances de seu trabalho ser aceito. Portanto, atenção!

- **1º passo**: após a elaboração do manuscrito, revise o texto, acrescente dados importantes e retire os que não são relevantes. Lembre-se de que a objetividade e a concisão são valorizadas nesse processo. Reveja a ortografia e a gramática. Erros de ortografia, gramática ou digitação transmitem a impressão de desleixo do autor e induzem à perda de credibilidade. Veja se a principal mensagem está clara, se os conceitos essenciais estão claramente apresentados, se o texto tem começo, meio e fim e conta a história que sua pesquisa representou. Peça para colegas, amigos e até para o pessoal da família ler. Para ter certeza de que a escrita está clara e coerente, peça ajuda a pessoas distantes de sua temática. Afinal, você não quer pregar somente para convertidos, certo? Os principais autores científicos têm o dom de fazer coisas complicadas parecerem simples. É isso que todos nós devemos buscar!

- **2º passo**: selecionar a revista de interesse para enviar seu artigo. Nesse momento, é importante determinar quais objetivos você tem com o artigo e que público você quer alcançar. Reflita sobre a relevância, a inovação e a abrangência do seu estudo. Pesquise, converse com colegas, pergunte ao seu orientador e peça indicações aos pesquisadores com experiência se tiver dúvidas. No Brasil, a qualidade das revistas é certificada pela Coordenação de Aperfeiçoamento do Pessoal de Nível Superior (CAPES), por meio do sistema Qualis. Você já deve ter ouvido falar dele. As revistas estão divididas por estratos. Os estratos A1 e A2 são os que reúnem revistas de maior impacto, portanto, muito concorridas. Recomendamos uma revista dos estratos B3 a B1. É só um começo!

Acesse o site da CAPES e veja a infinidade de revistas nacionais e internacionais em cada área do conhecimento!

- **3º passo:** após a escolha da revista, acesse o *site* oficial e leia as normas apresentadas; lá estão disponíveis as instruções aos autores. O objetivo das normas é padronizar e facilitar o acesso às informações que serão publicadas. Verifique o objetivo e os procedimentos editoriais da revista, que tipo de trabalho é publicado, artigos, resumos, casos de ensino, resenhas etc., idiomas que são aceitos, padrões de formatação etc. Dê atenção a detalhes como tipo e tamanho de letra (fonte), espaçamentos, alinhamentos, uso de negrito/itálico, emprego de letras maiúsculas e minúsculas, número máximo de palavras, tabelas e referências permitidas, padrão de citação de autores no texto e de formatação das referências (ABNT, APA etc.), apresentação de tabelas e figuras, entre outros. Tenha o cuidado de colocar o seu artigo no formato exigido, pois isso diminui a chance de rejeição. Lembre-se de que o formato do texto é tão importante quanto o conteúdo. Cuidar desse aspecto demonstra atenção, capricho e interesse por parte dos autores. Em algumas revistas, os artigos são rejeitados

286 **PARTE IV** Como colocar tudo no papel?

imediatamente quando não atendem esses padrões e você não quer passar por isso!

- **4º passo**: verifique e providencie os documentos necessários, tudo que é requerido pela revista. É importante providenciá-los antes de iniciar a submissão do artigo. Alguns documentos que podem ser solicitados:
  - ‣ carta assinada por todos os autores, que contenha o título do artigo e a permissão deles para publicar o manuscrito, caso seja aprovado;
  - ‣ cópia da aprovação do comitê de ética em que a pesquisa foi realizada (a depender do método utilizado);
  - ‣ cópia da autorização dos participantes da pesquisa, caso sejam divulgadas suas imagens;
  - ‣ declaração sobre conflito de interesses na pesquisa e contribuição de cada autor na elaboração do artigo.
- **5º passo:** para enviar o artigo, cadastre-se no sistema de submissão ou envie os arquivos para o endereço de contato da revista, conforme determinam as diretrizes da revista aos autores. Atualmente, a maioria das revistas possui páginas eletrônicas, em que há o endereço eletrônico/físico para o qual o documento precisa ser enviado ou o local em que deve ser anexado.

É importante criar uma pasta no seu computador e salvar uma cópia dos arquivos e versões enviadas. Lembre-se de que, a partir da submissão, toda comunicação sobre o artigo será feita somente por escrito.

16.5 CUIDADOS IMPORTANTES

Não submeta o artigo a várias revistas ao mesmo tempo. Ao submeter o artigo para avaliação em uma revista, quase sempre, você assina e envia um documento dizendo que o artigo nunca foi publicado antes e que não foi submetido a outras revistas. Você deve cumprir esse acordo e enviar o manuscrito apenas para a revista que mais lhe interessa. Somente se o artigo não for aprovado ou se os autores retirarem o manuscrito de uma revista é que ele poderá ser submetido a outro periódico.

Lembre-se de que o artigo científico é um produto da sua pesquisa. Jamais copie trechos, sejam de sua autoria ou de outros autores, sem citar o autor original. Isso configura plágio, o que é altamente condenável. Quem comete plágio, intencionalmente ou não, pode ser punido, perder título e ser descredenciado de instituições científicas, entre outras sanções. Muito cuidado!

Capítulo 16 Onde e como divulgar e publicar 287

Siga esses passos para divulgar sua pesquisa e contribuir para a geração do conhecimento científico. Foi o que fez a Marcella Alves da Silva, graduanda em Ciências Contábeis pela UFU. Veja!

Para que outras pessoas conheçam sua pesquisa, é necessária a comunicação dos resultados. E lá vem o orientador novamente: "Precisamos apresentar seu trabalho em eventos científicos para debatermos sobre o assunto com outros pesquisadores!" Que ideia brilhante! Mas antes é fundamental a adequação às normas ABNT. E lá vamos nós, um ritmo segue sempre certa lógica.

Após alguns meses de espera, com muita ansiedade para sabermos sobre o aceite do trabalho no evento, obtive a notícia de que iria apresentá-lo em um importante congresso. Mas como todo músico, que mesmo com o passar dos anos, ainda sente o frio na barriga, como se fosse a primeira vez, comecei a me perguntar: "Será que vou conseguir comunicar os meus achados? E esse frio na barriga e suor?"

Chegou o grande dia: apresentação preparada, ritmo para divulgação e um público esperando que eu começasse a expor. Foram compensadoras as contribuições recebidas dos debatedores, verificar que havia pessoas que estavam pesquisando assuntos correlacionados e aprender com pesquisadores já experientes.

Para ilustrar meu sentimento a respeito do TCC, deixo uma frase de Clarice Lispector: "O ato de escrever provoca assim uma escavação, um esburacamento no sentido, abrindo o espaço através do qual o escritor será conduzido ao longo da travessia do vazio absoluto de onde ele cria". Que experiência magnífica para um estudante de graduação, sair do vazio e criar um ritmo que é uma semente para a mudança na sociedade a partir do método científico.

Marcella Alves da Silva

Neste capítulo recebemos várias dicas de como e onde divulgar nossas pesquisas. Os depoimentos indicam que a publicação é um reconhecimento da relevância do estudo e do compartilhamento de conhecimento com o público interessado.

Esperamos que esta obra possa incentivar e colaborar com os pesquisadores iniciantes neste desafio da pesquisa científica!

Indíce remissivo

A

Abordagem, metodologias, métodos e estratégias de análise, figura, 48

Abstract, 56, 57, 63, 256

Academia.edu, 33, 46

Academic Writing, cursos de, 284

Administração, 17, 31, 37, 78, 111, 140, 181, 202, 226

American Accounting Association Annual Meeting, 279

American Psychological Association (APA), 9, 36, 41, 53, 65, 66, 70, 73, 285

Amostra, Amostra, 16, 39, 79, 82, 84, 85, 150, 154, 155, 156, 159, 164, 165, 166, 242
tamanho da, 160, 162, 226

Amostragem, 85, 161, 162, 165, 267

Análise de conteúdo, 48, 172-175, 176, 212
etapas da, 174

Análise de dados, 8, 125, 128, 152, 162, 212, 242, 256, 266
resultados coerentes com os da literatura existente, 249
resultados divergentes com os da literatura existente, 250

Análise de discurso, 48, 83, 172, 175-178, 212, 213
etapas da, 177

Análise de resultados, 16, 39, 247, 270, 278

Análise de viabilidade do projeto, 43

Análise documental, 16, 83, 167, 168, 171, 172, 203

Annual Congress of the European Accounting Association, 279

Antonil, André João, 98

Apresentação de dados, 269

Apresentação na forma de pôster, 277

Archival research, 48, 134, 170

Artefatos físicos, como fonte de evidência(s), 120, 121

Artigo científico, 3, 38, 53, 275, 283, 286

Asia-Pacific Interdisciplinary Research in Accounting (APIRA), 279

Aspectos formais do TCC, 23, 26, 35, 36, 37, 40, 42, 52-76

Aspectos metodológicos, 39, 49

Associação Brasileira de Normas Técnicas (ABNT), 9, 36, 52, 55, 61, 64, 71

Atividades iniciais, 26

Atlas.ti, 90

Auditoria e Perícia, como campo de pesquisa, 21

Autoplágio, 76, 255

B

B3 (BM&F Bovespa), 19, 134, 140, 141, 144, 147, 170, 231, 234, 285
acervo, 141, 145

Banca de professores e pesquisadores, 3

Banco Central do Brasil, 140, 141, 144

Banco Mundial, 140, 141, 142, 145, 146, 230, 242-244

Bases de dados, 19, 57, 65, 102, 140, 141, 143, 146, 230, 242, 264
exemplos de, 144

Bloomberg, 140, 144, 146, 231

Bolsa de Valores (B3), 134, 139, 146, 170, 231, 234

Bureau of Applied Social Research, 200

Busca pelo problema, 29

C

Capa, 52, 54, 60, 61, 62

CAPES, 46, 264, 265, 285

Capital IQ, 140, 231

Categorização, 13, 16, 174, 175, 223

Censo, 119, 156

Centro de Estudos Quantitativos em Economia e Finanças, da Fundação Getúlio Vargas (CEQEF-FGV), 143

Ciências Contábeis, 3, 17, 18, 29, 45, 49, 78, 85, 130, 135, 137, 157, 172, 201, 202, 204, 205, 226, 250

Ciências Sociais Aplicadas, 36, 78, 91, 111

Citação, 66

290   TCC | Trabalho de conclusão de curso

direta, 66-68
indireta, 68
Citação de citação, 69
Codificação, 86, 87, 88, 176, 177,178
 para análise de dados, 86, 87, 88
Coding Analysis Toolkit (CAT), 90
Coleta dos dados, 57, 170, 202, 208, 229, 245, 249
 corte-transversal, 155
 longitudinal, 155
Comdinheiro, 140, 144, 146
Comissão de Valores Imobiliários, 19
Comissão de Valores Mobiliários (CVM), 134, 146
Comitê de Ética em Pesquisa (CEP), 226
Computadores, 6, 213
Comte, Auguste, 78
Comunicação oral, 277, 281, 282
Congreso Global em Contabilidad y Finanzas – INTERGES, 279
Congresso Associação Nacional de Programas de Pós-Graduação em Ciências Contábeis (ANPCONT), 139, 279
Congresso Universidade de Brasília (UnB) de Contabilidade e Governança, 279
Congresso Universidade Federal de Uberlândia (UFU) de Contabilidade, 279
Congresso USP de Iniciação Científica em Contabilidade, 278
Conselho Federal de Contabilidade, 170
Conselho Nacional de Desenvolvimento Científico e Tecnológico (CNPq), 33-34
Conselho Regional de Contabilidade, 170, 216
Considerações finais ou conclusões, 9, 13, 38, 39, 57, 59, 64, 256, 264, 272-273
Construção de uma base de dados do estudo de caso, 122
Contabilidade Financeira, 18, 19, 173, 231
Contabilidade Gerencial, 10, 11, 19, 20, 87, 93, 159, 173
Contabilidade Governamental e Terceiro Setor, como campo de pesquisa, 21
Contabilidade teórica e contabilidade prática no século XVII, livro, 98
Corpus, 175, 180, 181, 184, 190, 194, 195
 definição, 181

Coursera®, 152, 284
Crítica, 6, 53, 54, 103, 104, 171, 277, 281
Critical Perspectives on Accounting Conference (CPA), 279
Cronograma, 5, 15, 26, 42-46, 55, 56, 57, 58, 88, 227, 245, 248
Cultura e opulência do Brasil, livro, 98
Cultura Organizacional Acadêmica (COA), 179
Currículo Lattes, 33, 191
Curva de Gauss, 163

D

DataBank, do Banco Mundial, 242, 243
Datastream, 140, 144, 146, 149
Defesa, 3, 13, 72
Definição da população-alvo, 162
Definição do tema, 4
Delineamento e busca das conclusões, 269
Delphi, 201
Demonstrações contábeis, 19, 91, 94, 169, 171, 201, 263
Descrição analítica, 174
Descrição de contextos, como fonte de evidência(s), 123
Descrição do caso, 125
Desenho da pesquisa, 82-86
Dinâmica de interação, 5
Discurso,
 análise do, 48, 83, 85, 139, 172, 175-178, 212
   etapas da, 177
Discurso do sujeito coletivo (DSC), 178, 179
Discussão em congressos, 275
Distribuição gaussiana, 164
Divulgação da pesquisa científica, 274
Documentação, como fonte de evidência, 118, 120
Doing Business, 242
Dúvidas e inseguranças, 15

E

Eco, Umberto, 5
Economatica, 19, 140, 144, 146, 147, 148, 149, 170, 230-242
Editores de texto (*softwares*), 73

Educação contábil, como campo de pesquisa, 20, 173

EdX®, 152, 284

Eikon, 140, 144

Elementos iconográficos, 169

Elementos pós-textuais, 55, 61, 64, 65

Elementos pré-textuais, 54, 60, 61, 62, 63-64

Elementos textuais, 55, 61, 64

Encontro Nacional da ANPAD, 279

Engenho Sergipe, 98

Engenho YZ, 98

Entrevista(s)
    características das, 183
    como fonte de evidência(s), 120
    como optar por um tipo específico de, 184
    diferentes tipos de, 183-184
    equipamentos para a realização de, 184-185
    estruturada, 83, 84, 184
    informal, 183
    não diretiva, 183
    semiestruturada ou semidiretiva, 51, 83, 84, 183
    vantagens e limites das, 185-186

Epistemologia, 80, 83, 114, 138

Equipe, 5, 118

Erro amostral, 166

Erros não amostrais, 166

Escala de diferencial semântico, 224, 225

Escala de Likert, 224, 225

Escola de Chicago, 79, 111

Escolher o tema, 4, 14, 18, 23, 26-28

Estratégia de busca, 47

Estratégia de marketing, 4

Estrutura da monografia, 60-61
    parte externa, 60, 61, 62
    parte interna, 60, 61, 62-65

Estrutura do artigo, 58-60

Estrutura do projeto de pesquisa, 53-58
    elementos da, 54-55

Estudante-pesquisador, 15, 17

Estudo descritivo, 159

Estudo(s) de caso, 48, 83, 111-132
    coletivo, 113
    guia para o relatório do, 117
    instrumental, 113
    intrínseco, 113
    múltiplo, 112, 117
    precauções especiais, em relação a, 116

    questões do, 111, 116
    único, 112, 113

Etapas da pesquisa, 14, 43, 44, 45

Etapas do método histórico, 97, 98-107

Etnocentrismo, como risco das comparações históricas, 106

Eventos científicos, 13, 58, 168, 274, 275, 277, 278, 279, 281, 287

EverNote, 90

EViews, 151

Excel, 102, 108, 143, 147, 151, 204

F

Faculdade de Economia, Administração e Contabilidade da Universidade de São Paulo (FEA/USP), 37, 89, 280

Fases da pesquisa por levantamento, 154

Federal Reserve, 152

Ferramentas de método, 78

Fichamento, 47, 265

Focus group, 83, 199-215

Fonte(s) histórica(s), 98
    primária, 98
    secundária, 98

Forma e conteúdo em um trabalho de pesquisa, figura, 36

Formato padrão para apresentação do TCC, 52

Frei Luca Pacioli, 97

Função do historiador perante a pesquisa, 94

Fundamentação teórica, 38, 39, 47, 168, 277

G

Gabinete Português de Leitura, 99

Gender Statistics, 242

GetDFPData, 140, 141, 145, 152, 230

Google, 8, 33, 46, 75, 213, 221, 228

Google Play, 99, 101

Google Scholar/ Google Acadêmico, 8, 33, 34, 46, 47, 264, 265

Grécia Antiga, 91

Gretl, 151

Grupo focal, 83, 84, 158, 159, 200-202
    como formar, 204-206
    convidar os participantes, 206-209
    tamanho do, 202-203

Grupos de WhatsApp, 206

H

Hemeroteca Digital da Biblioteca Nacional, 108

Hermenêutica, 173

História da Contabilidade, 93, 94, 95

I

Idealismo, 79

Impressoras, 6

Índice Dow Jones Industry Average (DJIA), 143

Inseguranças, 15

Instituição de ensino superior (IES), 2, 15, 216

Instituto Assaf, 19, 143

Instituto Brasileiro de Geografia e Estatística (IBGE), 170

Instrumentos de coleta de dados, revisão dos, 248

Interdisciplinary Perspectives on Accounting Conference (IPA), 279

International Financial Reporting Standards (IFRS), 201

Interpretação
    direta e individual, 125
    por agregação, 125

Interpretação crítica, 102-104

Interpretação do conteúdo, 174, 175

Interpretação histórica, 104-107

Introdução, 9, 15, 38, 39, 47, 55, 59, 61, 64, 245, 249, 258-264
    partes da, 259
    contextualização, 39, 55, 259, 260
    estado da arte, 259, 261, 262
    lacunas, 262, 265
    propósito, 258, 259, 262, 263
    justificativas, 259, 263

Ipeadata, 140, 141, 144

ISO, norma, 53

J

Juntas Comerciais, 170

K

Keneth French, 143

L

Laboratório de Pesquisa e Ensino de História da Universidade Federal de Pernambuco, 100

Lacuna, 256, 257, 259

Lattes, 33, 34, 191

Lei das Sociedades por Ações, 91

Lei dos Grandes Números, 163

Lei n. 6.404/76, 91

Leitura cética, 177

Leitura crítica, 47

Leitura de reconhecimento, 47

Leitura inicial, 47, 193

Levantamento de dados, 43, 153-167, 268

Long-short, estratégia, 231

M

Manter o encadeamento de evidências, como princípio para maximizar benefícios de fontes de evidência(s), 122

Manual de TCC do EAC/FEAUSP, 37, 38

Margem de erro, 162, 163, 164

Materiais escritos, 169, 170

MATLAB, 151

Matrixx, 231, 236-242

Mauro, Frédéric, 98

Mendeley, organizador de referências, 73-74

Mensagens por e-mail, 206

Método científico, 7, 48, 78, 79, 91
    abordagem qualitativa, 7, 34, 48, 49, 50, 78, 81, 82, 89, 167, 181, 194
    abordagem quantitativa, 7, 12, 16, 48, 49, 80, 200

Metodologia(s), 15, 16, 27, 30, 31, 48, 49, 53, 55, 59, 64, 78, 80, 88, 130, 168

Metodologia da Pesquisa, disciplina, 52

Modern Language Association (MLA), 9

Montesquieu, Charles de, 91

N

Não resposta, 166

Negociação de acesso, 115, 131

Nível de confiança, 79, 162, 163, 164

Nova História (ou Annales), 93, 95, 96, 97

Núcleo de Estudos em Finanças, da Universidade de São Paulo (NEFIN-USP), 143

Nvivo, 90, 175, 213

Indíce remissivo   293

O

Objetivismo, 80

Objetivo
específico, 182
geral, 30, 31, 32, 272

Observação, como fonte de evidência(s),
20, 48, 78, 82, 84, 123
direta, 119, 121
indireta, 123
participante, 119, 121

Ontologia, 80, 83, 114, 196

Open Office Calc, 151

Operadores booleanos, 47

Organizadores de referências bibliográficas,
73

Orientador, 2, 5, 15, 17, 18, 23, 26, 33-34,
35, 43, 44, 45, 52, 53, 54, 56, 57, 63,
66, 76, 192, 199

Outliers, 150, 151

P

Partes do projeto de pesquisa e do artigo,
quadro, 38

Partes do trabalho científico
análise de resultados e discussão, 270-271
apresentação dos métodos utilizados, 267
considerações finais, 272
introdução, 258-264
resumo, 256-258
revisão da literatura, 264-266
título, 255

Pensar sobre explanações rivais, 125

Pergunta ou problema, 4

Pesquisa bibliográfica, 7, 8, 47, 168, 174

Pesquisa de arquivo, 48, 134-152, 170, 268

Pesquisa documental, 134, 135, 139, 167,
168, 169, 170, 171, 177, 245

Pesquisa empírica, 112, 137, 153, 159
roteiro seguido na, 138

Pesquisa qualitativa, 48, 49, 78, 79, 82, 83,
84, 85, 90, 189, 190, 200, 268
descritiva, 81, 83
explanatória, 81, 83
exploratória, 81, 83

Pesquisa-ação, 20, 167

Pesquisadores, 3, 21, 33, 46, 60, 80, 81, 91,
99, 116, 124, 128, 140, 143, 169, 185,
190, 199, 229, 230, 267, 275, 279, 281

Pesquisa-participante, 20

Pesquisas históricas, 96

Piloto, 45, 117, 248

Plágio, 8, 64, 74-76, 255, 286

Portal de Periódicos da Coordenação de
Aperfeiçoamento Pessoal de Nível
Superior (CAPES), 46

Pós-graduação em Ciências Contábeis, 17,
157, 205, 246, 279, 280

Posicionamento, 17, 132

Positivismo, 78, 79, 80, 82, 83

Pré-análise, 174

Problema de pesquisa, 4, 9, 15, 17, 27, 29,
30, 32, 39, 55, 78, 83, 84, 120, 157,
166, 168, 200, 201, 203, 204, 217, 255,
264

Problema e objetivos da pesquisa, 15

Procedimentos de observação, 20

Procedimentos metodológicos, 16, 38, 39,
90, 168

Processo de amostragem, etapas do, 161

Processo de bricolagem, 125-126

Programas de *trainee*, 2

Projeto de pesquisa, 4, 10, 20, 23, 30, 32, 38,
42, 44, 116, 177, 125, 128, 131, 208,
245, 248, 249

estrutura do, 53-58

Projeto Resgate Barão do Rio Branco,
acervo do, 100

Proposições teóricas, 115, 125

Proposta de organização da pesquisa, 82,
83-84

Protocolo da pesquisa, 82, 115

Publicação em revistas científicas, 276, 279

Q

Quadros de referência, 175

Qualitative Research and Critical
Accounting: A South American
Workshop (QRCA), 279

Questão de pesquisa, 18, 29, 30, 31, 32, 81,
82, 83, 5, 111, 114, 119, 123, 124, 138,
171, 180, 203, 205, 245, 256, 262, 269

Questionário(s)
aplicados por telefone, 228
aplicados por trabalho de campo (coleta
presencial), 228

294   TCC | Trabalho de conclusão de curso

aplicados por correspondência ou pela internet (autoaplicados), 228
on-line, 158
processo de elaboração do, 217-219
tipos principais de perguntas, 219
níveis de respostas, 222
Questões malformuladas, 166

R

Ranke, Leopold von, 91
Realização da pesquisa, 5, 14, 15, 42, 55, 226, 267, 268
justificativas para, 263
Recursos financeiros, 6, 55
Rede social acadêmica, 33
Redução de dados, 269
Referencial teórico, 8, 9, 15, 17, 55, 57, 59, 64, 95, 168, 174, 245, 267, 283
Referências bibliográficas, 41, 280
Reflexão, 6, 32, 215, 276
Registros em arquivos, como fonte de evidência(s), 119, 120
10, 35, 273
Relatório de campo, 188-189, 195
Relatório escrito, 3, 9
Relatório final, 6, 15, 23, 274
Relevância e justificativa do tema, 15
Relevância, como ponto crucial na avaliação do projeto, 54
Replicação da pesquisa, 76
ResearchGate, 33, 46
Resultados e discussões, 39
Resumo, 38, 39, 56, 57, 59, 61, 63, 256-258, 260
Resumo, partes do, 256
contexto, 256, 257
lacuna, 256, 257
metodologia, 256
objetivo(s), 256, 257
resultados, 256, 257
conclusões, 256, 257
Revisão da literatura base do estudo, 15
Revisão documental, como fonte de evidência(s), 124
Revista de Administração da USP (RAUSP), 8
Revista de Administração de Empresas (RAE), 8, 146
Revista de Contabilidade & Finanças (RC&F), 8, 258, 283

Revista de Educação e Pesquisa em Contabilidade (REPEC), 258
Revistas científicas, 8, 59, 275, 276, 279
Revolução Industrial, 93
Rigor, 16, 36, 88, 168, 172, 190
RStudio, 151

S

Salas de estudo, 6
Saturação de amostra, 85, 86, 202
Screening, 231, 232-236, 238, 240
Segunda Guerra Mundial, 79, 200
Seleção em empresas, 2
SemeAd – Seminários em Administração da USP, 279, 280, 281
Semiótica, 172
Serviço de Processamento de Dados (SERPRO), 170
Software de análise, 6, 147
Speechnotes, 90
Stata, 151
Subabrangência da amostra, 166
Subjetivismo, 80
Summa de arithmetica, geometria, proportioni et proportionalita, 97
Superficialidade, como risco das comparações históricas, 106
Survey(s), 43, 44, 48, 119, 152, 153-166
Swirl, 152

T

Táticas de estudo de caso, 128
TCC desenvolvido individualmente, 5
Tema, 4, 5, 8, 14, 15, 16, 18, 20, 22, 23, 26-28, 35, 39, 46, 52, 78, 80, 83, 93, 135, 139, 155, 172, 181, 183, 191, 199, 202, 243, 258, 264, 271, 274, 282,
Temas relacionados à Contabilidade, 17, 19, 21
Tempo, como recurso para uma pesquisa, 6, 10, 27, 42, 46, 54, 56, 58
Teorema do limite central, 163
Teoria da aprendizagem significativa, 27
Termo de Consentimento Livre e Esclarecido (TCLE), 194
Título, 38, 39, 59, 62, 63-64, 70-71, 71-72, 255, 283, 286

Transcrição, 16, 86, 87, 176, 177, 178, 191, 197, 212, 213

Triangulação das fontes, 104

Triangulação de dados, 203

U

Universidade de Pittsburgh, 90

Universidade de São Paulo (USP), 3, 10, 18, 37, 41, 60, 72, 103, 143, 158, 278

Universidade Estadual de Londrina (UEL), 3, 249

Universidade Federal de Uberlândia, 72, 135, 216, 246, 274, 279, 280

Universidade Presbiteriana Mackenzie, 3, 10

Uso de múltiplas fontes de evidências, 124, 128

USP de São Carlos, 284

USP International Conference in Accounting, 72, 278

V

Validade do construto, 126, 128, 228
externa, 126, 128, 129
interna, 126, 128, 129

Vancouver, norma, 53

Vertentes epistemológicas, 80, 93

Viabilidade, como ponto crucial na avaliação do projeto, 54

Vocabulário, 46

Voice Recorder, 90

W

Weber, Max, 79

Windelband, Wilhelm, 79

World Development Indicators (WDI), 141, 142, 143

WPS Spreadsheet, 151

Y

Yahoo! Finanças, 140, 142, 143, 145, 146, 152, 230

Z

Zotero, organizador de referências, 73

Referências

[S.A.] Manual de trabalho de conclusão de curso. São Paulo: FEA-USP, 2014.

AAKER, D. A.; DAY, G. S. *Marketing research*. 4 ed. Singapore, John Wiley e Sons, 1990.

ABRAMOVAY, M. *Programa de prevenção à violência nas escolas*. Documentos de Referência. Rio de Janeiro: Flacso Brasil, 2015.

ALVES FILHO, E. M. *Cultura organizacional de cursos de ciências contábeis:* um estudo em duas universidades públicas. 2016. Tese (Doutorado em Controladoria e Contabilidade: Contabilidade) – Faculdade de Economia, Administração e Contabilidade, Universidade de São Paulo, São Paulo, 2016. doi:10.11606/T.12.2016.tde-07072016-150030. Acesso em: 01 ago. 2018.

APPLETON, J. V. Critiquing approaches to case study design for a constructivist inquiry. *Qualitative Research Journal*, v. 2, n. 2, p. 80-97, 2002.

ASSOCIAÇÃO BRASILEIRA DE NORMAS TÉCNICAS (ABNT). *NBR 14724* – Informação e Documentação – Trabalhos Acadêmicos – Apresentação. Rio de Janeiro, 2011.

_____. *NBR 15287* – Informação e Documentação – Projeto de Pesquisa – Apresentação. Rio de Janeiro, 2011.

_____. *NBR 6023* – Informação e Documentação – Referências – Elaboração. Rio de Janeiro, 2018.

BAILEY, K. D. *Methods of social research*. 2. ed. New York: Free Press, 1982.

BARBANTE JUNIOR, E. A. et al. Satisfação com o uso de aplicativos no processo de aprendizagem: um estudo com alunos de ciências contábeis. CONGRESSO USP DE INICIAÇÃO CIENTÍFICA EM CONTABILIDADE, XIV, 2017, São Paulo. *Anais* [...]. São Paulo – SP: EAC-FEA-USP, 2017.

BARDIN, L. *Análise de conteúdo*. Lisboa: Edições 70, 1997.

BAUER, M. W.; AARTS, B. A construção do corpus: um princípio para a coleta de dados qualitativos. In: BAUER, M.; GASKELL, G. (org.). *Pesquisa qualitativa com texto, imagem e som*. Petrópolis: Vozes, 2002.

BENSCHOP, Y.; MEIHUIZEN, H. E. Keeping up gendered appearances: representations of gender in financial annual reports. *Accounting, Organizations and Society*, v. 27, n. 7, p. 611-636, 2002.

BEZERRA, F. A., LOPES, A. B. Lucro e preços das ações. In: IUDÍCIBUS, S.; LOPES, A. B. *Teoria avançada da contabilidade*. São Paulo: Atlas, 2004.

BLOCH, M. L. B. *Apologia da história, ou, o ofício de historiador*. Rio de Janeiro: Jorge Zahar Editor, 2001.

BOLLEN, J.; MAO, H.; ZENG, X. Twitter mood predicts the stock market. *Journal of Computational Science*, v. 2, n. 1, p. 1-8, 2011.

BORGES, L. F. M.; LEAL, E. A. Utilidade da informação contábil gerencial na gestão das micro e pequenas empresas: um estudo com empresas do Programa Empreender de Uberlândia – MG. *Revista de Empreendedorismo e Gestão de Pequenas Empresas*, v. 4, n. 3, 2015.

BRASIL. MINISTÉRIO DA SAÚDE/CONSELHO NACIONA DE SAÚDE (CNS). *Resolução n. 510, de 7 de abril de 2016*. Disponível em: http://bvsms.saude.gov.br/bvs/saudelegis/cns/2016/res0510_07_04_2016.html. Acesso em: 12 jul. 2019.

_____. *Resolução n. 196, de 10 de outubro de 1996*. Aprova as diretrizes e normas regulamentadoras de pesquisas envolvendo seres humanos. Brasília: Diário Oficial da União, 16 out. 1996.

_____. *Resolução n. 466, de 12 de dezembro de 2012*. Aprova diretrizes e normas regulamentadoras de pesquisas envolvendo seres humanos. Brasília, Diário Oficial da União, 12 dez. 2012.

BROEDEL, A. L. *A informação contábil e o mercado de capitais*. São Paulo: Thomson, 2002.

BROWN, P.; KENNELLY, J. W. The informational content of quarterly earnings: an extension and some further evidence. *The Journal of Business*, v. 45, n. 3, p. 403-415, 1972.

BURKE, P. *A escrita da história*: novas perspectivas. São Paulo: UNESP, 2011.

_____. *História e teoria social*. São Paulo: UNESP, 2012.

BUSSAB, W.; BOLFARINE, H. *Elementos de amostragem*. São Paulo: Edgar Blucher, 2005.

CAMPOS, M. C.; ROVER, S. Comparação das notas explicativas de 2013 e 2014 de empresas do novo mercado em decorrência da OCPC 07. In: CONGRESSO ANPCONT, X, 2016, Ribeirão Preto. *Anais* [...]. Ribeirão Preto: ANPCONT, 2016.

CARLYLE, T. *Heroes, hero-worship, and the heroic in history*. Londres: Chapman and Hall, 1840.

CARMONA, S.; EZZAMEL, M.; GUTIÉRREZ, F. Accounting history research: traditional and new accounting history perspectives. DE COMPUTIS. *Spanish Journal of Accounting History*, n. 1, p. 24-53, 2004.

CHARMAZ, K. *Constructing grounded theory*: a practical guide through qualitative analysis. Londres: Sage, 2006.

CHIZZOTTI, A. *Pesquisa em ciências humanas e sociais*. São Paulo: Cortez, 2005.

COLLINI, I. P. *Mulheres no mercado financeiro*: um olhar sob a ótica de gênero. 2014. Monografia (Conclusão de Curso de Graduação em Economia), Faculdade de Economia, Administração e Contabilidade, Universidade de São Paulo (FEA-USP), São Paulo.

COLLINI, I. P.; CASA NOVA, S. P. C.; CASADO, T. Women on brazilian financial market: a sight through gender lense. EUROPEAN ACCOUNTING ASSOCIATION ANNUAL CONGRESS, 38TH, 2015, GLASGOW. *Anais* [...]. Collected Papers – Accounting Education – 38th European Accounting Association Annual Congress. Glasgow: University of St Andrews, 2015.

COLLINS, D. W.; MAYDEW, E. L.; WEISS, I. S. Changes in the value-relevance of earnings and book values over the past forty years. *Journal of Accounting and Economics*, v. 24, n. 1, p. 39-67, 1997.

CONSELHO REGIONAL DE CONTABILIDADE DO ESTADO DE SÃO PAULO (CFC/SP). *Casa do profissional da contabilidade:* os 70 anos do CRCSP. São Paulo: Conselho Regional de Contabilidade do Estado de São Paulo, 2016.

CUNHA, J. V. A.; NASCIMENTO, E. M.; DURSO, S. O. Razões e influências para a evasão universitária: um estudo com estudantes ingressantes nos cursos de Ciências Contábeis de instituições públicas federais da Região Sudeste. *Advances in Scientific and Applied Accounting*, v. 9, n. 2, p. 141-161, 2016.

DUARTE, R. Entrevistas em pesquisas qualitativas. *Educar em Revista*, v. 20, n. 24, p. 213-225, 2004.

ECO, U. *Como se faz uma tese*. 26. ed. São Paulo: Perspectiva, 2016.

EDWARDS, R. Subjects, sources and dissemination. In: EDWARDS, R.; WALKER, S. P. *The routledge companion to accounting history*. Londres: Routledge, 2009. P. 50-70.

EISENHARDT, K. M. Building theories from case of study research. *Academy of Management Review*, Stanford, v. 14, n. 4, p. 532-550, oct. 1989.

ESPEJO, M. M. S. B.; VON EGGERT, N. S. Não deu certo por quê? Uma aplicação empírica da extensão do modelo de Burns e Scapens no âmbito da implementação de um departamento de controladoria. *Revista Contabilidade & Finanças*, v. 28, n. 73, p. 43-60, 2017.

FAVATO, K. J.; NOGUEIRA, D. R. Produtor familiar: um estudo sobre a adesão aos controles de custos na cidade de Londrina-PR. *Revista Extensão Rural – UFSM*, v. 24, n. 4, 2017.

FÁVERO, L. P. et al. *Análise de dados:* modelagem de dados para tomada de decisões. Rio de Janeiro: Elsevier, 2009.

FERN, E. F. The use of focus groups for idea generation: the effects of group size, acquaintanceship, and moderator on response quantity and quality. *Journal of Marketing Research*, p. 1-13, 1982.

FLICK, U. *An introduction to qualitative research*. 4. ed. London: SAGE, 2009.

GALEGO, C.; GOMES, A. A. Emancipação, ruptura e inovação: o focus group como instrumento de investigação. *Revista Lusófona de Educação*, n. 5, p. 173-184, 2005.

GALL, M. D.; GALL, J. P.; BORG, W. R. *Educational research:* an introduction. 7. ed. Boston, MA: Allyn & Bacon, 2003.

GALL, M. D.; GALL, J. P.; BORG, W. R. *Educational research:* an introduction. 8. ed. Boston, MA: Pearson/Allyn and Bacon, 2007.

GIL, A. C. *Como elaborar projetos de pesquisa*. 4. ed. São Paulo: Atlas, 2007.

GIL, T. *Como se faz um banco de dados (em História)*. Porto Alegre: Ladeira livros, 2015.

GILL, R. Análise do discurso. In: BAUER, M. W.; GASKELL, G. (eds.). *Pesquisa qualitativa com texto:* imagem e som – um manual prático. Petrópolis: Vozes, 2002. cap. 10, p. 244-270.

GOLDENBERG, M. *A arte de pesquisar como fazer pesquisa qualitativa em ciências sociais*. São Paulo: Record, 2003.

GONZAGA, R. P. et al. Avaliação de desempenho no governo mineiro: alterações dos indicadores e metas. *Revista de Administração Contemporânea*, v. 21, n. Edição Especial FCG, p. 1-21, 2017.

HALCOMB, E. J.; DAVIDSON, P. M. Is verbatim transcription of interview data always necessary? *Applied Nursing Research*, v. 19, n. 1, p. 38-42, 2006.

HAYNES, K. (Re)figuring accounting and maternal bodies: the gendered embodiment of accounting professionals. *Accounting, Organizations and Society*, v. 33, n. 4-5, p. 328-348, 2008. Disponível em: http://www.sciencedirect.com/science/article/pii/S0361368207000396. Acesso em: 4 mar. 2015.

HESSE-BIBER, S. N.; LEAVY, P. *The practice of qualitative research*. 2. ed. Los Angeles: SAGE, 2011.

HOMERO JUNIOR, P. F. *Utilidade das demonstrações financeiras publicadas pelos bancos brasileiros para o movimento sindical dos bancários*. 2013. Dissertação (Mestrado em Controladoria e Contabilidade: Contabilidade) – Faculdade de Economia, Administração e Contabilidade, Universidade de São Paulo, São Paulo, 2013. Disponível em: http://www.teses.usp.br/teses/disponiveis/12/12136/tde-22102013-161447/pt-br.php. Acesso em: 11 jul. 2019.

HSIAO, J. *Abordagem geracional dos fatores de escolha de carreira em ciências contábeis*. 2013. Dissertação (Mestrado em Controladoria e Contabilidade: Contabilidade) – Faculdade de Economia, Administração e Contabilidade, Universidade de São Paulo, São Paulo, 2013. Disponível em: http://www.teses.usp.br/teses/disponiveis/12/12136/tde-21112013-162549/pt-br.php. Acesso em: 11 jul. 2019.

JEANJEAN, T.; STOLOWY, H. Do accounting standards matter? An exploratory analysis of earnings management before and after IFRS adoption. *Journal of Accounting and Public Policy*, v. 27, n. 6, p. 480-494, 2008.

JONES, A. (Re) producing gender cultures: theorizing gender in investment banking recruitment. *Geoforum*, 29(4). p. 471, 1998.

KITZINGER, J. The methodology of focus groups: the importance of interaction between research participants. *Sociology of Health & Illness*, v. 16, n. 1, p. 103-121, 1994.

LARA, J. M. G.; OSMA, B. G.; NOGUER, B. G. A. Effects of database choice on international accounting research. *Abacus*, v. 42, n. 3-4, p. 426-454, 2006.

LEFREVE, A. M. C.; CRESTANA, M. F.; CORNETTA, V. K. A utilização da metodologia do discurso do sujeito coletivo na avaliação qualitativa dos cursos de especialização "Capacitação e Desenvolvimento de Recursos Humanos em Saúde-CADRHU", São Paulo – 2002. *Saúde e Sociedade*, v. 12, n. 2, p. 68-75, jul./dez, 2003. Disponível em: http://www.scielo.br/scielo.php?script=sci_abstract&pid=S0104-12902003000200007&lng=pt&nrm=iso. Acesso em: 11 jul. 2019.

LEVINE, R. Finance and growth: theory and evidence. *Handbook of Economic Growth*, v. 1, p. 865-934, 2005.

LIMA, F. D. C. et al. O choque com a realidade: dormi contador e acordei professor... *Revista Electrónica Iberoamericana Sobre Calidad, Eficacia y Cambio en Educación*, v. 13, p. 49-67, 2015.

LOPES, I. F.; BEUREN, I. M. Evidenciação da inovação no relatório da administração: uma análise na perspectiva da Lei do Bem (Lei n. 11.196/2005). *Perspectivas em Gestão & Conhecimento*, v. 6, n. 1, p. 109-127, 2016.

MARQUES, K. C. M.; CAMACHO, R. R.; ALCANTARA, C. C. V. Avaliação do rigor metodológico de estudos de caso em contabilidade gerencial publicados em periódicos no Brasil. *Revista Contabilidade & Finanças*, v. 26, n. 67, p. 27-42, 2015.

MARTINEZ, A. L.; MORAES, A. J. Relationship between auditors' fees and earnings management. *Revista de Administração de Empresas*, v. 57, n. 2, p. 148-157, 2017.

MARTINS, G. A. Estudo de caso: uma reflexão sobre a aplicabilidade em pesquisa no Brasil. *Revista de Contabilidade e Organizações*, v. 2, n. 2, p. 9-18, 2008.

MARTINS, G. A.; THEÓPHILO, C. R. *Metodologia da investigação científica para ciências sociais aplicadas*. São Paulo: Atlas, 2007.

MAY, T. Pesquisa documental: escavações e evidências. In: MAY, T. *Pesquisa social*: questões, métodos e processos. 3. ed. Porto Alegre: Artmed, 2004. cap. 8, p. 205-230.

MCLELLAN, E.; MACQUEEN, K. M.; NEIDIG, J. L. Beyond the qualitative interview: data preparation and transcription. *Field Methods*, v. 15, n. 1, p. 63-84, 2003.

MEDEIROS, O. R.; COSTA, P. S.; SILVA, C. A. T. Testes empíricos sobre o comportamento assimétrico dos custos nas empresas brasileiras. *Revista Contabilidade & Finanças*, v. 16, n. 38, p. 47-56, 2005.

MORGAN, D. L. Focus groups. *Annual Review of Sociology*, v. 22, n. 1, p. 129-152, 1996.

OLIVEIRA, J. M. P. S. *A Contabilidade e o equilíbrio de interesses*: o caso da Companhia Geral da Agricultura das Vinhas do Alto Douro (1756-1826). 2013. 327 f. Tese (Doutorado em Ciências Empresariais) – Faculdade de Economia, Universidade do Porto, Porto, 2013.

PAGLIARUSSI, M. S. Estrutura e redação de artigos em contabilidade e organizações. *Revista de Contabilidade e Organizações*, São Paulo, v. 11, n. 31, p. 4-10, 2018.

PORTULHAK, H. *Proposta de modelagem conceitual do Public Value Scorecard como instrumento integrado ao planejamento estratégico de um hospital universitário federal*. 2013. 239 f. Dissertação (Mestrado em Contabilidade) – Universidade Federal do Paraná. Curitiba, 2013.

POWELL, R. A.; SINGLE, H. M. Methodology matters. *International Journal for Quality in Health Care*, v. 8, n. 5, p. 499-504, 1996.

REAY, T. Publishing qualitative research. *Family Business Review*, v. 27, n. 2, p. 95-102, 2014.

SAGAN, C. *O mundo assombrado pelos demônios*: a ciência vista como uma vela no escuro. Tradução: Rosaura Eichemberg. São Paulo: Companhia das Letras, 1996.

SALDAÑA, J. *The coding manual for qualitative researchers*. Londres: Sage, 2013.

SÁ-SILVA, J. R.; ALMEIDA, C. D.; GUINDANI, J. F. Pesquisa documental: pistas teóricas e metodológicas. *Revista Brasileira de História & Ciências Sociais*, v. 1, n. 1, jul./2009. Disponível em: https://www.rbhcs.com/rbhcs/article/view/6. Acesso em: 20 mar. 2018.

SCOTT, J. História das mulheres. In: BURKE, P. (Org.) *A escrita da história:* novas perspectivas. São Paulo: UNESP, 2011. cap. 3, p. 65-98.

SERVA, M.; JAIME JÚNIOR, P. Observação participante pesquisa em administração: uma postura antropológica. *Revista de Administração de Empresas*, v. 35, n. 3, p. 64-79, 1995.

SILVA, A. V. *Closing doors (1780-1813)*: the liquidation process at General Company of Pernambuco and Paraíba. 2016. 330 f. Tese (Doutorado em Ciências) – Faculdade de Economia, Administração e Contabilidade, Universidade de São Paulo, São Paulo, 2016.

SILVA, S. M. C. *Tetos de vitrais:* gênero e raça na contabilidade no Brasil. 233 p. 2016. Tese (Doutorado em Controladoria e Contabilidade). Faculdade de Economia, Administração e Contabilidade da Universidade de São Paulo, 2016. Disponível em: http://www.teses.usp.br/teses/disponiveis/12/12136/tde-03082016-111152/. Acesso em: 11 jul. 2019.

SILVERMAN, D. *Interpretação de dados qualitativos:* métodos para análise de entrevistas, texto e interações. Porto Alegre: Artmed, 2009.

SIM, J. Collecting and analysing qualitative data: issues raised by the focus group. *Journal of Advanced Nursing*, v. 28, n. 2, p. 345-352, 1998.

SOUZA, G. F. C. *Tratos & mofatras:* o grupo mercantil do Recife colonial. Recife: Ed. Universitaria da UFPE, 2012.

STAKE, R. E. *The art of case study research*. Los Angeles: Sage, 1995.

STEVENS, S. S. On the theory of scales of measurement. *Science*, v. 103, p. 677-680, 1946.

VENTURA, M. M. O estudo de caso como modalidade de pesquisa. *Revista SoCERJ*, v. 20, n. 5, p. 383-386, 2007.

VIEIRA, D. B.; MIRANDA, G. J. O perfil da evasão no curso de Ciências Contábeis da Universidade Federal de Uberlândia: ingressantes entre 1994 a 2013. In: CONGRESSO UFSC DE CONTROLADORIA E FINANÇAS, 6, 2015, Florianópolis. *Anais* [...]. Florianópolis: UFSC, 2015.

VIEIRA, F. V.; VERÍSSIMO, M. P. Crescimento econômico em economias emergentes selecionadas: Brasil, Rússia, Índia, China (BRIC) e África do Sul. *Economia e sociedade*, v. 18, n. 3, p. 513-546, 2009.

VOLPATO, G. L. *Ciência*: da filosofia à publicação. São Paulo: Cultura Acadêmica, 2013.

YIN, R. K. *Case study research*: design and methods. 5. ed. Los Angeles: Sage, 2014.

ZUCOLOTTO, V. *Escrita científica*: produção de artigos de alto impacto. Material de curso. ZucoEscrita, 2018.